GÉOGRAPHIE GÉNÉRALE

DU MONDE

E DU

BASSIN DE LA MÉDITERRANÉE

A LA MÊME LIBRAIRIE

Nouveau Cours de Géographie, à l'usage de l'Enseignement secondaire classique et moderne, par MM. F. Schrader et L. Gallouédec. Sept volumes in-16, avec de nombreuses cartes en noir et en couleurs dans le texte, et un index de tous les noms cités, cartonnés :

Géographie générale du Monde et du bassin de la Méditerranée (classe de Sixième classique). Un volume . . . . 2 fr. 50

Géographie élémentaire de la France et de ses colonies (classes de Cinquième classique et de Sixième moderne). Un volume . . . . 3 fr. »

Géographie générale: l'Europe, l'Amérique (classe de Cinquième moderne). Un volume . . . . 3 fr. 50

Géographie de l'Amérique (classe de Quatrième classique). Un volume . . . . 3 fr. 50

Géographie de l'Asie, de l'Afrique et de l'Océanie (classes de Troisième classique et de Quatrième moderne). Un volume. . . . . . 3 fr. 50

Géographie de l'Europe (classes de Seconde classique et de Troisième moderne). Un volume . . . . 3 fr. 50

Géographie de la France et de ses colonies (classes de Rhétorique classique et de Seconde moderne). Un volume . . . . 3 fr. 50

Cours général de Géographie à l'usage de toutes les classes et de la Première moderne par MM. F. Schrader et Gallouédec. Un fort vol. in-16 avec 40 cartes en couleurs et 127 cartes en noir. Cart. . 6 fr.

Atlas de Géographie moderne, par MM. Schrader, Prudent et Anthoine. Contenant 64 grandes cartes, 53 petites cartes et cartouches en couleurs, etc. Un vol. in-folio, relié . . . . 25 fr.

Chaque carte séparément . . . . 50 c.

— *Le même atlas divisé par classes :*

Classe de Quatrième classique et de Cinquième moderne (16 cartes). 7 fr. »
Classe de Troisième classique et de Quatrième moderne (19 cartes). 7 fr. 50
Classe de Seconde classique et de Troisième moderne (18 cartes). 7 fr. 50
Classe de Rhétorique classique et de Seconde moderne (11 cartes). 5 fr. »
Classe de Première moderne (42 cartes). . . . . 16 fr. »

Atlas de Géographie historique par une réunion de professeurs et de savants sous la direction géographique de F. Schrader, contenant 167 cartes en couleurs. Un volume in-folio, relié. . . . . . 35 fr.

Chaque carte séparément. 60 c.

Atlas de poche, contenant 54 cartes imprimées en couleurs. Un volume in-16, cart. toile. . . . . 3 fr. 50

Petit cours de Géographie à l'usage des Écoles primaires supérieures par MM. Schrader et Gallouédec. Un vol. in-16, avec 57 gravures et 47 cartes dans le texte. Cartonnage toile. . . . . . . 2 fr.

Petit atlas de Géographie moderne, par MM. Schrader et Gallouédec. Contenant 65 cartes en couleurs et une grande carte de France, 32 pages in-4°, cart. 3 fr. 50

43502. — Imprimerie Lahure, rue de Fleurus, 9, Paris. 8-1900.

F. SCHRADER ET L. GALLOUÉDEC

GÉOGRAPHIE GÉNÉRALE DU MONDE ET DU BASSIN DE LA MÉDITERRANÉE

RÉDIGÉE CONFORMÉMENT AUX PROGRAMMES

DE LA

CLASSE DE SIXIÈME CLASSIQUE

OUVRAGE CONTENANT CINQUANTE-TROIS CARTES EN NOIR ET EN COULEURS

DEUXIÈME ÉDITION REVUE

PARIS
LIBRAIRIE HACHETTE ET Cie
79, BOULEVARD SAINT-GERMAIN, 79

1900

PRÉFACE

En rédigeant ce volume conformément aux programmes de l'enseignement secondaire, les auteurs ont cherché à présenter les notions de géographie générale des parties du monde et de la Méditerranée avec clarté et simplicité, mais en même temps ils se sont préoccupés de faire pénétrer dans les jeunes intelligences auxquelles s'adresse le cours de Sixième, le rapport logique des forces naturelles, des phénomènes physiques qui en découlent, et des groupements humains qui en sont le résultat dernier. Il leur a semblé que rien ne peut éclairer et féconder l'étude de la géographie mieux que la mise en évidence du jeu de ces forces, de l'enchaînement des causes et des effets, des conditions terrestres et de l'activité humaine. On retrouvera la trace de cette préoccupation dans les cartes ou figures qui accompagnent le texte, et en particulier dans les cartes indiquant les régions de végétations et de productions naturelles, cartes sur lesquelles les limites politiques ont été indiquées par un simple pointillé noir, superposé au tracé très élémentaire des diverses zones de productions terrestres.

Persuadés que les faits se gravent dans la mémoire avec d'autant plus de force qu'ils sont à la fois plus précis et mieux rattachés aux lois générales, les auteurs ont fréquemment ajouté à leur texte, sous forme de renvoi, de courts paragraphes se rapportant à des faits particuliers, et donnant en quelque sorte l'application des notions contenues dans ce texte. Les maîtres pourront multiplier ces exemples si le principe leur paraît juste.

Les résumés qui suivent chaque chapitre sont un peu plus développés dans ce volume que dans ceux qui s'adressent aux classes plus élevées. Il y a en effet, chez les jeunes élèves, une aptitude spéciale à apprendre et à retenir. C'est ce qui a engagé les auteurs à développer un peu plus la partie qui s'adresse à la mémoire, tout en l'accompagnant toujours des notions qui s'adressent à l'intelligence, et qui seules font de la géographie autre chose qu'une stérile nomenclature.

GÉOGRAPHIE GÉNÉRALE

PREMIÈRE PARTIE

GÉOGRAPHIE GÉNÉRALE

§ 1. — GÉNÉRALITÉS

Globe, horizon. — La **Terre**, comme le soleil, la lune et presque tous les autres corps célestes, a la forme d'une sphère. Mais, placés sur cette sphère même, nous n'en pouvons jamais voir qu'une bien petite fraction à la fois. Notre

Courbure des mers.

vue est toujours arrêtée par une ligne qui borne de tous côtés la partie de la terre visible pour nous. Cette ligne s'appelle l'**horizon** ; il semble que le rebord de la terre y touche le bas du ciel. Plus on s'élève, plus l'horizon s'étend parce qu'on découvre alors une plus grande partie du globe terrestre. Mais il est toujours borné (et c'est précisément le sens du mot grec *horizon*) parce que la rondeur du globe fait disparaître les objets éloignés derrière, sa courbure. Ainsi, d'une chaîne de montagnes très lointaine, on ne découvre que les sommets; quand un navire arrive de la pleine mer, on distingue ses mâts avant d'apercevoir sa coque; mais cette coque est encore cachée pour un observateur placé au bord de l'eau, alors qu'elle est déjà visible pour un autre observateur monté sur une élévation de terrain.

Rotation, axe, pôles, révolution. — Le globe terrestre circule dans l'espace en tournant perpétuellement sur lui-même autour d'une ligne idéale qu'on appelle son **axe**. Les deux points où cet axe rencontre la surface terrestre s'appellent les *pôles* de la terre. La sphère est légèrement aplatie dans le sens de son axe de rotation.

La durée d'une rotation de la terre s'appelle un jour; on la divise en 24 heures. Pendant cette durée, la terre présente successivement au soleil les différentes parties de sa surface. Elles reçoivent alors la clarté du jour. Quand le mouvement terrestre les amène du côté opposé au soleil, elles se trouvent dans la nuit.

Tout en tournant sur elle-même, la terre parcourt en 365 jours et un quart une *orbite*, c'est-à-dire une *route* presque circulaire autour du soleil. Le temps nécessaire à cette révolution s'appelle une année.

Saisons, équinoxes, solstices. — L'axe de la terre n'est pas perpendiculaire au plan de l'orbite terrestre. Il est incliné, mais cette inclinaison est toujours dirigée vers les mêmes points opposés de l'espace, ou ne varie que d'une manière insensible. Ainsi l'une des extrémités de l'axe terrestre est constamment tournée vers une étoile qu'on appelle l'Étoile polaire, l'autre vers le point du ciel opposé à cette étoile.

L'axe se dirigeant toujours vers ces mêmes points et le globe roulant ainsi de côté, il en résulte que la terre incline alternativement, de six mois en six mois, chacun de ses pôles vers le soleil ou à l'opposé du soleil. La partie inclinée vers le soleil reçoit plus de chaleur, a des jours plus longs et des nuits plus courtes; cette partie est en **été**. La partie opposée reçoit moins de chaleur solaire, a des nuits plus longues et des jours plus courts; elle est en **hiver**. Si les parties de la terre inclinées en été vers le soleil reçoivent plus de chaleur, c'est non seulement parce qu'elles sont éclairées plus longtemps, mais encore parce que les rayons du soleil les frappent plus directement. La raison inverse produit le froid de l'hiver.

Entre l'hiver et l'été, on a donné à la saison intermédiaire

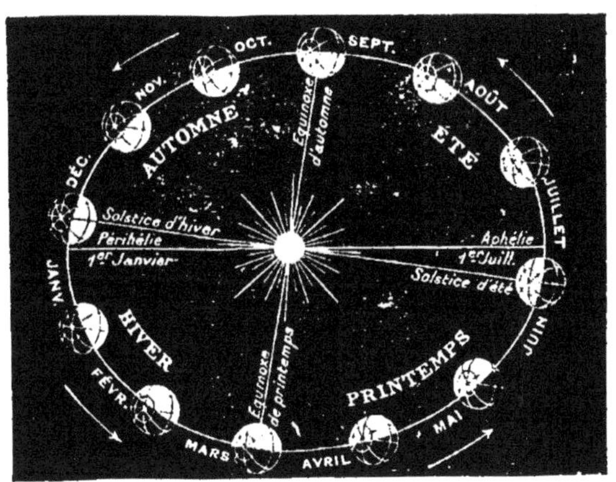

Saisons.

le nom de *printemps*; l'intervalle entre l'été et l'hiver se nomme l'*automne*.

Deux fois par an, au commencement du printemps et de l'automne, il arrive un moment où la nuit et le jour ont la même longueur sur toute la surface de la terre. Ce moment s'appelle *équinoxe*, c'est-à-dire *nuits égales*.

Deux autres moments se présentent au commencement de l'été et de l'hiver : ceux-là s'appellent *solstices*, c'est-à-dire *arrêt du soleil*. Ils marquent le maximum d'inclinaison de l'axe terrestre dans la direction du soleil. Le jour du solstice est celui où l'inégalité des jours et des nuits est la plus grande. Il est à remarquer que chaque solstice est à la fois solstice d'hiver pour un hémisphère et solstice d'été pour l'hémisphère opposé.

La lune et ses phases. — La **lune**, satellite de la terre, tourne autour de notre globe comme celui-ci tourne autour du soleil.

Mais la lune n'a pas, comme la terre, deux mouvements différents, l'un de révolution, l'autre de rotation. Ces *deux mouvements* se confondent en *un seul*, c'est-à-dire que la lune fait un tour sur elle-même en même temps qu'une

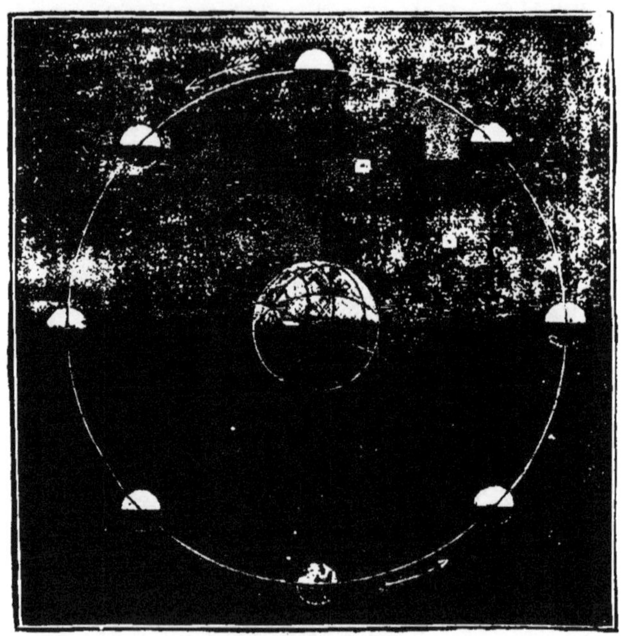

Phases de la lune.

révolution autour de la terre, dans l'espace de 29 jours. Aussi voyons-nous toujours la même partie de sa surface, tandis que la moitié opposée ne nous apparaît jamais.

La lune n'a pas de lumière propre, non plus que la terre. Elle emprunte sa clarté au soleil. Aussi, d'après la situation où elle nous apparaît dans le ciel, présente-t-elle des aspects bien différents, qu'on appelle des *phases*. Lorsqu'elle passe entre la terre et le soleil, la partie de son globe tournée vers nous est dans l'obscurité; c'est la *nouvelle lune*. Quand, au contraire, elle est du côté opposé au soleil, toute la partie que nous voyons est éclairée; c'est la *pleine lune*. Entre la nouvelle et la pleine lune, l'éclairage plus ou moins oblique du soleil illumine d'abord un mince croissant de lune, qui va s'élargissant peu à peu; de la pleine lune à la nouvelle lune au contraire, la partie éclairée nous apparaît de plus en plus étroite. On a donné aux deux phases intermédiaires les noms de *premier quartier* et de *dernier quartier*.

Éclipses. — Lorsqu'il arrive que la lune passe exactement

Éclipse de soleil.

Éclipse de lune.

entre la terre et le soleil, elle cache le soleil à une partie de la terre. C'est une **éclipse de soleil**.

Lorsqu'au contraire c'est la terre qui passe exactement

entre le soleil et la lune, elle projette son ombre sur son satellite; c'est une **éclipse de lune**. Pour qu'il y ait une éclipse de soleil ou de lune, il faut donc que les trois astres, soleil, terre, lune, se trouvent *sur une même ligne droite.* Les éclipses sont totales ou partielles, suivant que tout ou partie du soleil ou de la lune est éclipsé.

Points cardinaux. — Les points cardinaux indiquent des directions à l'aide desquelles on parvient à s'orienter sur la face de la terre. Ces points sont déterminés par les posi-

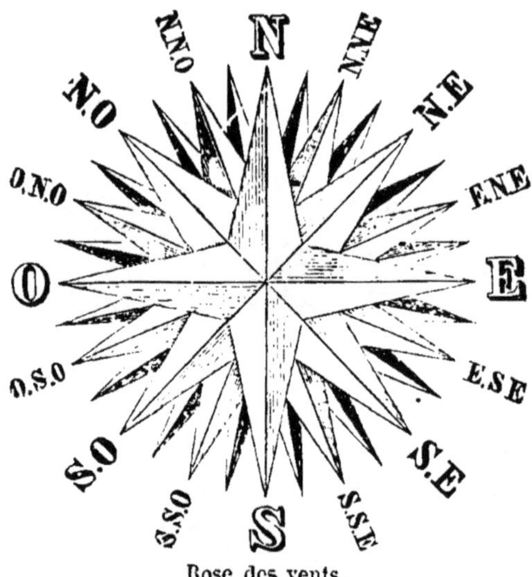

Rose des vents.

tions que le soleil occupe aux différentes heures du jour terrestre.

Le soleil se lève du côté de l'**est** et se couche du côté de l'**ouest.** C'est pourquoi l'est porte aussi le nom de *levant,* et l'ouest le nom de *couchant.* On appelle encore ces deux points *orient* et *occident.*

Quand on a l'*est* à sa droite et l'*ouest* à sa gauche, on a le **nord** en face, et le **sud** derrière. Le sud porte aussi le nom de **midi,** parce que, dans nos pays, le soleil passe au *sud* à *midi.*

Pour avoir des directions plus nombreuses on a subdivisé

les intervalles des quatre points cardinaux et l'on a ainsi créé des **points collatéraux** : le *nord-ouest*, entre le nord et l'ouest, le *sud-ouest*, entre le sud et l'ouest, et ainsi de suite. On a même imaginé d'autres subdivisions de moindre importance dont l'ensemble forme la *rose des vents*, qu'emploient les marins.

On peut s'orienter pendant la nuit au moyen de l'*étoile polaire*, qui se trouve toujours dans la direction du nord, ou bien encore à l'aide de la *boussole*, instrument composé d'une aiguille aimantée tournant sur un pivot, et dont la pointe aimantée se dirige toujours vers le nord.

Méridiens, parallèles, longitudes et latitudes. — Pour déterminer la situation des différentes parties de la

Disposition des méridiens.

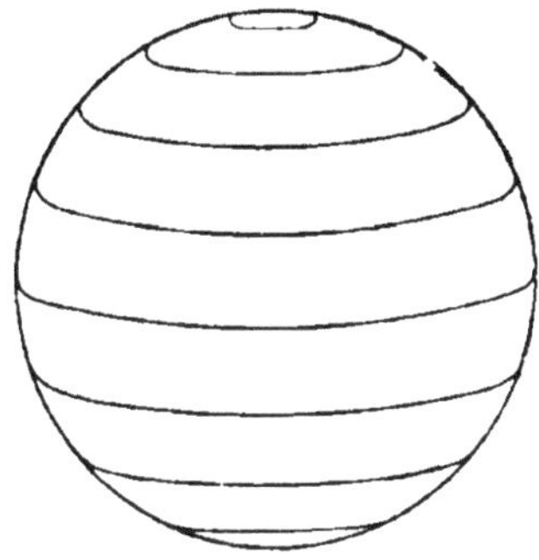

Disposition des parallèles.

Terre, on a imaginé de diviser le globe au moyen d'un réseau de lignes idéales.

On a d'abord supposé de grands cercles faisant le tour de la terre en passant par les deux pôles. La moitié de chacun de ces cercles, qui va d'un pôle à l'autre, porte le nom de **méridien**, parce que tous les points de la terre placés sur le même *méridien* ont midi (en latin, *meridies*) en même temps. Le méridien opposé a naturellement minuit.

On a supposé d'autre part que la sphère terrestre était divisée en deux hémisphères (**hémisphère boréal** ou **septentrional** et **hémisphère austral** ou **méridional**), par une circonférence faisant le tour du globe à égale distance des deux pôles. On donne à cette ligne le nom d'**équateur**, c'est-à-dire *ligne d'égalité*, parce que les jours et les nuits y sont toujours égaux. D'autres circonférences *parallèles* à l'équateur et faisant le tour de la terre entre l'équateur et les pôles ont pris le nom de **parallèles**. Il va de soi que le nombre des parallèles, comme celui des méridiens, est infini. Par chaque point de la terre passent toujours un méridien et un parallèle, et c'est précisément l'intersection de ces deux lignes qui détermine exactement la situation de ce point.

On appelle **longitude** d'un lieu la distance de ce lieu à un méridien quelconque pris conventionnellement pour point de départ, et qu'on désigne sous le nom de *méridien zéro*. La **latitude** d'un lieu est la distance de ce lieu à l'équateur. On mesure la longitude d'un point en mesurant sur son parallèle la distance qui le sépare du méridien zéro. La latitude se mesure par la longueur du méridien qui sépare ce point de l'équateur.

On compte les longitudes et les latitudes par **degrés** (°), **minutes** (′) et **secondes** (″). Un *degré* est la 360e partie d'une circonférence. Une *minute* est la soixantième partie d'un degré; une *seconde*, la soixantième partie d'une minute. Le degré est égal à la 180e partie d'un méridien; une circonférence terrestre, composée de deux méridiens opposés, ayant 40 000 kilomètres de développement, un degré représente en chiffres ronds 111 kilomètres. On compte les degrés de 0 à 90, sur les méridiens qui vont de l'équateur à chaque pôle (quart de circonférence). Sur l'équateur et sur les parallèles on les compte de 0 à 180 (moitié de circonférence), à l'est et à l'ouest du méridien zéro. Il y a ainsi 180 degrés de *longitude est*, et 180 degrés de *longitude ouest*; le 180e degré n'est ni oriental ni occidental, il est exactement de l'autre côté de la terre et à l'opposé du méridien zéro.

Les points situés sur la sphère terrestre exactement à l'opposite l'un de l'autre sont appelés **antipodes**, c'est-à-dire « contre-pieds ».

Tous les peuples ne placent pas leur zéro sur le même méridien. En France on fait passer le méridien zéro par l'Observatoire de Paris; en Angleterre par celui de Greenwich, etc. Il est depuis longtemps question de choisir un méridien unique dont l'adoption offrirait de grands avantages aux astronomes, aux géographes, aux marins des divers pays. Ils ne seraient plus obligés, en effet, quand ils utilisent des observations faites par des savants ou des voyageurs d'autres pays, de ramener ces données à leur propre méridien. Divers méridiens universels ont été proposés, entre autres celui de l'île de Fer, dans les Canaries. Mais on n'a pu jusqu'à présent arriver à s'entendre.

Tropiques, cercles polaires, zones. — L'axe terrestre étant incliné de 23 degrés environ sur l'orbite que parcourt la terre, il en résulte que le soleil ne luit pas toujours verticalement au-dessus de l'équateur, mais qu'il s'en écarte de 23 degrés au nord ou de 23 degrés au sud, suivant l'époque de l'année.

Les deux parallèles situés à cette distance de l'équateur

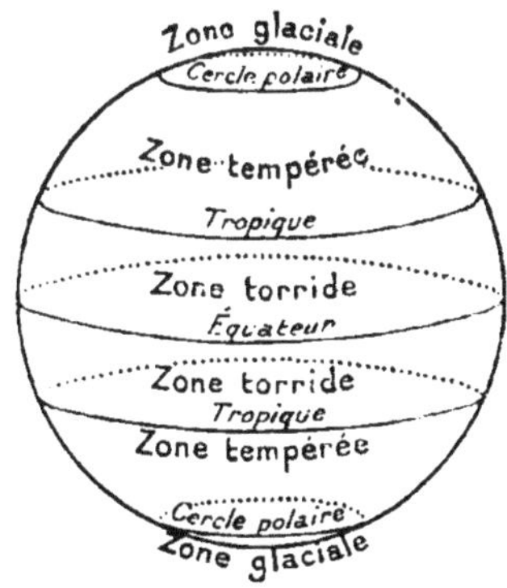

Zones.

portent le nom de **tropiques**. Ils marquent, au nord et au sud de l'équateur, la limite de la partie de la surface de la terre où le soleil vient briller en été sur une ligne exactement verticale, au point du ciel appelé **zénith**. On donne à cette *zone* (*ceinture*) le nom de **zone tropicale** ou **torride**. C'est la partie de la terre où les chaleurs sont le plus intenses et le plus régulières et où l'écart entre la durée du jour et de la nuit dans les différentes saisons est le moindre.

Les deux parallèles qui passent à 23 degrés de chaque pôle portent le nom de **cercles polaires**. Il y a donc un *cercle polaire austral*, et un *cercle polaire boréal*. Ces cercles déterminent autour de chaque pôle la limite de la **zone glaciale**, celle où le soleil passe plus d'un jour sans se coucher en été, plus d'un jour sans se lever en hiver. Aux pôles même il y a six mois de jour, quand le pôle est incliné vers le soleil, et six mois de nuit quand il est incliné vers l'obscurité de l'espace céleste. Les pôles de la terre n'ont donc qu'un jour de six mois et une nuit de six mois, dans toute l'année. Le froid est persistant et extrême dans ces deux zones, que les rayons du soleil ne frappent que très obliquement. Le jour y est terne, le soleil ne s'élevant que très peu au-dessus de l'horizon; l'obscurité de la nuit y est atténuée par l'éclat des neiges et des aurores boréales.

Entre les deux zones glaciales et la zone tropicale, s'étend dans chaque hémisphère la **zone** dite **tempérée**, comprise entre 23 degrés et 67 degrés au nord et au sud de l'équateur. Dans les zones tempérées, en France par exemple, le soleil n'arrive jamais à briller verticalement. Il est plus élevé dans le ciel en été, plus bas en hiver, mais toujours oblique. Les deux zones tempérées sont les plus favorables au développement de la civilisation. Dans la zone torride, la nature, trop puissante, écrase l'homme; dans les zones polaires, elle est au contraire trop pauvre et ne lui fournit pas de quoi se développer. Aussi est-ce dans les zones tempérées que se sont élevées jusqu'à présent les plus puissantes civilisations.

RÉSUMÉ

I. **Globe, horizon.** — La terre est une sphère; mais nous n'en pouvons jamais voir qu'une petite fraction à la fois : la ligne qui borne notre vue s'appelle horizon

II. **Mouvements de la terre.** — La terre tourne : 1° en 24 heures sur elle-même, autour de son axe ; 2° en 365 jours environ autour du soleil.

III. **Saisons.** — Par suite de l'inclinaison de l'axe de la terre, la terre incline alternativement, de six mois en six mois, ses pôles vers le soleil. Le pôle qui regarde le soleil a l'été ; celui qui est à l'opposé du soleil a l'hiver. Les saisons intermédiaires entre l'hiver et l'été sont le printemps et l'automne. Au commencement du printemps et de l'automne sont les équinoxes (nuits égales) ; au commencement de l'été et de l'hiver sont les solstices : le jour du solstice est celui où l'inégalité des jours et des nuits est la plus grande.

IV. **La lune.** — La lune tourne sur elle-même, en même temps qu'autour de la terre, en 29 jours. Elle passe successivement par quatre phases : nouvelle lune, premier quartier, pleine lune, dernier quartier.

V. **Éclipses.** — Elles se produisent quand la lune passe entre la terre et le soleil (éclipse de soleil), et quand la terre passe entre le soleil et la lune (éclipse de lune).

VI. **Points cardinaux.** — Les quatre points cardinaux sont : le nord ou septentrion, le midi ou sud, l'est ou levant, l'ouest ou couchant.

VII. **Méridiens, etc.** — Les parallèles, cercles imaginaires tracés parallèlement à l'équateur, donnent la latitude d'un lieu, c'est-à-dire sa distance à l'équateur ; les méridiens, ou grands cercles faisant le tour de la terre par les pôles, donnent sa longitude.

VIII. **Zones terrestres.** — On en distingue cinq : une zone équatoriale, comprise entre les tropiques ; deux zones tempérées, une boréale, une australe, entre les tropiques et les cercles polaires ; deux zones glaciales, une arctique, une antarctique.

§ 2. — LES TERRES ET LES MERS

Continents et parties du monde. — La plus grande partie de la surface du globe est couverte d'eau salée. Les terres émergées ne représentent guère plus d'*un quart* de la superficie totale de la sphère. C'est dans l'hémisphère boréal que la masse des terres est le plus considérable ; l'hémisphère austral au contraire est presque entièrement couvert par les eaux.

On divise les terres émergées en **parties du monde**, qui

sont au nombre de cinq : l'**Europe**, l'**Asie**, l'**Afrique**, l'**Amérique** et l'**Océanie**. Ces parties du monde forment trois grandes masses de terres, qu'on nomme **continents**. Ce sont :

L'**Ancien Continent**,
Le **Nouveau Continent**,
Le **Continent Austral**.

Chacun de ces continents est comme une île au milieu de l'ensemble des eaux.

L'*Ancien Continent*, ainsi appelé parce qu'il est longtemps resté le seul connu des peuples dont nous descendons, comprend l'**Europe**, l'**Asie** et l'**Afrique**. — Il n'y a aucune séparation entre l'Europe et l'Asie; la distinction entre ces deux parties du monde date d'un temps où l'on connaissait très mal leur forme. L'Europe est en réalité une péninsule de l'Asie. L'Afrique au contraire ne se rattache aux terres asiatiques que par l'isthme étroit de Suez, coupé aujourd'hui par un canal. L'Ancien Continent présente sa plus grande longueur dans la direction de l'ouest à l'est.

Le *Nouveau Continent*, ainsi appelé parce que sa découverte est récente (1492), se compose d'une île immense, l'**Amérique**, qui s'étend dans la direction du nord au sud, divisée par la mer en deux parties à peu près égales que réunit l'isthme très resserré de **Panama**, destiné sans doute à être, comme celui de Suez, et dans un avenir assez prochain, traversé par un canal.

Le *Continent Austral* est ainsi nommé parce qu'il se trouve presque tout entier dans l'hémisphère austral. Il est accompagné d'une infinité d'îles, à l'ensemble desquelles on donne le nom d'**Océanie**; une de ces îles, l'**Australie**, est très grande. Bien que sa superficie soit sensiblement inférieure à celle des deux autres continents, on admet généralement qu'elle en forme un troisième. Les autres îles de l'Océanie sont pour la plupart très petites, les unes groupées en archipel, les autres isolées, perdues dans l'immensité des eaux.

On divise en cinq **océans** l'ensemble des eaux salées, qui couvrent la terre comme d'un vêtement, laissant seulement

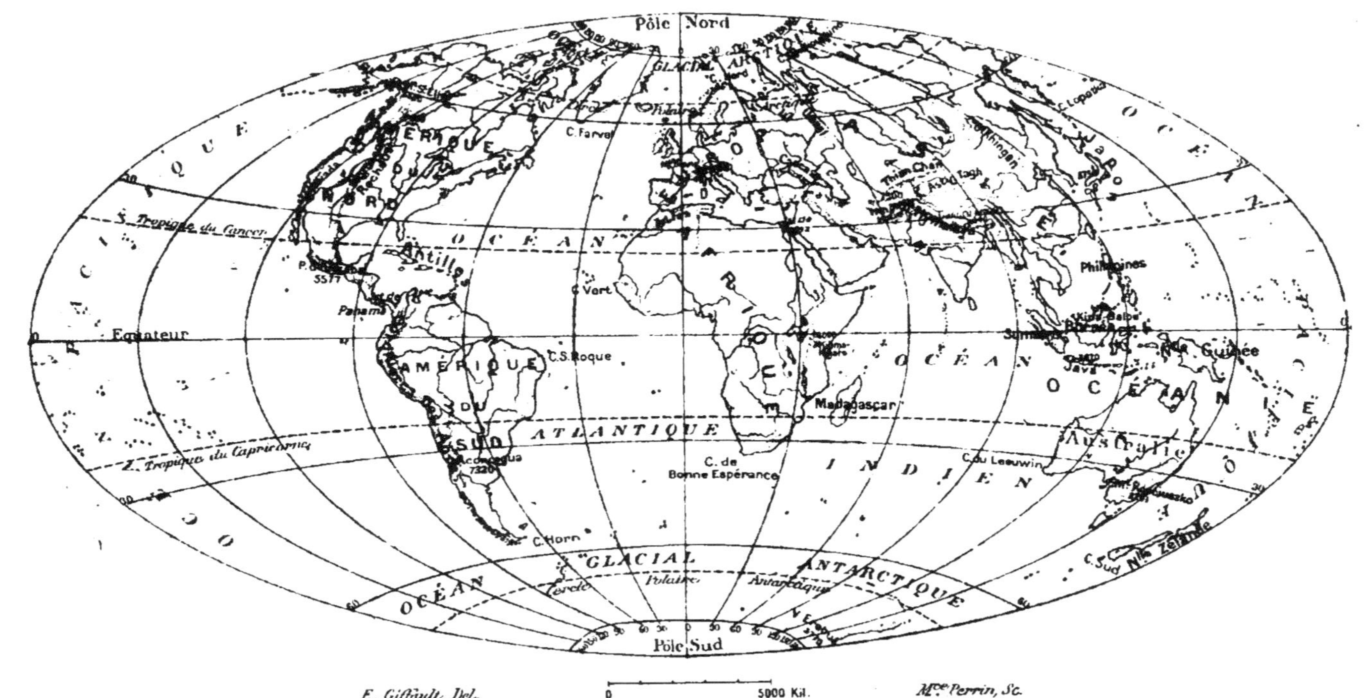

Disposition et relief des continents

à découvert certaines parties du globe, les continents et les îles.

Ces cinq océans sont :

L'océan Glacial Arctique.

L'océan Glacial Antarctique.

L'océan Pacifique.

L'océan Atlantique.

L'océan Indien.

Tous ces océans communiquent largement les uns avec les autres ; on peut même dire qu'il n'y a en réalité qu'un seul océan, aux différentes parties duquel on a, pour plus de commodité, donné des noms particuliers. Ces différentes parties de l'océan échangent continuellement leurs eaux par des courants chauds ou froids qui ne cessent de régulariser le niveau des différentes régions marines, d'en égaliser la salure ou d'en équilibrer la température; les océans froids reçoivent ainsi des eaux chaudes, et les océans chauds des eaux froides.

Ce mouvement continuel tend à rétablir dans toute la masse liquide l'équilibre que l'inégalité d'évaporation, la diversité des chutes de pluie, l'action des vents sur la surface marine, détruisent sans cesse.

L'*océan Glacial Arctique* et l'*océan Glacial Antarctique* sont situés aux deux points opposés du globe, le premier autour du pôle nord, le deuxième autour du pôle sud.

Ils sont presque toujours gelés et embarrassés par des masses de glace flottante appelées *banquises*. C'est de là que partent les courants froids qui se dirigent vers l'équateur, où ils vont remplacer l'eau que le soleil brûlant de la zone torride évapore en énorme quantité.

L'océan Glacial Arctique est limité au sud par les côtes septentrionales d'Asie, d'Europe, d'Amérique. L'océan Glacial Antarctique touche à peine aux extrémités méridionales de l'Amérique, de l'Afrique et de l'Australie. Partout ailleurs ces deux océans polaires communiquent largement avec les autres.

On ne sait pas encore si les régions polaires sont entièrement recouvertes par l'océan, ou si elles présentent des parties émergées. Les explorateurs n'ont pu dépasser le 83e degré vers le nord, ni le 78e degré vers le sud.

L'*océan Pacifique*, ou *Grand Océan*, s'étend entre les côtes occidentales de l'Amérique et les côtes orientales de l'Asie et de l'Australie. C'est le plus grand de tous les océans, il recouvre presque la moitié du globe. C'est aussi le plus profond, du moins dans la partie septentrionale où, non loin de la côte, certaines vallées sous-marines s'abaissent à 8 600 mètres de profondeur. Cette dépression s'appelle *fosse du Tuscarora*, du nom du navire qui a sondé ces parages.

Nulle part les îles ne sont aussi nombreuses que dans le centre du Pacifique, mais, à l'exception d'un très petit nombre, elles sont extrêmement petites et disséminées sur une immense surface.

Au sud, le Pacifique se confond avec l'océan Antarctique; au nord, il communique avec l'océan Arctique par un détroit resserré et peu profond, le détroit de Bering.

Le Pacifique est traversé de l'est à l'ouest, dans la région de l'équateur, par un courant chaud; arrêté par les côtes sud, est de l'Asie et les archipels qui s'y rencontrent, ce **courant équatorial** se replie vers le nord et vers le sud. La branche qui longe du sud au nord les côtes de l'Asie porte le nom de **Kouro-Sivo** ou *courant noir*. D'abord très chaud, il se refroidit progressivement à mesure qu'il s'avance vers le nord; par contre, des courants froids, venus des régions polaires, longent la côte occidentale de l'Amérique, en se réchauffant progressivement à mesure qu'ils se rapprochent de l'équateur, où leurs eaux sont alors de nouveau entraînées par le courant équatorial.

Ce sont là seulement les principaux courants; il en est une foule d'autres; chaque courant est naturellement composé par un ou plusieurs contre-courants, à la surface ou dans les profondeurs.

La côte, sur le pourtour du Grand Océan, est presque partout volcanique. De hauts volcans se dressent également dans la plupart des îles, et le fond de la mer est fréquemment agité de tremblements et de secousses. Tantôt des îles disparaissent en partie ou en totalité, comme cela s'est produit

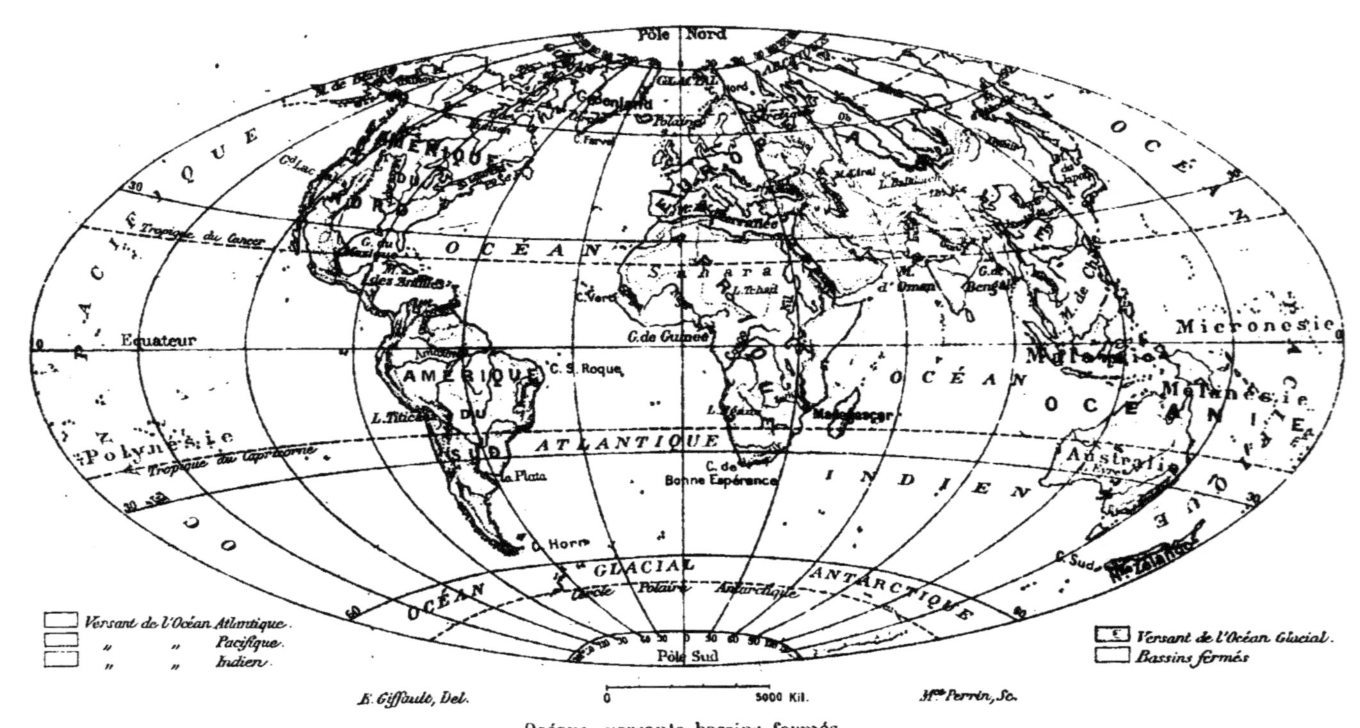

E. Giffault, Del.

Mlle Perrin, Sc.

Océans, versants bassins fermés.

pour l'île de Krakatau en 1883; tantôt, au contraire, ce sont des terres qui émergent, souvent pour disparaître de nouveau.

La côte américaine du Pacifique est remarquablement rectiligne. La côte de l'Asie qui lui fait face est mieux découpée. Des suites de presqu'îles et d'îles forment une succession de digues entrecoupées tout le long de la côte, et enferment des mers intérieures. Ce sont les mers de **Bering**, d'**Okhotsk**, du **Japon**, la **mer Jaune**, les mers de **Chine**, de la **Sonde**, etc.

L'*océan Atlantique* s'étend du nord au sud entre les côtes de l'Europe et de l'Afrique à l'est, et les côtes de l'Amérique à l'ouest. Il communique largement au nord et au sud avec les océans polaires. Il est moins vaste et moins profond que l'océan Pacifique et réunit plus qu'il ne les sépare les continents qu'il baigne. En tous points la distance entre les côtes occidentales et les côtes orientales est sensiblement la même, les points avancées de chacun des deux continents correspondant aux retraits de l'autre, le *cap Vert* d'Afrique au *golfe du Mexique*, le cap *San Roque* du Brésil au golfe de *Guinée*. Les tempêtes de l'Atlantique sont plus fréquentes mais moins violentes que celles de l'océan Pacifique et de l'océan Indien. Enfin l'Atlantique est parcouru par des courants marins et par des vents réguliers que les navigateurs savent utiliser. Un courant équatorial, identique à celui du Grand Océan, rencontrant le bombement de la côte du Brésil, se bifurque comme dans le Pacifique, et tandis qu'une de ses branches se dirige le long de la côte de l'Amérique du sud vers l'océan Antarctique, l'autre pénètre dans la mer des Antilles et le golfe du Mexique, où ses eaux, déjà tièdes, s'échauffent plus encore; puis, traversant l'Atlantique du sud-ouest au nord-est, il vient baigner les côtes d'Europe et se divise en un certain nombre d'embranchements dont le plus important se dirige vers l'océan Arctique en longeant les côtes de Norvège. C'est le Gulf-Stream ou courant du golfe, auquel on attribue en grande partie la douceur du climat des côtes du nord de l'Europe.

Toutes ces circonstances favorisent les échanges entre l'Europe et l'Amérique et expliquent comment cette partie de l'Océan est la plus fréquentée par les navires.

Si la profondeur de l'Atlantique est moindre que celle du Pacifique, elle est de plus très inégale. Les plus grandes profondeurs s'étendent le long des deux continents. A peu près à égale distance entre les terres, le fond se relève, partageant ainsi l'Atlantique en deux vallées sensiblement parallèles.

L'océan Atlantique découpe bien plus profondément ses rivages que le Grand Océan et, par suite, fait pénétrer bien plus avant dans les terres l'influence maritime. Le *golfe du Mexique*, la *mer des Antilles*, entre l'Amérique du nord et l'Amérique du sud, sont des dépressions profondes envahies par les eaux et dont une longue chaîne de terres (*Floride* et *Antilles*), restées émergées, fait de véritables *mers intérieures*.

Les prolongements de l'océan Atlantique dans les terres européennes, la *Manche*, la *mer du Nord*, et surtout la *Baltique* et la *Méditerranée*, présentent plus accentué encore ce caractère de mers interieures.

L'océan Atlantique ne possède qu'un petit nombre d'îles, peu étendues, situées pour la plupart dans le voisinage des continents.

L'**océan Indien**, moins vaste que le Pacifique et l'Atlantique, est limité à l'ouest par l'Afrique, au nord par l'Asie, à l'est par l'archipel Malais et l'Australie. Il est sujet à de violentes tempêtes provoquées par le renversement des vents périodiques (moussons) qui soufflent à sa surface. Il projette entre l'Afrique et l'Asie la *mer Rouge*, long et étroit couloir orienté du nord-ouest au sud-est, et qui ne communique avec lui que par le détroit resserré de Bab-el-Mandeb. Le *golfe Persique*, très fermé aussi, n'est que l'extrémité septentrionale de la vaste échancrure appelée *mer d'Oman*, qui baigne la côte occidentale de la péninsule de l'Inde, dont le *golfe du Bengale* baigne la côte orientale.

L'océan Indien ne renferme que deux îles de quelque importance, *Madagascar* et *Ceylan*.

Il est, comme les autres océans, parcouru par des courants, mais son peu de développement du nord au sud ne leur permet pas de prendre la même importance que dans l'Atlantique et le Pacifique.

Climats. — La plus ou moins grande intensité des rayons solaires, la forme ou la dimension des continents et des océans, sont les principales causes qui règlent les climats à la surface de la terre.

D'une manière très générale, il fait *froid* près des deux pôles, *chaud* à l'Équateur, et la température va en s'élevant d'un des pôles à l'Équateur, puis en s'abaissant de l'Équateur à l'autre pôle. Mais cette répartition de la température n'est ni constante ni régulière. Ce n'est pas *exactement à l'Équateur* qu'il fait le plus chaud, et, autant qu'on en peut juger, ce n'est pas non plus *exactement aux pôles* qu'il fait le plus froid. L'hémisphère boréal est plus chaud que l'hémisphère austral; aussi la ligne de plus haute température moyenne passe-t-elle au nord de l'Équateur, au lieu de se confondre avec lui, comme elle le serait si les rayons du soleil étaient la seule cause du climat.

C'est qu'en effet, les mers et les terres agissent très différemment sur les rayons solaires. *La mer les absorbe*, tandis que *la terre les renvoie* dans l'atmosphère après s'être échauffée à la surface.

Aussi, en été, les pays *continentaux* sont-ils beaucoup plus chauds que les régions océaniques. En hiver, au contraire, la terre se refroidit rapidement à la surface, et refroidit également l'atmosphère qui repose au-dessus d'elle, tandis que la *mer* demeure plus tiède et rend à l'atmosphère une partie de la chaleur qu'elle a absorbée.

Il se produit ainsi une nouvelle répartition de la chaleur. Le soleil produisait déjà sur le globe des climats froids ou chauds; la disposition des terres et des mers crée à son tour des *climats égaux*, toujours tièdes, *sous l'influence des mers*, et des *climats inégaux*, tantôt très froids, tantôt très chauds, *sous l'influence des terres*.

On appelle les premiers *climats maritimes* ; les seconds, *climats continentaux*.

Les climats maritimes existent partout où l'air se porte des mers vers les continents; les climats continentaux, partout où l'air se porte des continents vers les mers.

Vents réguliers, alizés, moussons. — Sur certaines parties de la terre, l'air se transporte toujours dans le même sens; telles sont les régions des *vents alizés*, où l'atmosphère se déplace continuellement vers le sud-ouest dans l'hémisphère nord et vers le nord-ouest dans l'hémisphère sud, pour remplacer l'air que la chaleur solaire fait incessamment monter autour de la zone équatoriale. Dans d'autres régions, comme dans l'Inde ou en Chine, les vents soufflent de la mer pendant une partie de l'année, et de la terre pendant le reste du temps. Ce sont les *moussons*. Ailleurs, comme en Europe, les vents sont *variables*, et soufflent tantôt d'un côté, tantôt de l'autre.

Productions. — La végétation, les espèces animales propres à chaque région de la terre, dépendent du climat. Cette diversité de productions est la principale cause des relations entre les différentes parties de la terre. Certaines plantes ou certains animaux peuvent vivre et se multiplier sous les latitudes froides; telles les forêts de sapins, de bouleaux; les rennes, les animaux à fourrures. D'autres, comme le blé, la vigne, les animaux domestiques qui nous entourent en Europe, ont besoin de climats tempérés. Il est des plantes, comme le dattier, l'olivier; des animaux comme l'autruche, l'antilope, le lion, qui ont besoin de chaleur sèche. Au contraire, le cocotier, le baobab, le bananier, parmi les plantes; le tigre, l'hippopotame, l'éléphant, les grands serpents, parmi les animaux, demandent une chaleur humide.

Quant à l'homme, quoique différent de couleur, de taille, de coutumes, d'après les pays, il doit à son intelligence d'avoir pu s'accommoder à tous les climats, depuis les Esquimaux qui vivent sous la neige du pôle nord jusqu'aux Touaregs qui parcourent le Sahara.

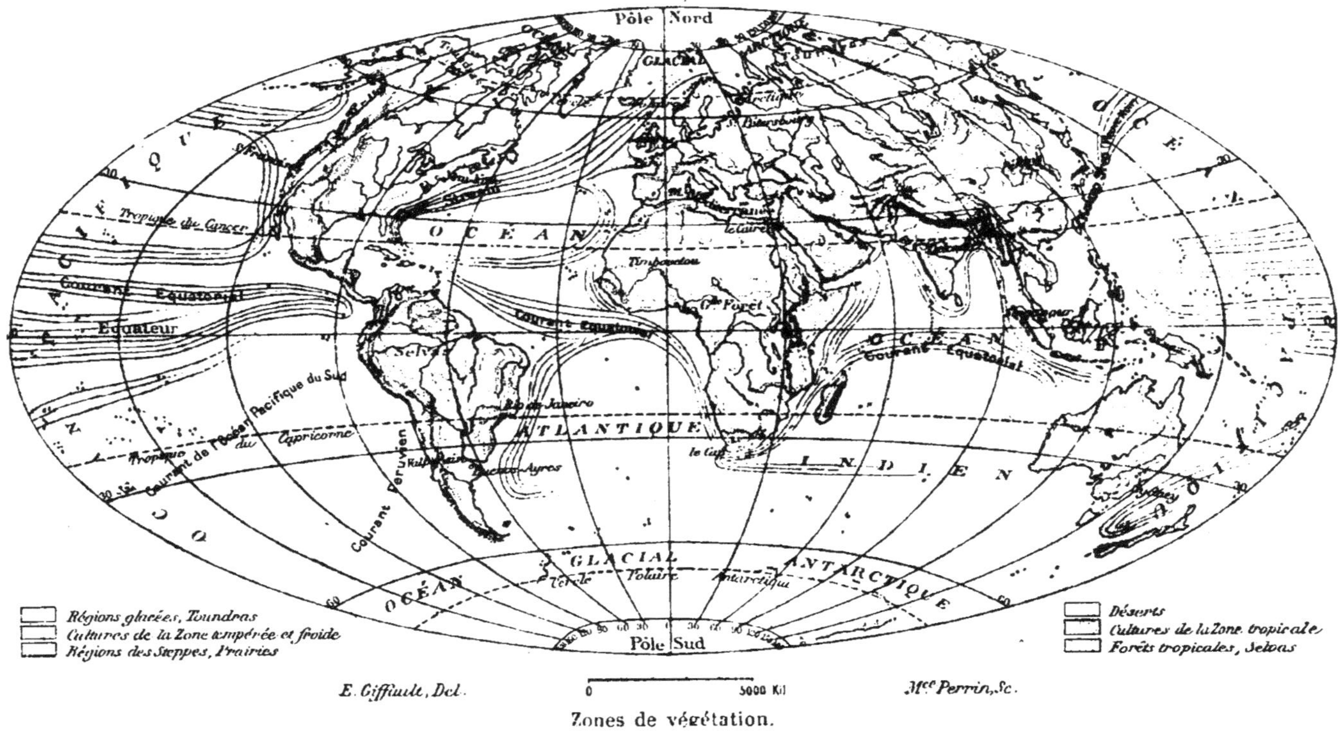

E. Giffault, Del. — Mce Perrin, Sc.

Zones de végétation.

RÉSUMÉ

I. **Les continents.** — Les terres émergées couvrent un quart environ de la surface de notre planète. Elles forment trois grandes masses ou continents : Ancien Continent (Europe, Asie, Afrique), Nouveau Continent (les Amériques), Continent Austral (Océanie).

II. **Les océans.** — Les mers couvrent les trois quarts environ de la surface de notre planète. On distingue généralement cinq océans principaux : océan Glacial Arctique, océan Glacial Antarctique, océan Pacifique ou Grand Océan (presque la moitié du globe), océan Atlantique, océan Indien. — Chacun de ces océans forme des mers secondaires ; l'océan Atlantique en compte particulièrement un grand nombre, entre autres la Méditerranée, la Manche, la mer du Nord, la mer Baltique.

III. **Climats.** — Les climats varient suivant l'intensité des rayons solaires, et suivant la forme ou la dimension des mers et des océans. Les pays continentaux sont bien plus excessifs que les pays maritimes. Les vents jouent un rôle prépondérant dans la distribution des climats.

IV. **Productions.** — La végétation et la faune, qui dépendent du climat, varient par suite comme puissance et comme variété d'un pays à un autre. Seul l'homme s'est accommodé à peu près à tous les climats. Toutefois c'est dans les régions modérées qu'il se développe le mieux.

DEUXIÈME PARTIE

LES DIFFÉRENTS ÉTATS

LIVRE I

L'EUROPE

EUROPE PHYSIQUE

GÉNÉRALITÉS DE L'EUROPE

L'**Europe** est située dans l'hémisphère boréal et presque en entier dans la zone tempérée. Elle va du 36e au 71e degré de latitude nord. Dans sa plus grande longueur, du sud-ouest au nord-est, elle n'a guère plus de 5500 kilomètres. Elle est quatre fois moins grande que l'Asie ou l'Amérique, trois fois moins grande que l'Afrique, un peu plus grande que l'Australie.

De tous les côtés, sauf à l'est, l'Europe est bordée par des mers : au nord, par l'**océan Glacial Arctique** ; à l'ouest, par l'**océan Atlantique** ; au sud, par le *détroit de Gibraltar*, la **mer Méditerranée** et la **mer Noire**.

Du côté de l'est, la haute chaîne du **Caucase**, la **mer**

Caspienne et les **monts Oural** forment la séparation conventionnelle de l'*Europe* et de l'*Asie*. Mais en réalité, de ce côté-là, l'Europe n'a pas de véritable limite : rien ne sépare l'est de l'Europe de l'ouest de l'Asie. Des deux côtés de la mer Caspienne ou de l'Oural, le climat, la nature du sol, les productions se ressemblent, et les Russes sont d'accord avec la réalité en refusant de faire aucune distinction entre la partie européenne et la partie asiatique de leur pays.

On pourrait donc considérer l'Europe comme la *presqu'île occidentale de l'Asie*, si elle n'avait joué dans l'histoire du monde un rôle assez important pour avoir droit à être étudiée à part.

Formes générales. — Aucune partie du monde n'a de *côtes* aussi profondément découpées que l'Europe. L'océan pénètre de tous côtés dans l'intérieur du continent et y forme un grand nombre de mers secondaires, qui divisent la terre ferme en îles et en presqu'îles.

L'**océan Glacial Arctique**, qui baigne l'Europe depuis la *mer de Kara* à l'est jusqu'au *cap Nord* à l'ouest, forme la **mer Blanche** et entoure quelques îles inhabitées. Les deux plus grandes sont celles qui forment ensemble la *Nouvelle-Zemble* ou *Novaïa-Zemlia*. Les plus septentrionales sont le *Spitzberg* et la *Terre François-Joseph*, isolées au milieu de l'océan polaire.

L'**océan Atlantique** borde tout le nord-ouest et l'ouest de l'Europe, depuis le *cap Nord* jusqu'au détroit de *Gibraltar*. Il forme, en allant du nord au sud, la **mer Baltique**, la **mer du Nord**, la **mer d'Irlande**, la **Manche**, le **golfe de Gascogne**, la **mer Méditerranée**.

Vers le nord-ouest il entoure deux presqu'îles, la *Scandinavie* et le *Jutland*; plus à l'ouest, les deux *Iles Britanniques* (*Grande-Bretagne et Irlande*); tout à fait au nord-ouest, l'*Islande*. Au sud, la *presqu'île Ibérique* s'avance entre l'Atlantique et la Méditerranée.

Les *caps* les plus importants que l'Europe projette dans l'Atlantique sont : le **cap Nord**, tout au nord de l'Europe, le **cap Lindesnæs**, au sud-ouest de la Scandinavie, le **cap**

Land's End, au sud-ouest de la Grande-Bretagne, le **cap Finisterre** et le **cap Saint-Vincent**, au nord-ouest et au sud-ouest de la presqu'île Ibérique.

La **mer Baltique** communique avec la mer du Nord par les détroits du *Sund*, du *Cattégat*, du *Skager-Rack*, du *Grand* et du *Petit Belt*. Elle forme les trois grands golfes de *Botnie*, de *Finlande* et de *Riga*. Ses principales îles sont : *Dagö*, *Ösel*, *Gotland*, *Bornholm*, *Fionie* et *Séeland*. La Baltique gèle en partie chaque hiver, surtout dans la région septentrionale.

La **mer du Nord**, peu profonde et encombrée de bancs de sable, forme le grand golfe du *Zuider-Zée*[1] et les longs archipels de la *Frise orientale et occidentale*.

La **Manche**, large détroit entre la France et la Grande-Bretagne, communique avec la mer du Nord par le *Pas de Calais*, et entoure l'île de *Wight* et les *iles Normandes*.

La **mer d'Irlande** s'étend entre la Grande-Bretagne et l'Irlande ; ses principales îles sont : *Man* et *Anglesey*.

Les **Iles Britanniques**, entre la mer du Nord, la Manche et l'Atlantique, sont deux grandes terres très découpées, environnées de nombreux îlots : *Hébrides*, *Orcades*, *Shetland*, *Færœer*.

L'**Islande** est une terre volcanique, plus proche des terres polaires américaines que de l'Europe.

Tout le littoral du nord de l'Europe est entaillé de profondes découpures, bordées d'îlots ou d'écueils. Au nord de la Scandinavie, ces échancrures se nomment *fjords*.

Le sud de la Baltique et de la mer du Nord, au contraire, a des côtes intérieures *plates*, qui forment la bordure de larges plaines.

1. **Le Zuider-Zée**. — Ce golfe fut formé brusquement par des irruptions de la mer du Nord au XIIe et au XIIIe siècle. Depuis 1849 il est question d'assécher complètement, ou tout au moins de réduire, cette nappe intérieure qui est peu profonde. Par la construction d'une puissante digue, on reconquerrait, dit-on, à la culture une superficie totale de 232 000 hectares. Deux canaux, qui perceraient la digue à ses extrémités, maintiendraient le port d'Amsterdam en communication avec la mer du Nord.

Certaines côtes de la mer du Nord sont même si absolument plates, qu'on a dû protéger le pays au moyen d'énormes *digues* contre les envahissements de la mer qui, à marée haute, est plus élevée que les campagnes.

Les côtes de la Manche et de l'Atlantique méridional sont bordées de falaises, de dunes sablonneuses ou de montagnes.

La **Méditerranée**, c'est-à-dire « mer au milieu des terres », s'étend entre l'*Europe*, l'*Asie* et l'*Afrique*, au centre même de l'Ancien Continent. Elle s'ouvre sur l'Atlantique par le *détroit de Gibraltar*, et le *canal de Suez* la fait communiquer avec l'*océan Indien*.

La Méditerranée forme en Europe deux grands golfes et plusieurs mers secondaires : les *golfes du Lion* et de *Gênes*, la *mer Tyrrhénienne*, la *mer Ionienne*, qui se prolonge au nord-ouest par la *mer Adriatique*, l'*Archipel* ou *mer Égée*. qui se prolonge au nord-est par la *mer de Marmara*, la *mer Noire* et la *mer d'Azov*.

La mer **Tyrrhénienne** est la partie de la mer Méditerranée située entre la *Corse*, la *Sardaigne*, l'*Italie* et la *Sicile*.

La mer **Ionienne** est située entre l'Italie et la Grèce. Elle entoure les *îles Ioniennes*. Le *canal d'Otrante* la fait communiquer avec la mer Adriatique. Elle forme les *golfes de Tarente* et de *Corinthe*. Ses côtes sont montagneuses.

La **mer Adriatique** n'est qu'un long et vaste golfe qui pénètre presque jusqu'au centre de l'Europe. Ses côtes sont basses à l'ouest, bordées de lagunes au nord, montagneuses et découpées à l'est.

La mer de l'**Archipel** ou mer **Égée** est parsemée d'îles nombreuses : l'île d'*Eubée* ou *Négrepont* à l'ouest, l'île de *Candie* au sud, les deux groupes des *Sporades* et des *Cyclades* au nord et à l'est. Par le *détroit des Dardanelles*, la *mer de Marmara* et le *Bosphore*[1], la mer de l'Archipel communique avec la mer Noire.

1. **Le Bosphore**. — Le Bosphore est le détroit qui sépare l'Europe de l'Asie, à l'entrée de la mer Noire. Il a 27 kilomètres de longueur, une largeur qui varie de 550 à 4500 mètres, une profondeur moyenne de 27 à 30 mètres. Un courant rapide le traverse sans cesse, portant à la mer de Marmara les eaux abondantes que la mer Noire a reçues du

Toutes les côtes européennes de la Méditerranée ou des mers qui en dépendent sont montagneuses et découpées en **presqu'îles** ou en **îles**. De l'ouest à l'est, on rencontre les îles **Baléares**, la **Corse** et la **Sardaigne**, la presqu'île d'**Italie** prolongée par l'île de **Sicile**, la **péninsule des Balkans** prolongée par la presqu'île de **Morée** ou du **Péloponèse**. Autour de cette dernière péninsule, la mer est parsemée d'îles nombreuses. Dans la **mer Noire** s'avance la **presqu'île de Crimée**.

Les **caps** les plus avancés vers le sud de l'Europe sont : la **pointe de Tarifa**, au sud de la presqu'île Ibérique, le **cap Passaro**, au sud de la Sicile, le **cap Spartivento**, au sud de l'Italie, le **cap Matapan**, au sud de la Morée.

La Méditerranée ne ressemble point à l'Atlantique. Sur celui-ci, le ciel est souvent gris et nuageux, le vent est presque continuel, les tempêtes sont longues et fréquentes. Sur la Méditerranée, l'eau et le ciel sont généralement bleus, le soleil éclatant, les pluies rares et les tempêtes de peu de durée. En outre, la Méditerranée n'a que des marées très faibles, de sorte que les maisons ou les cultures peuvent arriver jusqu'au bord même de la mer.

Comme la Méditerranée perd plus d'eau par l'évaporation qu'elle n'en reçoit par les fleuves, elle est sensiblement plus salée que l'Océan.

Les îles et côtes de la mer Égée sont montagneuses et magnifiquement découpées. Les rivages de la **mer Noire** sont plats au nord-ouest et dominés au nord-est par la haute chaîne du **Caucase**. Une petite mer marécageuse, la *mer d'Azov*, continue la mer Noire au nord-est. Elle s'ouvre par le *détroit de Kertch* entre la Crimée et le Caucase.

La **mer Caspienne** s'allonge du nord au sud entre l'*Europe* et l'*Asie*. Elle est complètement séparée de toutes les autres mers ; creuse au sud, où elle est entourée de montagnes, elle est sans profondeur au nord, où elle recouvre

Don, du Dniépr, du Dniestr, du Danube. C'est un fleuve aux rives charmantes que couvrent d'innombrables villas, ombragées de térébinthes, de platanes, de cyprès en bosquets. Constantinople le commande, sur la côte d'Europe, à son extrémité occidentale.

d'une pellicule d'eau la plaine de l'Europe orientale. La mer Caspienne, comme la Méditerranée, perd plus d'eau par l'évaporation qu'elle n'en reçoit par les pluies; aussi son niveau, graduellement abaissé par cette déperdition, est-il à 26 mètres au-dessous de celui des autres mers.

Relief du sol. — Le relief de l'Europe se divise en deux parties bien différentes : les montagnes et les plaines.

On décrit souvent l'Europe comme traversée dans toute sa longueur par un bombement, une ligne de hauteurs, de *partage des eaux*, qui s'incline au nord-ouest et au sud-est, comme les deux pentes d'un toit. Mais cette description n'est pas tout à fait juste.

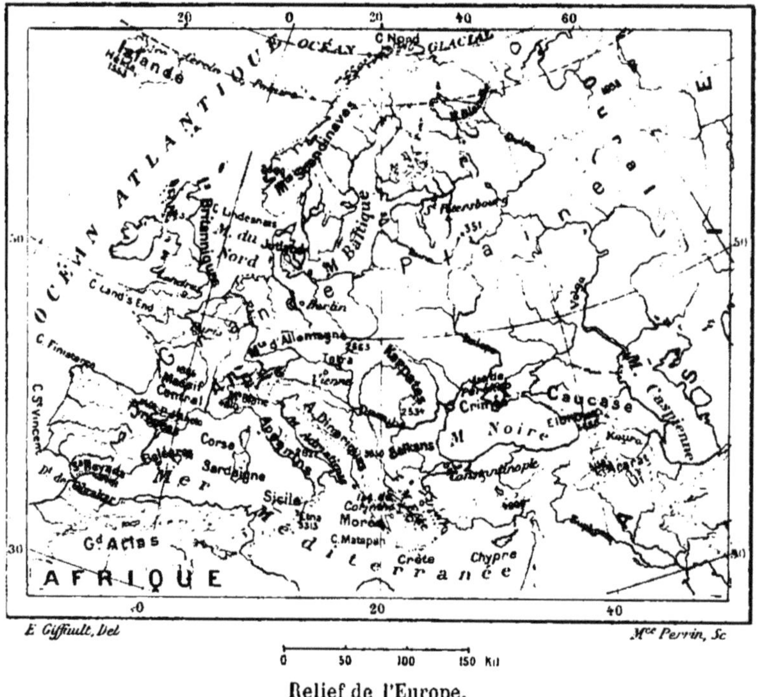

Relief de l'Europe.

D'abord, cette ligne de hauteurs n'est pas continue, mais séparée en plusieurs fragments ; ensuite l'Europe n'est pas parcourue par une seule zone de montagnes, mais par deux :

l'une, la moins importante, s'élève au nord ; l'autre, la plus importante de beaucoup, s'élève au sud.

Entre ces deux rangées commence, à l'ouest, une **plaine** qui va s'élargissant vers l'est jusqu'à occuper toute la largeur du continent. Cette *plaine*, qui va de la Manche et de la mer du Nord jusqu'à la mer Noire, à la mer Caspienne et à l'océan Glacial, couvre plus de la moitié de la surface de l'Europe.

La *région montagneuse du Nord* présente ses escarpements à l'océan Atlantique septentrional et à l'océan Glacial. Sans y comprendre les montagnes de l'Islande, tout à fait séparées, cette région comprend les **monts Scandinaves** ou **Kiœlen** et les **montagnes d'Angleterre** et **d'Écosse**.

Les **monts Scandinaves** forment une large protubérance de montagnes ou de plateaux; leur point culminant, l'*Ymesfield*, n'a que 2 560 mètres, mais, à cause du voisinage des régions polaires, ces montagnes sont recouvertes de neiges et de glaciers. Elles présentent au nord-ouest leur pente vive à l'Atlantique qui pénètre dans leurs basses vallées en y formant des golfes profonds et étroits, nommés *fiords*[1]. Leur versant sud-est, au contraire, descend par de longues pentes vers la dépression peu profonde de la mer Baltique.

Les **monts d'Angleterre et d'Écosse** sont moins élevés et n'ont ni neiges ni glaciers. Leur point culminant n'atteint pas 1 400 mètres. Leur pente nord, sur l'océan Atlantique, est également abrupte et découpée; vers le sud ils descendent graduellement jusqu'à la mer du Nord et à la mer de la Manche.

La *région montagneuse du Sud*, beaucoup plus vaste et plus élevée, se compose de plusieurs chaînes ou massifs distincts : ce sont, en allant de l'ouest à l'est, les **monts**

1. **Les fiords**. — On appelle *fiords* des fissures étroites qui s'enfoncent dans les entrailles des montagnes de Norvège, entre les rochers à pic, hauts souvent de plusieurs centaines de mètres. Les parois des fiords sont parfois si rapprochées les unes des autres qu'on croirait presque pouvoir les toucher des deux mains en étendant les bras. On retrouve cette forme de golfe sur la côte occidentale du Dominion Canadien et dans l'archipel de la Nouvelle-Zélande.

Ibériques, les **Pyrénées**, le **Massif Central français**, le **Jura**, les **Vosges**, les **Alpes**, les **Apennins**, les **monts d'Allemagne**, les **Karpates**, les **Balkans** et le **Caucase**. Toutes ces chaînes semblent, d'après les dernières recherches des géologues, faire partie d'une grande série de plissements de l'écorce terrestre, qui se prolongeraient depuis l'Espagne jusqu'à l'Indo-Chine.

Les **monts Ibériques** forment surtout une suite de plateaux, qui couvrent la majeure partie de l'Espagne. Au sud, un massif isolé, la *Sierra Nevada*, s'élève à 3 481 mètres.

Les **Pyrénées** sont une longue chaîne qui borde l'Espagne au nord et la sépare nettement du reste de l'Europe. Les Pyrénées n'ont que des passages si élevés, qu'on ne peut en franchir le plus grand nombre qu'à pied et avec beaucoup de peine. Leur point le plus élevé, le *pic d'Aneto*, monte à 3 404 mètres. Elles portent des neiges persistantes et quelques glaciers.

Au nord des Pyrénées, un *isthme*, formant la partie sud-ouest de la France, ouvre un passage entre l'Océan et la Méditerranée. Plus au nord s'élève le **Massif Central français**, qui couvre tout le centre de notre pays de ses plateaux et de ses chaînes de montagnes. Son point culminant, le Puy de Sancy, a 1 886 mètres.

A l'est de la vallée du Rhône, qui longe le Massif Central, s'élève la plus grande chaîne de montagnes de l'Europe, celle des **Alpes**.

Les Alpes couvrent presque tout le centre de l'Europe. Elles envoient leurs eaux à la *mer du Nord*, à la *Méditerranée*, à l'*Adriatique*, à la *mer Noire*. Leurs cimes sont couvertes de neiges persistantes ; d'immenses glaciers descendent dans leurs vallées. Des forêts de sapins et des pâturages recouvrent leurs pentes. Une ceinture de lacs s'étend à leurs pieds.

Le principal centre orographique des Alpes est situé au *Saint-Gothard*, d'où divergent les deux grandes vallées du Rhône et du Rhin. Mais leurs plus hauts sommets sont situés près de l'extrémité sud-ouest de la chaîne ; ce sont :

le *Mont Rose*, 4 634 mètres, et le *Mont Blanc*, point culminant de l'Europe centrale, qui s'élève à 4 810 mètres.

Les Alpes, qui sont pour l'Europe un inépuisable réservoir d'humidité et d'eaux courantes, ont leur pente plus douce et leurs vallées plus longues sur le versant septentrional que sur le versant méridional. Elles ne forment pas, comme les Pyrénées, une barrière continue; au contraire, leurs massifs sont séparés par de larges vallées et par des passages médiocrement élevés qui ont permis aux peuples habitant les versants opposés de communiquer entre eux.

Au nord-ouest des Alpes, la chaîne du **Jura**, celles des **Vosges** et de la **Forêt-Noire**, les plateaux de *Lorraine* et des *Ardennes*, forment une série de hauteurs qui vont décroissant du sud au nord. Il en est de même des **monts d'Allemagne**, *Jura de Souabe* et de *Franconie*, *plateaux de Bavière*, montagnes de *Thuringe* et du *Harz*, monts de *Bohême*, qui forment comme des gradins entre les Alpes et la grande plaine du Nord.

Au sud des Alpes, et sans aucune séparation bien marquée entre les deux chaînes, la longue rangée des **Apennins** se prolonge dans toute la presqu'île d'Italie. Les Apennins, s'élevant dans un ciel sec, n'ont pas de neiges perpétuelles. Leur point culminant, le *Gran Sasso d'Italia*, arrive à 2 910 mètres. Leur montagne la plus célèbre est un volcan, le *Vésuve*, 1 200 mètres. Par delà le détroit de Messine, qui sépare l'Italie de la Sicile, les montagnes siciliennes continuent les Apennins, et un autre volcan, l'*Etna*[1], haut de 3 313 mètres, s'élève jusqu'à la région des neiges.

A l'intérieur de la courbe formée par les monts Ibériques,

1. **L'Etna.** — L'Etna ne s'élève qu'à 3 313 mètres, altitude inférieure à celle des Alpes et même à celle des Pyrénées. Mais, dressé au bord de la mer, il ne perd rien de sa grandeur, paraît plus haut qu'il n'est, et a même passé pour le premier pic du globe. On lui connaît plus de cent éruptions, la dernière datant de 1891; des laves durcies couvrent ses flancs jusqu'à la plaine; le plus souvent un panache de fumée domine son cratère. Cependant des vergers et des vignes s'y étagent jusqu'à 800 mètres; au delà viennent des forêts de chênes, châtaigniers, pins, hêtres, bouleaux. Plus haut encore, la neige séjourne tout l'hiver.

les Pyrénées, les Alpes et les Apennins, des fragments de *chaînes montagneuses* surgissent de la mer dans les *Baléares*, la *Corse*, la *Sardaigne* et plusieurs petits archipels. Le point culminant de ces montagnes insulaires est le *Monte Cinto*, 2 710 mètres, dans l'île de Corse.

A l'est des Alpes, le système des **monts Karpates** entoure la grande plaine de Hongrie. Leur point culminant, dans les monts *Tatra*, arrive à 2 660 mètres. Les Karpates n'ont pas de neiges perpétuelles, mais ils renferment des mines abondantes.

Plus au sud-est, continuant à la fois le système des Alpes orientales et celui des Karpates, s'élèvent les montagnes de la péninsule des *Balkans*, encore mal connues. C'est un enchevêtrement de plateaux, de chaînes et de massifs, dont l'altitude moyenne est de 1 000 mètres environ, et dont les plus hauts sommets atteignent 3 000 mètres. Au sud, l'arête montagneuse du *Pinde* traverse la péninsule Hellénique, autour de laquelle les montagnes reparaissent de toutes parts au milieu de la mer sous forme d'îles.

Par delà la mer Noire, le **Caucase**, qui va de la mer Noire à la mer Caspienne, appartient à l'Asie autant qu'à l'Europe. Ses sommets dépassent ceux des Alpes, et son point culminant, l'*Elbrouz*, a 5660 mètres de hauteur. Mais le Caucase n'a pas l'importance géographique des Alpes; ses neiges et ses glaciers n'envoient aux mers voisines que de longs torrents et non de grands fleuves.

Enfin, séparé de tous ces massifs montagneux et courant du nord au sud à travers la grande plaine septentrionale, un large bombement de pays, l'**Oural**, s'élève aux limites de l'Asie et de l'Europe. L'Oural n'est pas une chaîne de montagnes. A part quelques sommets qui s'élèvent à 1 500 ou 1 600 mètres, il ne présente que des pentes très douces, partout faciles à franchir.

Plaines. — De la Manche à l'Oural s'étend la grande **plaine** qui occupe toute la longueur de l'Europe, et qui se continue sous les eaux peu profondes de la mer du Nord et de la mer Baltique. Une série de lacs prolonge même cette mer dans la direction de la mer Blanche, comme pour relier cette dépression à celle de la Baltique.

Le nord de l'Europe centrale et toute l'Europe orientale sont constitués par cette plaine immense qui se continue jusqu'en Asie.

D'autres plaines moins étendues occupent les intervalles des chaînes de montagnes de la partie sud : par exemple, les plaines d'*Andalousie*, dans la presqu'île Ibérique, de la *Garonne*, du *Languedoc*, en France, de *Lombardie*, au pied des Alpes, de *Hongrie*, de *Valachie*, au pied des Karpates.

Climats. — Aucune partie du monde ne possède un *climat* aussi parfaitement tempéré que l'Europe. D'une part, elle est presque également éloignée du pôle et de l'équateur. D'autre part, elle est entourée aux trois quarts et pénétrée de tous côtés par la mer, et les vents dominants lui viennent de l'Atlantique, dont les eaux sont réchauffées, sur les côtes européennes, par des courants venus des régions équatoriales. La mer fait donc sentir, sur la plus grande partie de l'Europe, son influence modératrice. C'est seulement dans la partie nord-est, soumise à l'influence de l'océan Glacial, que règne un climat boréal, semblable à celui de l'Asie du Nord.

On peut partager l'Europe entre trois climats bien distincts : sur toute la partie inclinée vers le nord-ouest règne le **climat de l'Atlantique** ; la partie Sud est soumise à l'influence de la **Méditerranée** ; la partie Est participe, dans une mesure, au **climat continental de l'Asie**.

Le *climat atlantique* est caractérisé par la douceur et l'égalité de la température. La surface de l'Océan, qui se transporte lentement du sud-ouest au nord-est, remplit l'atmosphère de vapeurs qui empêchent à la fois les grandes chaleurs et les grands froids, et versent sur le continent des pluies abondantes. Grâce à cette influence, la mer ne gèle jamais, même sur les côtes de Norvège, bien au delà du cercle polaire, et la végétation arborescente se prolonge jusqu'à l'extrémité nord du continent.

C'est aux vapeurs de l'Océan, arrêtées par les hautes montagnes des Pyrénées, des Alpes, des Karpates, qu'est due l'abondance des fleuves de l'Europe centrale.

Le *climat de la Méditerranée*, également tempéré, est cependant bien différent. La réverbération du soleil sur les déserts de l'Afrique appelle l'atmosphère de l'Europe et occasionne des vents du nord qui soufflent fréquemment à travers la Méditerranée et rafraîchissent la température. Mais ces vents, se dirigeant d'un pays plus froid vers un pays plus chaud, sont secs pendant la plus grande partie de l'année, et ainsi le ciel de la Méditerranée reste presque toujours bleu, tandis que celui de la région Atlantique est fréquemment couvert de nuages.

Le centre et l'est de l'Europe, éloignés de l'Atlantique et de la Méditerranée, ont un *climat plus extrême*, avec des alternatives de grands froids et de grandes chaleurs. Ce climat donne un régime particulier aux fleuves de la grande plaine européenne; couverts de glaces pendant plusieurs mois, ils se remplissent au printemps de toute la neige qui fond sur la plaine, et qui humecte profondément les terres au moment où vont arriver les chaleurs de l'été. Tandis que les côtes de Norvège, baignées par des eaux toujours tièdes, n'ont jamais de glaces, la mer Baltique en est partiellement couverte chaque hiver, et même la mer Noire, située plus au sud que la France, gèle souvent en hiver dans sa partie nord. Les lignes d'égale température, ou *isothermes*, qu'on trace parfois sur les cartes, ne sont donc pas disposées régulièrement du nord au sud. Il arrive que des régions septentrionales ont un climat plus doux que d'autres régions plus méridionales. Parfois aussi il y a de grands écarts de température entre l'hiver et l'été, tandis qu'ailleurs la température moyenne des diverses saisons varie fort peu.

Sous les climats les plus équilibrés de l'Europe, près de l'Océan, il y a à peine 10 degrés d'écart entre les températures moyennes de l'hiver et celles de l'été. Dans la partie orientale, l'écart moyen peut aller jusqu'à 40 et 50 degrés.

Hydrographie. — L'Europe ayant *peu de largeur*, beaucoup de *mers intérieures* et *peu de plateaux*, tous ses fleuves arrivent à la mer après avoir parcouru de longues vallées aplanies. En outre, les vapeurs venues de l'Océan donnent à ces fleuves un débit assez abondant. Aussi la plupart d'entre eux sont-ils navigables sur une grande partie de leur longueur et ont-ils pu servir de voies de pénétration ou de communication.

Deux grands versants se partagent l'Europe. Un *versant*

Versants de l'Europe.

extérieur, tourné vers l'Atlantique, la Manche, la mer du Nord, la mer Baltique, l'océan Glacial ; un *versant intérieur* tourné vers la mer Méditerranée, la mer Adriatique, la mer Noire, la mer Caspienne.

La plupart des grands fleuves rayonnent de deux centres principaux. L'un est situé *au milieu des Alpes*, l'autre se trouve dans le *plateau* peu élevé *de Valdaï*, au milieu de la plaine orientale.

La plupart des grands lacs se trouvent rassemblés autour de ces deux centres. Au pied des *Alpes* rayonnent les lacs : de **Garde**, de **Côme**, **Majeur**, **Léman** ou de *Genève*, de **Neuchâtel**, de **Lucerne** ou des *Quatre-Cantons*, de **Zurich**, de **Constance**, etc. Entre les Alpes et les Karpates, le lac *Balaton* et le lac de *Neusiedel*.

Au nord du *plateau de Valdaï*, les lacs **Peïpous**, **Ilmen**, **Ladoga**, **Onéga**, le lac **Blanc** ou *Bélo-Ozero*, etc. Quelques autres grands lacs, les lacs **Venern**, **Vetern**, **Mælaren**, reposent au pied des *Monts Scandinaves* ; enfin toute la région située entre la mer Baltique et la mer Blanche forme un lacis de lacs innombrables.

Fleuves ; versant extérieur. — L'océan **Glacial** reçoit plusieurs grands cours d'eau, médiocrement importants à cause des pays glacés qu'ils traversent. Les deux plus longs sont la *Petchora* et la *Dvina*, qui lui arrive par la mer Blanche.

La **mer Baltique** reçoit : la **Néva**, déversoir des lacs *Ladoga*, *Ilmen*, *Onéga* ; la **Duna**, le **Niémen**, la **Vistule** et l'**Oder**. Dans les détroits qui unissent la Baltique à la mer du Nord, se déverse le **Glommen**, le plus grand fleuve de la presqu'île Scandinave.

La **mer du Nord** reçoit : l'**Elbe** et le **Weser**, descendus des monts d'Allemagne, le **Rhin**, qui descend des Alpes et traverse le lac de Constance ; c'est un fleuve célèbre dans l'histoire de l'Europe. Il traverse plusieurs pays, la Suisse, l'Allemagne, la Hollande, et arrose sur son chemin la plaine d'Alsace. Son embouchure, sans profondeur, est à peine navigable. En outre, la mer du Nord reçoit la **Meuse** et l'**Escaut**, ainsi que la **Tamise**, rivière principale de la Grande-Bretagne, très profonde et accessible aux gros navires jusqu'à Londres.

La **Manche** ne reçoit qu'un grand fleuve, la **Seine**, cours d'eau en pente très douce, qui traverse Paris.

L'**océan Atlantique** reçoit directement la **Loire**, venue du Massif Central Français, la **Garonne**, qui descend des Pyrénées, le **Douro**, le **Tage**, le **Guadiana** et le **Guadalquivir**, qui naissent sur les plateaux de la péninsule Ibérique. Ces quatre derniers fleuves, le Guadalquivir excepté, sont peu abondants et peu navigables.

Versant intérieur. — Les fleuves du versant méditerranéen présentent un caractère particulier. Tandis que les marées de l'Atlantique creusent les embouchures et en font souvent de larges estuaires, les fleuves méditerranéens, arrivant dans une mer intérieure sans marées, déposent à leur embouchure la vase que leurs eaux tenaient en suspension et forment des deltas qui avancent continuellement dans la mer. Ces deltas empêchent l'entrée des navires; c'est pourquoi, tandis que presque tous les grands ports de l'Atlantique sont situés sur les grands fleuves, les ports de la Méditerranée ou des mers voisines se sont établis en dehors des fleuves, dans les baies du littoral.

La **Méditerranée** ne reçoit directement que deux grands fleuves européens; ce sont : l'**Èbre**, qui descend des Pyrénées espagnoles, et le **Rhône**, qui prend sa source au Saint-Gothard, près des sources du Rhin, traverse le lac de Genève, et descend rapidement à la mer entre les Alpes et le Massif Central Français.

La **mer Tyrrhénienne** ne reçoit qu'un cours d'eau digne de mention, le **Tibre**, petit fleuve qui traverse Rome.

La **mer Ionienne** et l'**Archipel** ne reçoivent guère que des torrents, presque sans eau la moitié de l'année.

L'**Adriatique** reçoit le **Pô** et l'**Adige** qui descendent des Alpes et traversent la plaine de Lombardie. Le Pô transporte de telles masses d'alluvions, que sur certains points il coule plus haut que les campagnes environnantes. Son delta se mêle à celui de l'Adige et de quelques rivières voisines et se prolonge dans la mer en lagunes, parmi lesquelles se trouve un peu plus au nord la *lagune de Venise*.

La **mer Noire** reçoit le **Danube**, le **Dniestr**, le **Dniepr**. Le *Danube* descend des monts d'Allemagne et des Alpes orientales; il traverse en quelque sorte plusieurs bassins successifs : le plateau de Bavière, puis la plaine de Hongrie, où il reçoit des affluents comme la *Drave*, la *Save*, la *Tisza*, qui seraient ailleurs de grands fleuves; puis il perce les montagnes entre les Karpates et les Balkans, traverse la plaine de Valachie et se prolonge dans la mer Noire en un large delta. — Le *Dniestr* descend du versant oriental des Karpates; le *Dniepr* coule dans toute sa longueur au milieu de la plaine de l'Europe orientale.

La **mer d'Azov** reçoit le **Don**, qui, de sa source à son embouchure, coule parallèlement au Dniepr.

Enfin la **mer Caspienne** reçoit dans son bassin fermé le plus grand fleuve d'Europe, la **Volga**[1], qui parcourt 3400 kilomètres, du plateau de Valdaï à l'extrémité de son delta. C'est 10 fois la longueur de la Tamise, 6 fois la longueur de la Garonne. Par la Volga et ses affluents l'*Oka*, la *Kama*, etc., on a pu établir un réseau de navigation à travers toute la plaine russe jusqu'à la mer Baltique par des canaux navigables. — A l'est de la Volga, un fleuve peu abondant, l'*Oural*, coule à la limite conventionnelle de l'Europe et de l'Asie.

Productions. — L'Europe n'a ni la variété ni l'abondance de productions de l'Asie ni de l'Amérique. Mais son climat favorise la croissance des végétaux les plus utiles à l'homme. Ses grandes plaines, à l'exception de celles qui avoisinent l'océan Glacial, sont propres à la culture des *céréales*, et l'orge mûrit encore en Norvège sous le cercle polaire boréal. Dans les plaines méridionales prospèrent la *vigne* et les *arbres fruitiers* de toutes sortes. Le climat humide de la partie ouest revêt le sol de *prairies* épaisses et favorise l'élevage du

1. **La Volga**. — La Volga se termine par un delta dont les premiers linéaments se montrent à Tsaritsin, à 500 kilomètres au moins de la Caspienne. Sur cet immense espace se succèdent et s'entrelacent des chenaux éparpillés, bras vifs et bras morts, qui enserrent des îles sans nombre, formées de vase inconsistante et perpétuellement remaniées par le fleuve. Des myriades de poissons vivent dans ces eaux chargées de débris animaux et végétaux. La pêche est la principale occupation des habitants du delta, qui résident dans de misérables cabanes en bois et en roseaux, montées sur pilotis à cause des hautes inondations qui se produisent chaque année à la fonte des neiges.

bétail[1]. Les montagnes, plus froides, et les parties septentrionales de la grande plaine produisent des *forêts*. Vers le sud-est, à l'approche de l'Asie, commencent les *steppes* et les étendues sablonneuses.

Les seules régions absolument improductives et glacées

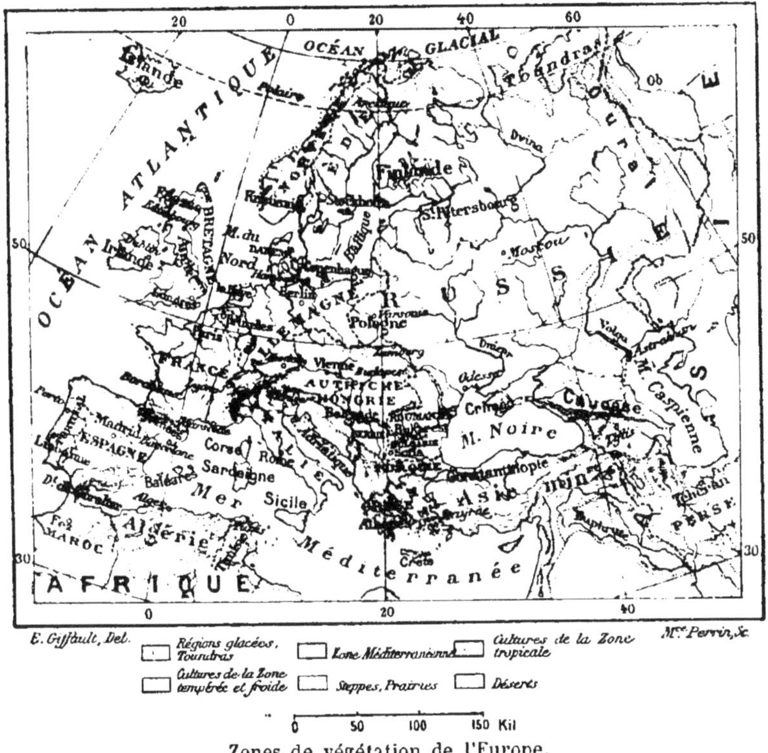

Zones de végétation de l'Europe.

sont les sommets neigeux des hautes montagnes, et les plaines qui longent l'océan Glacial.

Le long de la Méditerranée, certaines régions privilégiées

1. **Le climat atlantique.** — Sa douceur et son égalité valent à certains pays de l'Europe une végétation merveilleuse. C'est ainsi que, dans notre Bretagne française, les camélias et les lauriers passent l'hiver en pleine terre et y fleurissent ; que, dans la Cornouaille anglaise, les maisons sont tapissées d'orangers et d'oliviers qui parfois mûrissent leurs fruits ; que l'île d'Anglesea, dans la mer d'Irlande, porte des bambous ; que l'une des îles Scilly, au sud-ouest du cap Land's End, possède des palmiers.

et abritées du nord offrent une végétation particulière et à moitié africaine : *oliviers*, *orangers*, *palmiers*, etc.

Au point de vue de l'industrie, le sol fournit en quantité moyenne les *métaux* et principalement le *fer*. La *houille* se trouve surtout le long d'une bande de terrain qui va de l'Allemagne du Nord à l'Angleterre, à travers le nord de la France et la Belgique. C'est en Grande-Bretagne que les dépôts de houille ont le plus d'étendue et de puissance.

En moyenne l'Europe est *moins riche* de produits souterrains que le reste du monde, mais c'est elle qui, jusqu'à présent, a gardé le premier rang pour l'*importance des matières premières* du monde entier, et pour leur *transformation par l'industrie humaine.*

On peut même dire que *la plus grande partie du mouvement actuel du monde est une production de l'Europe*, qui, depuis le commencement de ce siècle surtout, a étendu son action sur le globe presque tout entier.

RÉSUMÉ

L'Europe, la moins étendue des cinq parties du monde, n'a que 10 millions de kilomètres carrés : c'est, en quelque sorte, la presqu'île occidentale de l'Asie.

I. **Forme générale**. — L'Europe est merveilleusement découpée par les mers qui la baignent. L'océan Glacial y forme la mer Blanche et baigne des îles nombreuses (Novaïa-Zemlia). L'océan Atlantique, qui entoure l'Islande et l'Archipel Britannique, ainsi que les presqu'îles Scandinave, du Jutland, Ibérique, forme la mer Baltique (îles nombreuses), la mer du Nord (Zuider-Zée), la Manche (îles anglo-normandes, Wight), la mer d'Irlande (Anglesey et Man).

La Méditerranée forme les golfes du Lion, de Gênes, la mer Tyrrhénienne, la mer Ionienne, la mer Adriatique, l'Archipel, la mer de Marmara, entre les Dardanelles et le Bosphore, la mer Noire et la mer d'Azov. Elle baigne en Europe les Baléares, la Corse, la Sardaigne, la Sicile, Malte, les îles Ioniennes, la Crète, les Sporades et les Cyclades, ainsi que les presqu'îles d'Ibérie, d'Italie, des Balkans. — La mer Caspienne, mer fermée, est à 26 mètres au-dessous du niveau des océans.

II. **Relief du sol**. — Deux parties bien différentes : 1° Montagnes au nord (montagnes d'Angleterre et d'Écosse, Alpes Scandinaves) et surtout au sud (monts Ibériques, Pyrénées, 3404 mètres, Massif Central Français, Jura, Vosges, Alpes (MontBlanc, 4810 m.), Apennins, Karpates, Caucase (Elbrouz, 5660 m.), Oural; les Alpes sont, par excellence, les montagnes européennes; 2° Plaines, couvrant le nord de l'Europe et l'Europe orientale tout entière.

III. **Climats.** — Différents suivant la latitude, l'altitude, la proximité de la mer; mais, en somme, remarquables par leur égalité et leur modération; pluies fréquentes et médiocres, hivers doux, étés tièdes. Cette modération s'affaiblit à mesure qu'on s'éloigne de l'Atlantique vers l'Europe centrale et orientale, où les influences continentales finissent par dominer (climat russe).

IV. **Hydrographie.** — L'Europe est sillonnée par de nombreux fleuves, qui se répartissent en deux versants : 1° au versant extérieur appartiennent les tributaires de l'océan Glacial (Petchora, Dvina), de la Baltique (Néva, Duna, Niémen, Vistule, Oder), de la mer du Nord (Elbe, Wéser, Rhin, Meuse, Escaut, Tamise), de la Manche (Seine), de l'Atlantique proprement dit (Loire, Garonne, Douro, Tage, Guadalquivir); 2° au versant intérieur appartiennent les tributaires de la Méditerranée (Èbre, Rhône, Tibre), de l'Adriatique (Pò, Adige), de la mer Noire (Danube, Dniestr, Dniepr), de la mer d'Azov (Don), de la mer Caspienne (Volga, Oural).

V. **Productions.** — L'Europe n'a ni la variété ni l'abondance de productions des pays tropicaux; mais elle se prête aux cultures les plus utiles à l'homme (céréales, vignes, arbres fruitiers, prairies); elle n'a point de déserts par trop de sécheresse ou de froidure. Son sol est moins riche que d'autres en gisements miniers.

EUROPE POLITIQUE

§ 1. — GÉOGRAPHIE GÉNÉRALE

Populations européennes. — L'Europe, qui occupe la dix-septième partie des terres émergées, contient 375 millions d'habitants, près du quart de la population totale du globe. C'est, relativement à sa superficie, la partie du monde la plus peuplée de beaucoup. C'est aussi celle dont la population est le plus également répartie. Elle a peu de parties désertes, à l'exception des bords de la Caspienne et de l'océan Glacial. Elle n'a pas non plus d'immenses agglomérations, sauf sur un très petit nombre de points. C'est dans l'Europe occidentale que la population atteint la plus forte densité.

Les Européens appartiennent presque tous à la *race blanche*. Les *Hongrois* ou *Magyars*, en Hongrie, les *Ottomans*, en Turquie, sont des peuples d'origine asiatique récente.

Les Européens de race blanche composent trois grandes familles de peuples : les *Gréco-Latins*, les *Germains*, les *Slaves*. Chacun de ces groupes se distingue des deux autres non seulement par la race, mais encore par la langue et même, d'une façon générale, par la religion.

Les *Gréco-Latins*, ainsi nommés parce qu'ils ont reçu jadis la civilisation de la Grèce et de Rome, comptent en Europe pour 125 millions. Ils habitent surtout l'ouest, le sud-ouest et le sud de l'Europe; la Méditerranée est leur domaine propre. La France, l'Italie, l'Espagne sont des pays latins. On y parle les langues dites *latines* : le français est une langue d'origine latine. C'est le catholicisme qui domine dans ces pays.

Les *Germains* sont aussi nombreux, 125 millions également. Ils peuplent le centre, le nord-ouest et le nord de l'Europe. Une partie de l'Autriche-Hongrie et de la Suisse, l'Allemagne, les pays Scandinaves, les Pays-Bas, l'Angleterre, sont des pays germains. On y parle les langues dites *germaniques*. La plupart des peuples germains professent en majorité la religion protestante.

Les *Slaves* sont au nombre d'environ 110 millions. Par la Pologne et la Bohême, ils s'avancent jusque dans l'Europe centrale, mais leur domaine propre est l'Europe orientale. La Russie, la Hongrie, une partie de la péninsule des Balkans sont habitées par des Slaves. Ces pays parlent des langues slaves. La religion grecque est celle qui y est le plus communément pratiquée.

Les *Juifs*, au nombre de 5 millions environ, sont répandus dans toute l'Europe.

Les *Ottomans* (en Turquie) sont mahométans.

États et systèmes de gouvernement. — L'Europe, si variée dans sa configuration, est partagée en un nombre assez considérable d'États, qui correspondent pour la plupart aux divisions naturelles du continent.

Les mers découpent des péninsules et des îles, les montagnes enferment des vallées et des plaines, qui sont autant de cadres pour la formation de nations. L'Europe orientale fait exception : là, une plaine immense, indéfinie à l'ouest comme à l'est, s'est prêtée à l'établissement d'un empire énorme.

L'Europe contient 20 États et 4 petits territoires indépendants. On peut diviser les États en cinq groupes :

L'*Europe méridionale* ou *méditerranéenne*, jadis le centre de l'activité du monde, aujourd'hui bien déchue, comprend les six États des Balkans (Roumanie, Serbie, Monténégro, Bulgarie, Turquie, Grèce), l'Italie, l'Espagne et le Portugal;

L'*Europe occidentale* comprend les deux grandes puissances maritimes et coloniales, la France et l'Angleterre;

L'*Europe centrale*, essentiellement continentale, comprend la Suisse, l'Autriche-Hongrie, les Pays-Bas (Belgique, Hollande, Luxembourg) et l'Allemagne;

L'*Europe septentrionale*, peu importante, se compose du Danemark et de la Suède-Norvège;

L'*Europe orientale*, où se rencontrent tous les climats,

tous les sols, tous les produits, et qui semble avoir un immense avenir, est occupée tout entière par la Russie.

Ces États sont de grandeur et d'importance très inégales. Le plus grand, la *Russie*, occupe plus de la moitié du continent et compte 103 millions d'habitants; le plus petit, le *Monténégro*, occupe à peine la millième partie de l'Europe et n'a que 257000 habitants. Le plus peuplé par rapport à son étendue est la *Belgique*, qui, sur un territoire 180 fois plus petit que la Russie, compte 6500900 habitants.

Les six principaux États de l'Europe sont : la *Russie* (103 millions d'hab.), l'*Allemagne* (53 millions), l'*Autriche-Hongrie* (43 millions), la *France* (39 millions), les *Iles Britanniques* (40 millions) et l'*Italie* (31 millions).

La plupart des États de l'Europe ont adopté le système de la *monarchie constitutionnelle* ou *parlementaire*, dont l'Angleterre offre le type le plus remarquable. Un seul, la Russie, conserve le *gouvernement absolu*. Deux États, la France et la Suisse, sont régis par un *gouvernement républicain.*

Civilisation. — La structure de l'Europe permet aux différents peuples un développement indépendant, mais elle ne les isole pas. Bien au contraire, les vallées transversales des montagnes, les grandes artères fluviales, les découpures multiples des côtes ont invité les hommes à entrer en relations suivies. C'est ce qui a amené la constitution d'une civilisation européenne unique.

L'Europe est de nos jours à la tête de la civilisation. Nulle part l'instruction n'est plus développée. C'est là qu'ont été trouvées toutes les grandes découvertes modernes, vapeur, électricité, avec leurs nombreuses applications pratiques qui ont transformé le monde entier.

Tous les États d'Europe sont aujourd'hui pourvus de lignes ferrées, et toutes les grandes villes de l'Europe continentale sont reliées à l'ensemble du réseau des chemins de fer. On peut ainsi aller de Cadix ou de Lisbonne, sur l'Atlantique, à Orenbourg, sur le fleuve Oural, ou bien au pied du Caucase, c'est-à-dire aux portes de l'Asie. Entre les pays du Nord et du

Sud, les voies ferrées sont encore plus nombreuses, surtout dans l'Europe centrale. Les plus hautes montagnes n'ont pas été un obstacle : on les a franchies sous des tunnels.

Les communications maritimes ne sont pas moins importantes. Une nombreuse flotte de navires à voiles et à vapeur se presse dans les ports des différentes régions et met chaque pays de l'Europe en rapport avec le reste de l'Europe et avec le monde tout entier. Les communications maritimes ont trois centres principaux : 1° la *mer Baltique* (ports de premier ordre : Stockholm, Saint-Pétersbourg, Riga, Dantzig, Copenhague) et la *mer du Nord* (ports de premier ordre : Hambourg, Brême, Amsterdam, Rotterdam, Anvers, Londres); 2° l'*océan Atlantique* (Glasgow, Liverpool, Dublin, Southampton, le Havre, Bordeaux, Lisbonne, Cadix); 3° la *Méditerranée* (Barcelone, Marseille, Gênes, Palerme, Trieste, Constantinople; Odessa, sur la mer Noire).

L'Europe est ainsi devenue le centre industriel du monde. Elle reçoit des autres parties de la terre les matières premières qui lui manquent ou dont elle n'a pas assez. Elle leur rend des objets fabriqués, machines, ustensiles, armes, vêtements, articles de luxe. Les quatre autres parties du monde sont ainsi tributaires de l'Europe. Les États de l'Atlantique font surtout le commerce avec l'Amérique ; les États de la Méditerranée avec le nord de l'Afrique, l'Asie et, par le canal de Suez, avec l'Extrême-Orient. L'Angleterre est au premier rang pour la puissance industrielle, commerciale et maritime; ensuite viennent la France, l'Allemagne, etc.

L'Europe enfin est à la tête du mouvement de la civilisation dans le monde. Les peuples européens ont fondé sur tous les continents des colonies où s'installent leurs nationaux. De grands pays, comme les Indes, l'Indo-Chine, la Sibérie, l'Algérie et la Tunisie, sont des dépendances de l'Europe. L'Amérique tout entière a été colonisée par des Européens. Par ces colonies et par l'émigration, l'Europe impose peu à peu aux régions lointaines ses langues, ses croyances, ses inventions modernes, tout son développement de civilisation.

RÉSUMÉ

I. **Populations européennes.** — L'Europe contient 360 millions d'habitants : c'est relativement la plus peuplée des cinq parties du monde; elle n'a point de déserts. Les Européens, qui appartiennent à la race blanche, se groupent en trois grandes familles de peuples : les Gréco-Latins (125 millions), catholiques, à l'ouest, au sud-ouest et au sud; les Germains (125 millions), protestants, au centre et au nord; les Slaves (110 millions), de religion grecque, à l'est. Les Hongrois, les Ottomans et les Juifs sont à part.

II. **États et systèmes de gouvernement.** — L'Europe se prêtait naturellement au morcellement. Elle contient vingt États de grandeur et d'importance inégales. Les six grands États de l'Europe sont la Russie, l'Allemagne, l'Autriche-Hongrie, la France, les îles Britanniques et l'Italie. Presque tous ces États ont une monarchie constitutionnelle; un gouvernement absolu, la Russie; deux républiques, la France et la Suisse.

III. **Civilisation.** — Par son instruction, par ses découvertes scientifiques, l'Europe est à la tête de la civilisation. Chez elle, elle s'est pourvue de chemins de fer, de flottes à voiles et à vapeur qui lui servent à son commerce intérieur ou à son commerce extérieur. Elle est le grand centre industriel, transformant les matières premières en objets fabriqués. Par ses colonies et l'émigration, elle répand peu à peu ses idées et ses découvertes dans le monde entier.

§ 2. — L'EUROPE MÉDITERRANÉENNE

Vue générale. — Trois péninsules s'allongent dans la Méditerranée, vers le sud, à la rencontre de l'Afrique : la péninsule des Balkans, la péninsule Italique et la péninsule Ibérique.

Leurs destinées ont été très variables. Dans l'antiquité, elles étaient les seules parties civilisées de l'Europe : la connaissance de notre planète ne s'étendait guère, du reste, au delà des rivages de la Méditerranée, qui est la mer par excellence. Au moyen âge, la Méditerranée est encore le centre du monde : l'Empire grec, l'Italie, l'Espagne sont toujours à la tête de la civilisation, mais déjà la France et l'Angleterre prennent place à côté d'elles.

La découverte de l'Amérique déplace l'axe du monde : du coup, la prépondérance passe aux États de l'Atlantique ; la Méditerranée est délaissée parce qu'elle n'a point d'issue vers l'est. Le percement de l'isthme de Suez a rendu une partie de son importance à la mer Méditerranée ; mais les États européens qui s'élèvent sur ses bords ne se sont pas encore relevés au point d'égaler les autres grandes puissances européennes.

Péninsule des Balkans. — La péninsule des Balkans est sillonnée par des soulèvements montagneux complexes qui s'y croisent presque dans tous les sens et qui divisent le pays en bassins nombreux et isolés les uns des autres. La nature la vouait au morcellement. Elle la vouait aussi à la pauvreté, sauf dans quelques plaines chaudes et arrosées : le climat des Balkans est en effet fort rude sur la plupart des points de sa surface.

Le pays fut cependant unifié, lorsque les Turcs, franchissant les Dardanelles et le Bosphore, étendirent leur domination de l'Archipel à l'Adriatique, et de la Méditerranée aux Karpates (XIIe au XVe s.).

Mais cette domination turque n'a pas subsisté longtemps. Les nombreuses races qui peuplaient la péninsule, Roumains, Slaves de Serbie et du Monténégro, Bulgares, Albanais, Grecs, avaient pour les Turcs une haine de races, en même temps qu'une haine de religion. Soutenus par différents peuples européens, ils se sont soulevés à partir du XVIIIe siècle et ont reconquis leur indépendance.

La Turquie ne comprend plus qu'une bande de territoires au centre de la péninsule. De ses débris se sont formés les royaumes indépendants de *Roumanie*, de *Serbie*, de *Grèce*, la principauté de *Monténégro*, la principauté vassale de *Bulgarie*. La *Bosnie* et l'*Herzégovine* sont occupées par l'Autriche depuis 1878. La *Dalmatie* fait, depuis le commencement du siècle, partie des possessions directes de l'Autriche.

La **Turquie** n'a plus qu'une superficie de 168 000 kilomètres carrés : c'est un pays montagneux avec des vallées très fertiles. Elle touche à l'Adriatique, à l'Archipel, à la mer Noire ; elle confine à la Serbie, à la Grèce et à l'Autriche ; elle possède l'île de *Crète* dans la Méditerranée.

La Turquie d'Europe compte 5 760 000 habitants; les *Turcs* y sont en minorité; la plus grande partie de la population est composée de *Slaves* et de *Grecs*.

La capitale est **Constantinople** (850 000 hab.), dans une admirable situation sur le Bosphore, qui ressemble à une rivière dont une rive serait asiatique, l'autre européenne. — Les villes principales sont : *Andrinople*, dans l'intérieur, et le port de *Salonique* (150 000 hab.), qui s'agrandit sans cesse et semble réservé à un grand avenir.

Le chef de l'Empire Ottoman, qui comprend non seulement la Turquie d'Europe, mais encore la Turquie d'Asie, la Tripolitaine et un droit de suzeraineté sur l'Egypte, porte le nom de *Sultan*.

La Turquie est un pays très arriéré; l'agriculture y est rudimentaire, l'industrie presque nulle; les deux seules voies ferrées qu'on y trouve sont des fragments de grandes voies internationales de Paris à Constantinople et de Paris à Salonique.

La **Roumanie** se compose de la *Valachie* et de la *Moldavie*, réunies en royaume en 1881. C'est une longue plaine fertile qui descend des Karpates au Danube; elle occupe en grande partie les bouches du fleuve. C'est un pays essentiellement agricole; les céréales constituent sa principale ressource.

Ce pays d'avenir compte actuellement environ 5 millions d'habitants. Sa capitale est *Bukarest* (232 000 hab.); les villes principales sont *Iassi* et le port de *Galatz*, sur le Danube.

La **Serbie**, au sud du Danube, entre l'Autriche et la Turquie, est un pays fertile dans ses vallées. Il compte 2 314,000 habitants, et a pour capitale *Belgrade* (58 000 hab.), sur le Danube.

Le **Monténégro**, petit et pauvre pays, parvient à peine à nourrir ses 257 000 habitants. La capitale, *Cettinyé*, a 2 900 habitants.

La **Bulgarie** et la **Roumélie orientale** comptent

3 310 000 habitants. Les céréales sont leur principale richesse. Les capitales sont *Sofia*, en Bulgarie, et *Philippopoli*, en Roumélie.

La **Grèce** est découpée à l'infini, toute en presqu'iles montagneuses ou en îles semées dans la Méditerranée ; les îles Ioniennes à l'ouest, l'Eubée et les Cyclades à l'est, lui appartiennent. Le sol, peu fertile, ne se prête qu'à la culture de l'olivier et de la vigne. Mais la position de la Grèce, au point de l'Europe le plus rapproché de l'isthme de Suez, peut en faire la tête de ligne d'un grand transit d'orient en occident.

La Grèce n'a que 2 187 000 habitants, mais les Grecs fixés à l'étranger et fidèles à la mère patrie sont quatre fois plus nombreux.

La capitale est *Athènes* (107 000 hab.), qui a pour port le Pirée. Athènes a été dans l'antiquité le centre des arts. Le plateau de l'Acropole, qui domine la ville, contient les restes des plus beaux monuments de l'architecture et de la sculpture. *Syra*, dans les Cyclades, est un port commerçant.

L'Italie. — L'Italie est, dans sa partie méridionale, une longue péninsule, où les Apennins se prolongent comme une grande arête ; dans sa partie septentrionale, c'est une plaine dominée par les Alpes. Elle est bordée à l'ouest par la *mer Tyrrhénienne*, à l'est par l'*Adriatique*. Par le nord, elle confine à la *France*, à la *Suisse*, à l'*Autriche*. Les deux îles de Sicile et de Sardaigne lui appartiennent.

L'Italie jouit d'un climat chaud ; le ciel y est bleu et pur ; les pluies, abondantes au nord, le sont beaucoup moins dans la péninsule. Les cultures sont variées : la Lombardie est fertile en céréales ; la péninsule a l'oranger, l'olivier, la vigne, qui donne un vin abondant, mais de qualité médiocre. L'industrie, privée de houille, n'est pas et ne peut pas être intense. Le commerce, malgré l'admirable position de l'Italie au centre de la Méditerranée, est encore peu actif.

L'Italie compte 31 100 000 habitants ; c'est un chiffre assez élevé par rapport à la superficie ; la densité de la population est surtout forte dans la plaine septentrionale.

L'Italie a été, jusqu'à ces derniers temps, composée de plusieurs États, dont quelques-uns relevaient de pays étrangers. Les principaux de ces États étaient : le royaume de Naples et de Sicile, au sud; les États pontificaux et la Toscane, au centre; le royaume de Piémont et le royaume Lombardo-Vénitien, au nord; ce dernier appartenant à

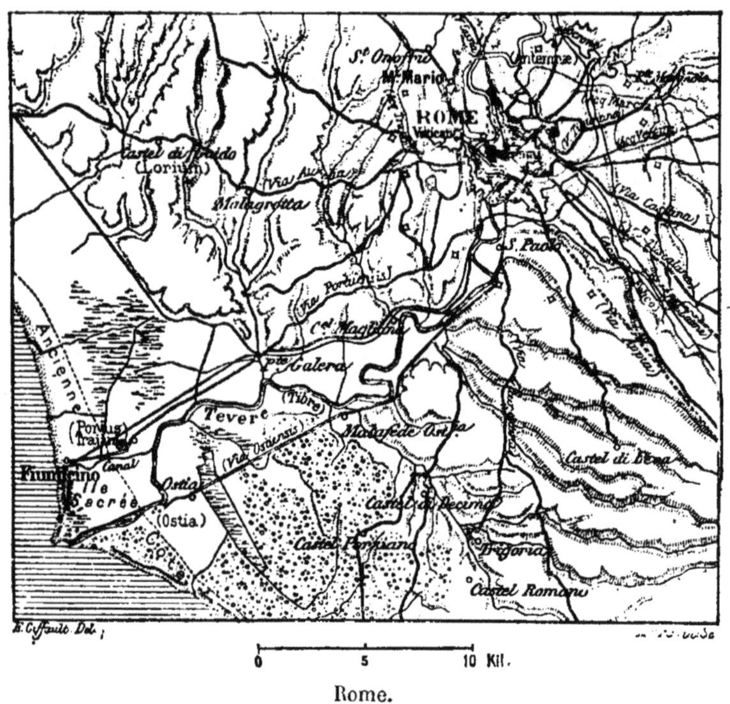

Rome.

l'Autriche. De 1859 à 1870, grâce à l'appui de la France, le Piémont a fait l'unité italienne. L'Italie forme, depuis 1870, un royaume constitutionnel.

Les grandes villes sont nombreuses en Italie; elles possèdent presque toutes de belles œuvres d'art qui remontent à l'antiquité ou au moyen âge et que de nombreux étrangers vont y admirer.

La capitale de l'Italie est **Rome** (471 000 hab.), sur le Tibre; deux souverains y résident, le roi d'Italie au Quirinal et le pape au Vatican; c'est la ville la plus célèbre du monde. On y contemple les vestiges de la Rome ancienne, le Forum, le Colisée, des monuments de la Renaissance, tels que Saint-Pierre de Rome, et, dans les musées, des statues antiques, des tableaux de Raphaël et de Michel-Ange.

Les autres principales villes sont : *Naples* (532 000 hab.), ville industrielle, bâtie sur un admirable golfe au pied du Vésuve et au bord de la Méditerranée; *Palerme* (282 000 hab.), capitale de la Sicile; *Florence*, l'ancienne cité des Médicis, qui attire beaucoup d'étrangers par la douceur de son climat, la beauté de ses monuments, la richesse de ses musées; les grandes villes industrielles de *Milan* (451 000 hab.) et de *Turin* (348 000 hab.), dans la plaine septentrionale; *Venise*, qui fut longtemps le centre d'un grand empire colonial, et qui, déchue aujourd'hui, forme encore une des villes les plus curieuses d'Europe, avec ses palais, ses canaux remplaçant les rues, ses gondoles qui y servent de voitures; *Gênes*, dont le port prend une grande extension.

L'Italie essaye aujourd'hui de devenir une grande puissance militaire et maritime. Elle a même entrepris d'acquérir des colonies, et a fondé en Afrique, le long de la mer Rouge, la *Colonie Erythrée*.

L'Espagne. — L'Espagne occupe la plus grande partie de la péninsule Ibérique, un peu plus des 4/5. Elle se compose principalement d'un vaste plateau, coupé de hautes montagnes et peu arrosé. Le climat y est rude, si ce n'est au bord de la mer; les écarts excessifs de chaleur et de froid atteignent leur maximum sur le plateau des Castilles, où l'année comprend « neuf mois d'hiver et trois mois d'enfer ». Aussi l'Espagne est-elle un assez pauvre pays. Seules quelques vallées, comme les pays de Valence, de Murcie et l'Andalousie[1], ont une grande fertilité.

1. **L'Andalousie.** — L'ancienne Bétique, l'Andalousie moderne, est le paradis de l'Espagne. C'est le pays du soleil : point d'hiver, un printemps et un été presque continus. Les montagnes donnent l'eau qu'on emmaganise dans des réservoirs ou « pantanos », qu'on distribue dans les campagnes au fur et à mesure des besoins, et dont un tribunal des

L'Espagne produit beaucoup de vin, mais en général elle cultive peu son sol. Elle nourrit des moutons mérinos qui sont célebres. Ses plus grandes richesses sont des mines :

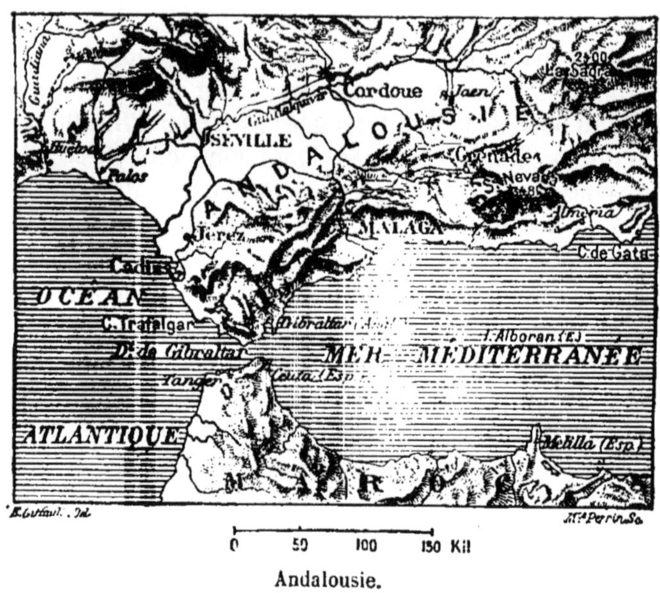

Andalousie.

houille, fer, cuivre, plomb, mercure; l'Espagne a de presque tous les métaux en abondance, mais elle les exploite mal. Elle n'a du reste qu'assez peu de chemins de fer : on n'y a

eaux surveille jalousement la répartition. Cette eau avec le soleil produit des merveilles, jardins fruitiers, champs de blé ou de maïs, plantations de cannes à sucre, rizières, vignes, bois d'orangers, d'oliviers, de palmiers même, tout un fouillis de végétation africaine sous le ciel le plus enchanteur. Ce fut le pays préféré des Maures, qui y retrouvaient l'Orient; tout y rappelle encore leur souvenir. A Séville, l'Athènes espagnole, c'est la tour de la Giralda, l'Alcazar et ses jardins, « délices des rois maures »; à Cordoue, la mosquée transformée en cathédrale; à Grenade, le Généralife, la cathédrale où dorment Ferdinand et Isabelle, vainqueurs des infidèles, enfin l'Alhambra qui est tout un monde avec ses tours innombrables, ses palais, ses cours, dont la plus fameuse est la Cour des Lions, ses jardins et ses bosquets, que baignent des ruisseaux de cristal et où chantent jour et nuit des légions de rossignols.

encore construit que les grandes lignes qui unissent la capitale aux principales villes du pourtour.

L'Espagne est relativement fort peu peuplée : elle n'a que 18 millions d'habitants. C'est une monarchie constitutionnelle.

La capitale est **Madrid** (499 000 hab.), sur un plateau, à 655 mètres de hauteur, au centre de la péninsule. Les villes principales sont : *Barcelone* (272000 hab.), le plus grand port de commerce et la ville la plus industrielle de l'Espagne; *Valence*, *Cadiz*, *Séville* et *Malaga*

L'Espagne, qui fut pendant un temps le plus grand État de l'Europe et qui était à la tête d'un empire « où le soleil ne se couchait jamais », est depuis longtemps en décadence. De ses anciennes colonies, elle ne possède plus, depuis une guerre désastreuse contre les États-Unis (1898), que quelques colonies en Afrique, le Rio de Oro, le Rio Mouni, Ceuta et quelques îles. Mais l'Angleterre possède la place forte de *Gibraltar*, au sud de l'Espagne, à l'entrée de la Méditerranée.

Le Portugal. — Le Portugal, situé à l'ouest de l'Espagne, occupe le versant océanique du plateau ibérique. Son relief est constitué par les dernières ramifications des montagnes espagnoles. Ces hauteurs arrêtent les nuées apportées par les vents humides qui soufflent de l'océan. Les pluies sont abondantes. Le climat est chaud, et plus égal que celui de l'Espagne.

Le Portugal possède des ressources minérales, qu'il néglige, et son agriculture reste arriérée. On y cultive l'oranger, le citronnier, la vigne, qui donne des vins célèbres.

Le Portugal, qui forme un royaume constitutionnel, renferme 5 049 000 habitants. Sa capitale est **Lisbonne** (307 000 hab.); c'est un grand port, sur une des plus belles rades du monde, à l'embouchure du Tage. On peut citer encore *Oporto* ou *Porto*.

Les *Açores*, *Madère*, les *îles du Cap-Vert*, dans l'Atlantique, appartiennent au Portugal. Ses principales colonies sont : en Afrique, le *Moçambique* et l'*Angola*; en Asie, *Goa* et *Macao*.

RÉSUMÉ

I. **Vue générale.** — Trois péninsules composent l'Europe méditerranéenne, la péninsule des Balkans, l'Italie, la péninsule Ibérique. Leurs destinées ont été très variables : centres du monde dans l'antiquité et au moyen âge, elles ont perdu ce rang lors de la découverte du Nouveau Monde.

II. **Péninsule des Balkans.** — Elle manque d'unité géographique; aussi les races les plus diverses y cohabitent-elles. Les Turcs, en la conquérant, y établirent l'unité politique. Mais bientôt les peuples asservis, différents des Turcs par la race et par la religion, s'insurgèrent contre leur domination; ils se sont en grande partie affranchis.

La Turquie (5 760 000 hab.) a pour capitale Constantinople, pour villes principales Andrinople et Salonique.

Les royaumes affranchis sont : la Roumanie (5 millions d'hab.), capitale Bukarest, villes principales Iassi et Galatz; la Serbie (2 314 000 hab.), capitale Belgrade; la Grèce (2 millions), capitale Athènes; la Bulgarie et la Roumélie orientale (3 310 000 hab.), capitales Sofia et Philippopoli; la principauté de Monténégro (257 000 hab.), capitale Cettinyé.

III. **Italie.** — Péninsule montagneuse au sud, plaine basse au nord, l'Italie a des cultures variées, mais point de houille, partant peu d'industrie. Elle renferme 31 100 000 habitants. Longtemps divisée en nombreux États, elle a constitué son unité de nos jours. Sa capitale est Rome (471 000 hab.); ses villes principales : Naples (532 000 hab.); Palerme, Florence, Milan (451 000 hab.), Turin (348 000 hab.), Venise et Gênes. L'Italie possède en Afrique la colonie Erythrée.

IV. **Espagne.** — Vaste plateau peu arrosé et rude de climat, l'Espagne est un pays assez pauvre au point de vue agricole; elle possède des mines abondantes, mais mal exploitées. 18 millions d'habitants y vivent. La capitale est Madrid (499 000 hab.) : les principales villes, Barcelone, Valence, Séville. L'Espagne n'a plus que quelques colonies (les Canaries, Cuba, les Philippines); l'Angleterre y possède Gibraltar.

V. **Portugal.** — Plus humide et plus égal de climat que l'Espagne, le Portugal n'est pas beaucoup plus riche. On y compte 5 049 000 habitants. Sa capitale est Lisbonne (307 000 hab.); sa seconde ville Porto. Ses principales colonies sont en Afrique.

§ 3. — L'EUROPE OCCIDENTALE.

L'Europe occidentale comprend la France et l'Angleterre, les deux plus grandes puissances maritimes et coloniales. Toutes-puissantes en Europe dans les temps modernes, elles ont toutes deux perdu de leur prééminence, au profit de l'Allemagne en particulier.

La France. — La France s'étend de la Méditerranée à l'océan Atlantique, à la Manche et à la mer du Nord; elle confine à l'Espagne, à l'Italie, à la Suisse, à l'Empire allemand, au Luxembourg et à la Belgique. Avec ses 536 000 kilomètres carrés, c'est une puissance d'étendue moyenne.

La France a un relief très simple : au milieu, un grand massif central; sur quatre de ses frontières, des soulèvements montagneux, Pyrénées, Alpes, Jura, Vosges; sur le reste de son étendue, des plaines que rident des coteaux et des collines. Du reste, climat remarquable par son égalité, point trop humide et point trop sec.

La France, par suite, est un pays agricolement riche : les céréales, la vigne, les cultures industrielles, l'olivier, y trouvent, au nord ou au sud, les conditions nécessaires à leur développement ou à leur maturation. Si d'autres pays sont mieux partagés qu'elle au point de vue minier, elle possède néanmoins de la houille, du plomb et beaucoup de fer. Enfin, avantage inappréciable pour l'extension de son commerce, elle a vue sur trois mers : sur la Méditerranée, route de l'Asie, de l'Afrique et de l'Extrême Orient; sur l'Atlantique, au delà duquel s'étendent les États-Unis d'Amérique et tout le Nouveau Monde; sur la mer du Nord, qui mène vers l'Allemagne, les États Scandinaves et la Russie.

La France compte 38500000 habitants, c'est-à-dire une population moyenne eu égard à son étendue : presque tous les États voisins renferment proportionnellement un plus grand nombre d'habitants. Cette infériorité ne cesse de s'accroître : la France est un des pays d'Europe où la natalité est la plus faible.

Les Français proviennent de trois origines; ils ont pour ancêtres des Celtes ou Gaulois, habitants primitifs de la Gaule, des Romains et des Germains, qui y furent amenés par des invasions successives[1].

La capitale de la France est **Paris** : c'est la plus belle et en même temps la plus élégante des villes de l'Europe, celle où les étrangers séjournent le plus volontiers. Elle ne cesse de s'accroître : en 1817, elle n'avait que 714 000 habitants; en 1896, elle en avait 2536000 dans l'enceinte de ses fortifications.

Les autres villes les plus importantes sont : au nord, la grande ville de *Lille*, centre de la région industrielle du Nord; *Rouen* et le *Havre*, ce dernier le second port de la France et un des grands ports de l'Europe; au sud-ouest, *Bordeaux* (256000 hab.), port important sur la Garonne et belle ville; *Toulouse*; au sud-est *Marseille* (442000 hab.), le premier port de France, faisant un commerce considérable dans la Méditerranée et avec l'Extrême Orient; *Lyon* (466000 hab.), et *Saint-Étienne*, situées dans une riche ré-

1. **Le caractère français.** — Malgré les nombreuses divergences qu'on observe d'un point à l'autre de notre sol, on peut dire, d'une manière générale, que les divers éléments originels de notre race ont fini par se fondre dans un type unique qui constitue la nation française. Quels sont les traits généraux qui la caractérisent entre toutes les autres? On peut les résumer ainsi. Le Français est avant tout sociable; une bienveillance naturelle le porte vers son semblable; il se plaît dans les relations quotidiennes où son bon sens natif et son esprit d'à-propos lui permettent d'exceller; mais il semble ne goûter que dans son pays le charme de ces relations et ne consent guère à s'expatrier, même provisoirement, que sous l'empire d'une absolue nécessité. Son intelligence, prompte à saisir toutes choses, ne cherche pas toujours suffisamment à les approfondir. Il raisonne juste, mais abuse volontiers de la discussion. On vante à bon droit son activité, son ingéniosité, la délicatesse de son tact, la sûreté de son goût : par contre, on lui reproche de sacrifier parfois le sérieux et le solide au désir de plaire. En un mot, intermédiaires naturels entre les peuples du Midi et ceux du Nord, les Français résument dans un ensemble harmonieux les qualités particulières à chacun de ces peuples, mais cette sorte d'universalité de notre génie national n'est pas sans en atténuer quelque peu l'originalité.

gion industrielle, la première du monde pour les soieries

La France a, depuis le moyen âge, marché à la tête de la civilisation européenne. Ses savants, ses penseurs, ses inventeurs figurent au premier rang de ceux qui ont illustré l'humanité. Ils ont, plus qu'en n'importe quel autre pays, con-

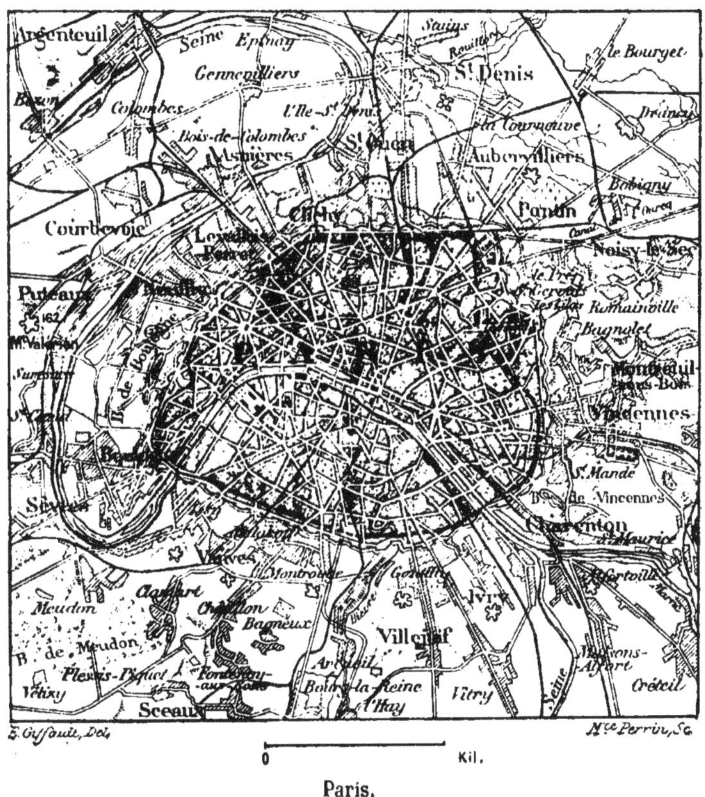

Paris.

tribué au progrès et à la diffusion de la civilisation dans le monde.

Unifiée dès le début des temps modernes, la France forme aujourd'hui une république unitaire dont le chef est un président élu pour sept ans; deux Chambres y exercent le pouvoir législatif. Elle compte parmi les grandes puissances européennes. Amputée de deux provinces, l'Alsace et la

Lorraine, à la suite d'une guerre malheureuse contre l'Allemagne (1870-1871), elle s'est relevée avec une vitalité merveilleuse, a refait ses armées, ses flottes, reconstitué ses frontières.

Elle n'occupe pas seulement une place importante dans le monde européen; ses possessions s'étendent sur toutes les parties de notre planète. En Afrique, elle a le premier rang par ses colonies, l'Algérie et la Tunisie, le Soudan français, le Congo français et Madagascar. En Asie, où elle n'avait pas su conserver l'empire des Indes, elle se crée actuellement un grand établissement dans l'Extrême Orient. Elle possède quelques colonies en Amérique et en Océanie. Sa place sur la Terre est telle que, d'après les étrangers eux-mêmes, on ne conçoit point le monde sans la France.

Royaume-Uni de Grande-Bretagne et d'Irlande. — Le Royaume-Uni comprend les îles Britanniques, c'est-à-dire l'ensemble des terres qui s'étendent au nord-ouest de l'Europe entre la Manche, la mer du Nord et l'océan Atlantique (314 000 kil. carrés). La plus étendue porte le nom de *Grande-Bretagne* : elle comprend l'Angleterre proprement dite et l'Écosse.

Les divisions politiques du Royaume-Uni sont : l'*Angleterre*, séparée de la France par le détroit du Pas de Calais, l'*Écosse* au nord, le *pays de Galles* au sud-ouest, l'*Irlande* à l'ouest. Les divisions administratives portent le nom de comtés.

Le Royaume-Uni est le pays le plus brumeux, le plus arrosé, le plus verdoyant de l'Europe : des prairies d'une fraîcheur incomparable en couvrent en grande partie la surface, et l'élevage du bétail en forme, par suite, la principale ressource agricole. La Grande-Bretagne possède, en outre, les mines les plus abondantes de l'Europe entière; aucun minerai utile à l'industrie ne lui fait défaut; en particulier, la houille y existe en gisements considérables dans la Cornouailles, dans le pays de Galles, dans les comtés du nord de l'Angleterre et en Écosse. L'Irlande est beaucoup moins bien pourvue. Ces ressources minières ont permis à la Grande-Bretagne de devenir la première puissance industrielle du monde. Elle doit à la richesse de ses côtes et à sa situation insulaire d'en être aussi devenue la première puissance commerçante.

Le Royaume-Uni compte une population totale de 40 millions d'habitants. Cette population s'accroît très rapidement, sauf en Irlande, où, par suite de la misère, elle a décru de presque moitié depuis le commencement du XIXe siècle.

Les habitants du Royaume-Uni appartiennent à deux races principales. Les *Celtes*, descendants des anciennes populations, habitent les péninsules occidentales de l'Angleterre : l'Écosse et l'Irlande. Les *Anglo-Saxons*, qui y furent amenés par la conquête, habitent en grande majorité dans l'Angleterre orientale. La langue anglaise est formée de mots anglo-saxons, mêlés de vocables français qui y furent introduits par les Normands de Guillaume le Conquérant. Sauf en Irlande, la population est en majorité protestante[1].

On compte dans le Royaume-Uni trente villes qui dépassent 100 000 habitants. La capitale est **Londres** (en anglais *London*) : bâtie sur la Tamise, elle est à la fois la plus grande ville et le plus grand port du monde. Elle a plus de 5 millions d'habitants avec ses faubourgs. Il n'y a, pour ainsi dire, pas un coin de la Terre où ne parviennent ses navires et ses produits. Cette immense ville est triste, les

1. **Le peuple anglais.** — Le type anglo-saxon est, au physique, blond, athlétique, grand, vigoureusement charpenté d'os et de muscles, charnu, sanguin ; au moral, c'est un type d'endurance et de ténacité, d'entreprise et d'effort. Il a été modelé ainsi par les conditions naturelles du climat où il se développait. Le climat humide et froid pousse à l'action physique, au développement musculaire ; la force physique y est une condition de la vie : c'est pourquoi l'Anglo-Saxon prise tant la force brutale, les exercices physiques et les sports de tout genre, courses au clocher, chasses à courre, concours de bateaux ou d'équitation. Pour réparer cette continuelle dépense de forces, il faut beaucoup manger et beaucoup boire : aucun peuple ne mange autant que l'Anglais et surtout de la viande ; aucun peuple ne boit autant et des liqueurs plus excitantes. D'autre part, en butte aux menaces d'une nature inclémente, l'homme de ce pays sait qu'il n'a rien à attendre que de lui-même et de son travail : de là ce sang-froid, cette résignation patiente, cette activité, cet esprit d'initiative, en même temps cet égoïsme et cette rapacité qui sont, au moral, les traits distinctifs du caractère britannique.

maisons sont noires, le ciel presque toujours chargé de brouillard ou de fumée.

Les principales villes de l'Angleterre sont : *Liverpool* (632 000 hab.), sur la mer d'Irlande; c'est le port le plus fréquenté du monde avec Londres et New-York; *Manchester* (737 000 hab.), tout près de Liverpool, travaille le coton et communique avec la mer par un canal; presque tous ses habitants sont industriels ou ouvriers; *Birmingham*

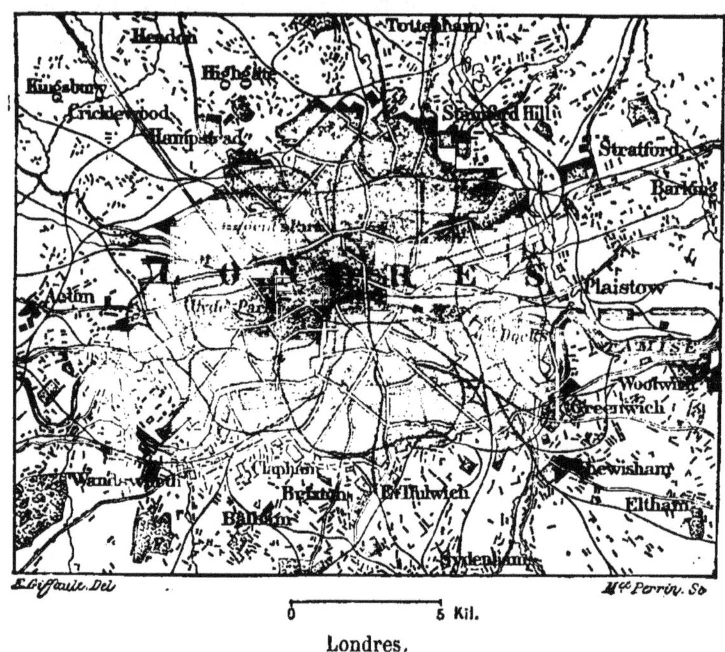

Londres.

(501 000 hab.) et *Sheffield* (347 000 hab.) produisent le fer et l'acier sous toutes les formes : machines, outils, etc.; *Leeds* (370 000 hab.) a les fabriques de drap les plus importantes du monde; *Newcastle*, sur la mer du Nord, a été surnommée la « cité du charbon » à cause de la houille qu'elle exporte; *Southampton* est le plus grand port de commerce de la Manche et fait beaucoup d'affaires avec le Havre.

L'Écosse a deux grandes villes : *Édimbourg* (263 000 hab.), la capitale, à l'est, est une ville artistique et intellectuelle:

Glasgow (705 000 hab.), à l'ouest, sur la Clyde, est une ville industrielle et commerçante : c'est presque un second Liverpool.

L'Irlande a pour capitale *Dublin* (245 000 hab.), port sur la mer d'Irlande; la seconde ville est *Belfast*, cité industrielle.

L'Angleterre est avant tout une puissance commerçante, maritime et coloniale. Elle a une armée de terre peu nombreuse, mais sa flotte compte 80 000 matelots ou soldats. Sa marine marchande égale à peu près celles de tous les autres États européens réunis. C'est avec la France qu'elle entretient les relations commerciales les plus actives.

Les colonies que l'Angleterre possède dans le monde entier donnent l'idée la plus exacte de sa puissance. Elles occupent une surface presque égale à la sixième partie de tous les continents et contiennent 320 millions d'habitants. Les principales sont : en Europe, *Gibraltar* et *Malte*; en Asie, *Aden*, l'*Inde anglaise*, *Singapour*, *Hong-Kong*; en Océanie, l'*Australie*, la *Nouvelle-Zélande*; en Afrique, la *colonie du Cap*, les *embouchures du Niger* et l'*Afrique orientale anglaise*; en Amérique, la *Puissance du Canada*, *Terre-Neuve*, la *Jamaïque* et la *Guyane anglaise*.

Ces colonies sont, ou des territoires considérables qu'elle exploite, ou des points stratégiques destinés à servir au ravitaillement de ses navires de guerre et de commerce. Elle s'assure ainsi la supériorité dans toutes les mers, dont elle détient généralement les points d'entrée ou de sortie (par exemple Gibraltar, Aden, Singapour, etc.).

L'Angleterre s'est acquis ainsi une puissance matérielle et une richesse considérables. On peut lui reprocher de faire servir l'une et l'autre à ses intérêts privés plutôt qu'à ceux de la civilisation et de l'humanité. Sur presque tous les points où elle a trouvé des populations arriérées, elle les a exterminées pour se substituer à elles.

RÉSUMÉ

I. **La France.** — La France, pays d'étendue moyenne, au relief moyen médiocrement élevé, au climat égal, est un riche pays agricole; elle possède des mines assez importantes; la situation qu'elle occupe sur la Méditerranée et l'Atlantique est presque incomparable. La France possède 38 500 000 habitants d'origines celtique, romaine et germanique. Capitale, Paris (2 536 000 hab.) ; villes principales, Lyon, Marseille, Bordeaux, Toulouse, Lille.

Grande puissance maritime et continentale, malgré des pertes récentes, la France possède d'immenses colonies, surtout en Afrique et en Asie; elle a plus que tout autre pays moderne contribué à répandre la civilisation dans le monde.

II. **Le Royaume-Uni.** — Il comprend la Grande-Bretagne (Angleterre, pays de Galles, Écosse) et l'Irlande : en tout 314 000 mètres carrés. Il a de belles prairies admirables pour l'élevage, des mines d'une merveilleuse abondance, enfin une situation maritime remarquable. On y compte 40 millions d'habitants, Celtes et Anglo-Saxons. La capitale est Londres (5 500 000 hab.); villes principales, Liverpool, Manchester, Birmingham, Leeds, Newcastle; en Écosse, Edimbourg et Glasgow; en Irlande, Dublin.

L'Angleterre est la première puissance industrielle, maritime et coloniale du monde entier; elle possède d'immenses territoires dans toutes les parties du monde, entre autres les Indes, l'Australie, le Cap, le Canada.

§ 4. — L'EUROPE CENTRALE

L'Europe centrale comprend deux grands empires, l'Autriche-Hongrie et l'Allemagne, puis trois États secondaires neutres qui jouent le rôle de tampons entre les pays allemands et la France. Ces trois États sont la Suisse, la Belgique et la Hollande. Cette Europe centrale est essentiellement continentale, bien que l'Allemagne et l'Autriche soient devenues puissances maritimes à force d'efforts et d'artifices.

L'Autriche-Hongrie. — L'Autriche-Hongrie ne touche que par un côté étroit à la mer Adriatique. Les quatre plus grands États auxquels elle confine sont : la Russie à l'est, l'Allemagne au nord, l'Italie au sud-ouest, la Turquie au sud-est.

L'Autriche-Hongrie est un pays qui manque essentiellement d'unité. Le relief est formé par trois groupes de hauteurs, les Alpes orientales, les Karpates et le système bohémien, entre lesquels s'étend la vaste plaine de Hongrie. Les pluies sont abondantes dans les Alpes, dans les Karpates, en Bohême. La plaine de Hongrie a un climat continental; elle passe de chaleurs extrêmes à des froids excessifs et se trouve sujette à des sécheresses prolongées. Les parties montagneuses ont des ressources minérales abondantes: la houille en particulier forme des gisements considérables en Moravie et en Bohême. Au contraire, les plaines sont par excellence des pays agricoles : la plaine hongroise est une des contrées de l'Europe les plus riches en blé; elle possède en outre quelques vignobles renommés et nourrit un bétail nombreux.

C'est le Danube qui sert de lien aux différentes régions de l'Autriche-Hongrie et fait l'unité de l'Empire.

L'Autriche-Hongrie a 43 millions d'habitants, qui appartiennent à presque toutes les races de l'Europe. On y trouve des *Allemands* dans l'Autriche proprement dite, des *Hongrois* ou *Magyars*, des *Slaves*, des *Italiens*, etc. Les Slaves forment le groupe le plus nombreux : ils habitent, au nord, la Bohême; au sud, les approches de l'Adriatique. Après eux viennent les Allemands et les Hongrois : ces derniers peuplent la plaine hongroise.

L'empire austro-hongrois se compose de deux pays : l'*Autriche* (pays *cisleithans*, ou en deçà de la *Leitha*, affluent de droite du Danube) et la *Hongrie* (pays *transleithans*, ou au delà de la Leitha). Les deux pays forment un seul empire avec deux gouvernements distincts. Pour l'armée, les finances, la politique extérieure, il y a une administration unique. L'Autriche est divisée en 17 provinces, la Hongrie en 3.

L'**Autriche** est peuplée surtout d'Allemands et de Slaves. Sa capitale est **Vienne** (1 364 000 hab.), sur le Danube : c'est un des principaux entrepôts de commerce de l'Europe, et une des villes les plus somptueuses et les plus animées. Le Danube est, pour ainsi dire, sa grande route vers l'Orient et vers l'Occident. Les principales villes sont *Prague*, capitale de la Bohême, province industrielle, l'une des plus riches de l'empire ; le port de *Trieste*, sur l'Adriatique, qui fait presque tout le commerce maritime de l'Autriche ; *Graz*, au sud, et *Brünn*, au nord du Danube ; *Cracovie* et *Lemberg*, au nord des Karpates.

La **Hongrie** est peuplée de Magyars, peuple d'origine turque. Elle a pour capitale **Budapest** (491 000 hab.), formée des deux villes de Buda et de Pest, situées sur les deux rives du Danube. A citer encore *Szegedin*, sur la Tisza.

L'Autriche-Hongrie fut longtemps l'État le plus considérable de l'Europe centrale : toute l'Allemagne était dans sa vassalité. Depuis la constitution de la Prusse en royaume (XVIIIe s.), elle n'a cessé de reculer jusqu'à la guerre de 1866, qui l'a définitivement chassée de l'Allemagne. En revanche, elle s'est agrandie vers l'est, le long du Danube, jusqu'à la péninsule des Balkans ; elle tend à devenir une puissance plus slave qu'allemande, plus orientale que centrale.

La Suisse. — La Suisse occupe à peu près le centre de l'Europe, loin de toutes les mers, entre l'Autriche à l'est, l'Allemagne au nord, la France à l'ouest, l'Italie au sud. Les fleuves qui y prennent naissance coulent vers les mers les plus opposées : vers la Méditerranée et l'Adriatique par le Rhône et le Tessin, vers la mer du Nord par le Rhin, vers la mer Noire par l'Inn, affluent du Danube.

Les Alpes centrales constituent la plus grande partie du sol de la Suisse, qui comprend particulièrement les vallées supérieures du Rhin et du Rhône. La Suisse est donc hérissée de montagnes, avec des glaciers, des forêts, des lacs, des cascades, qui en font un des pays les plus pittoresques de l'Europe. Mais, ne disposant que d'un sol montagneux, elle a pour principale richesse le bétail. On y cultive peu de céréales. En outre, privée de ressources minérales, elle a peu d'industrie encore, quoique l'industrie des étoffes de coton et des soieries s'y soit beaucoup développée depuis quelque temps.

La Suisse a une grande importance commerciale comme

pays de transit entre l'Allemagne et l'Italie, d'une part, surtout depuis le percement du tunnel du Saint-Gothard, entre l'Autriche et la France, de l'autre, par le chemin de l'Arlberg.

La Suisse est une confédération, c'est-à-dire une république composée de 22 États ou *Cantons* s'administrant d'une manière autonome. Elle compte 3 millions d'habitants. Les Suisses appartiennent à trois races et parlent trois langues principales[1] : française, allemande, italienne. La capitale fédérale est **Berne** (50 000 hab.); les villes principales sont *Zurich* (105 000 hab.) et *Bâle* (75 000 hab.), dans la Suisse allemande; *Genève* (79 000 hab.), dans la Suisse française.

La Suisse a été déclarée *neutre* en 1815.

L'Empire d'Allemagne. — L'Allemagne va des Alpes à la mer du Nord et à la Baltique. Elle confine à trois des plus grands États de l'Europe, la Russie à l'est, l'Autriche au sud, la France à l'ouest. Elle touche aussi à quelques petits États, comme le Danemark au nord, les Pays-Bas, le Luxembourg et la Belgique au nord-ouest, la Suisse au sud-ouest. Son étendue est à peu près la même que celle de la France.

L'Allemagne présente deux sortes de reliefs bien différents : elle est montagneuse au sud, où s'élèvent les terrasses septentrionales des Alpes, la Forêt-Noire, les monts de Thuringe. L'Allemagne du Nord est, au contraire, plate et sablonneuse, couverte sur beaucoup de points d'étangs et de marécages.

1 **Le peuple suisse.**—Rien n'est plus disparate, à les examiner de près, que les diverses fractions du peuple suisse. On y parle trois langues : l'allemand au nord et à l'est, le français à l'ouest, l'italien dans la vallée supérieure du Tessin. On y pratique trois religions : le luthéranisme, le catholicisme, le calvinisme. Chacun des vingt-deux cantons a son administration particulière. Enfin les hautes chaînes de montagnes, que l'hiver couvre de neige pour de longs mois, rendent difficile, sinon impossible, toute relation entre les différentes parties du pays. Et néanmoins il n'est point de pays où l'on ait davantage l'amour de la patrie commune. Les divers cantons se sentent solidaires et membres d'un indissoluble tout. C'est que, pour former une nation, il y a un élément qui prime l'influence de la race, de la religion, de la langue : c'est la communauté des volontés, des gloires, des espérances, des souvenirs, des traditions de toute sorte, et enfin et surtout la communauté des épreuves et des malheurs.

Le climat en devient de plus en plus extrême à mesure qu'on avance vers l'est, où, après des étés brûlants, se font déjà sentir les rigueurs des hivers russes.

Ces conditions naturelles ne sont pas comparables à celles dont jouit la France. La betterave sucrière et le houblon y sont cultivés sur une grande échelle; mais une culture savante ne peut faire rendre au sol allemand plus du tiers de notre production en froment. En revanche, l'Allemagne est très richement dotée de productions minières. Elle extrait de son sol trois fois plus de houille que nous et à meilleur compte; sa production en fer est près du double de la nôtre. Ces mines lui ont permis de développer son industrie qui, depuis une vingtaine d'années, a pris une importance considérable.

L'Empire d'Allemagne, qui est un peu plus vaste que la France, a beaucoup plus d'habitants, et le nombre de ses habitants ne cesse de s'accroître. Malgré le grand nombre des émigrants qui chaque année quittent l'Allemagne pour chercher fortune en d'autres pays, surtout en Amérique, la population s'élève à 53 millions d'habitants : c'est une densité moyenne de 99 habitants au kilomètre carré, quand la densité moyenne de la population française ne monte pas à 72 habitants.

La race dominante est la race germanique. Mais elle s'est annexé, à différentes reprises et toujours par la violence, des populations étrangères qui n'ont cessé jusqu'à ce jour de protester contre cet abus de force : tels des *Polonais*, annexés au XVIIIe siècle, des *Danois* en 1866, les *Alsaciens-Lorrains* en 1871.

L'Empire d'Allemagne est, depuis 1871, une confédération de 26 États, gouvernée par le roi de Prusse, qui a le titre héréditaire d'*Empereur allemand.* C'est lui qui règle la politique extérieure de l'Empire, qui dirige l'organisation militaire et maritime.

Les 26 États sont d'importance inégale : leurs organisations sont fort différentes. Les principaux États sont les 4 royaumes de Prusse, de Bavière, de Saxe, de Wurtemberg;

les grands-duchés, dont le plus important est le grand-duché de Bade; les trois villes de Brême, Hambourg et Lübeck, et l'Alsace-Lorraine, enlevée à la France en 1871 et incorporée à l'Empire.

Le royaume de **Prusse** compte, à lui seul, 32 millions d'habitants; il occupe la grande plaine sablonneuse de l'Allemagne du Nord; c'est surtout un État militaire. Il est partagé en 12 provinces, dont les plus importantes sont les deux *Prusses, orientale et occidentale*, la *Silésie*, le *Brandebourg*, la *Westphalie* et la *Prusse Rhénane*.

La capitale est **Berlin** (1 677 000 hab.), située entre l'Elbe et l'Oder, sur la Sprée, au milieu de plaines de sable, de marais, de forêts de sapins; elle a pris aujourd'hui un grand développement. Les autres grandes villes sont : *Breslau* (373 000 hab.), en Silésie, qui fabrique du fer et des étoffes de laine; *Kœnigsberg* et *Danzig*, places fortes et ports de commerce sur la Baltique; *Magdebourg*, grande place forte sur l'Elbe; *Cologne, Elberfeld, Barmen, Essen*, riches villes industrielles de la province Rhénane; *Francfort-sur-le-Main*.

Le royaume de **Bavière** (5 800 000 hab.), au sud, est parcouru par le Danube et le Main. La majorité des habitants y est catholique. Il a pour capitale *Munich* (407 000 hab.); on cite encore la pittoresque ville de *Nuremberg*.

Le royaume de **Saxe**, au nord de la Bohême, est traversé par l'Elbe. Il compte 3 786 000 habitants, soit 253 au kilomètre carré. C'est en effet une des parties les plus riches de toute l'Allemagne. Les Saxons sont en majorité protestants luthériens. La Saxe a pour capitale *Dresde* (336 000 hab.), sur l'Elbe, et pour ville principale *Leipzig*, qui est, avec Paris, le centre du commerce des livres en Europe.

Le royaume de **Wurtemberg** (2 millions d'hab.), situé sur le Neckar, affluent du Rhin, a pour capitale *Stuttgart*.

Le *grand-duché de Bade*, qui longe l'Alsace à droite du Rhin, a pour capitale *Carlsruhe*. L'*Alsace-Lorraine*, enlevée à la France en 1871, a pour villes principales *Strasbourg*, située près du Rhin, et *Metz*, sur la Moselle.

Hambourg, sur l'Elbe, fait partie de l'Empire, mais jouit d'une administration libre : elle compte 681 000 habitants; c'est le plus grand port de l'Allemagne et le point de départ des nombreux émigrants, qui vont s'établir surtout dans l'Amérique du Nord. Les villes libres de *Brême*, sur le Weser, et de *Lübeck*, près de la Baltique, qui furent jadis plus florissantes que Hambourg, sont loin de lui être actuellement comparables.

Sans limites naturelles vers l'est et vers l'ouest, l'Allemagne fut longtemps le théâtre de conflits incessants entre les populations germaniques et slaves. Ces luttes contribuèrent à maintenir le pays dans un morcellement complet. L'Autriche en profita pour étendre son autorité sur l'Allemagne, qui ne l'accepta pas et ne cessa de lutter contre ses prétentions. La Saxe, la Bavière, le Brandebourg, la Prusse, étaient les principaux des États allemands à cette époque; leurs puissances se balançaient presque.

Au XVIIIe siècle, les maisons de Brandebourg et de Prusse, fondues en une seule et agrandies par des conquêtes et des mariages, reçurent la couronne royale. Dès lors, rivale de l'Autriche, la Prusse chercha à la supplanter en Allemagne. Elle lui en a enlevé l'hégémonie après la guerre de 1866, et, en 1871, elle a rétabli à son profit l'empire allemand.

Depuis cette époque, l'Allemagne a réalisé de grands progrès. Elle s'est donné une marine qui lui manquait. Elle a développé d'une manière considérable son industrie et son commerce, au point qu'elle vient aujourd'hui au troisième rang des puissances européennes, après l'Angleterre et la France. Elle s'est même, dans ces dernières années, constitué un domaine colonial de quelque importance en Afrique (Cameroun, Sud-Ouest africain, Afrique orientale allemande) et en Océanie (Nouvelle-Guinée, îles Salomon, Mariannes, Carolines).

Toutefois l'unité allemande est moins forte qu'il semble au premier abord. La domination de l'État prussien n'est pas acceptée sans réserve par le reste des pays allemands.

La Belgique. — La Belgique, située au nord de la France, à l'ouest de l'Allemagne, au sud des Pays-Bas, n'est guère plus étendue que quatre de nos départements environ. C'est un pays de plaines, excepté au sud-est de la Meuse où s'étend la région hérissée et pauvre de l'Ardenne. Le long de la mer s'étendent des terres d'alluvions fertiles, conquises sur les eaux. Outre ces ressources agricoles, la Belgique est richement pourvue de richesses minérales. L'extraction de la houille, sur notre frontière de Flandre, du fer, du zinc, et le traitement de ces métaux, la fabrication des machines et des tissus, enrichissent le pays. Il est peu de contrées où l'agriculture et l'industrie soient plus actives.

On ne peut s'étonner dès lors que la population y soit plus compacte qu'en aucun autre État de l'Europe (220 hab. par kilomètre carré). La Belgique compte 6500000 habitants. Ces habitants, qui sont en majorité catholiques, parlent la langue française, qui est la langue officielle, et la langue flamande, d'origine germanique.

La Belgique a quatre villes de plus de 100000 habitants. **Bruxelles** (500000 hab. avec les faubourgs) est la capitale du royaume. *Anvers*, sur l'Escaut, en face de l'Angleterre, est le grand port ; il compte parmi les plus importants de l'Europe ; *Gand*, sur l'Escaut, possède des fabriques de toiles et d'étoffes ; *Liège*, sur la Meuse, produit du fer, de l'acier, des machines. Depuis Liège jusqu'à notre frontière, le long de la Meuse et de la Sambre, le sol est couvert d'usines ou creusé de galeries qui vont chercher la houille dans les profondeurs du sol (principaux centres, *Charleroi*, *Mons*, dans le bassin houiller nommé *Borinage*).

La Belgique, annexée à la France pendant la Révolution française et l'Empire, a été déclarée *neutre* par les puissances européennes après notre défaite de 1815. Le roi des Belges est le chef de l'État international du Congo, en Afrique.

La Hollande. — La Hollande, ou Pays-Bas, s'étend au nord de la Belgique et à l'ouest de l'Allemagne, jusqu'à la mer du Nord. Elle est un peu plus grande que la Belgique. Les Pays-Bas, qui occupent les embouchures du Rhin, de la Meuse et de l'Escaut, sont extrêmement plats et même, sur bien des points, situés au-dessous du niveau de la mer. Les habitants ont dû les protéger par des digues artificielles. Tout le pays est un mélange de plaines et d'eau continuellement

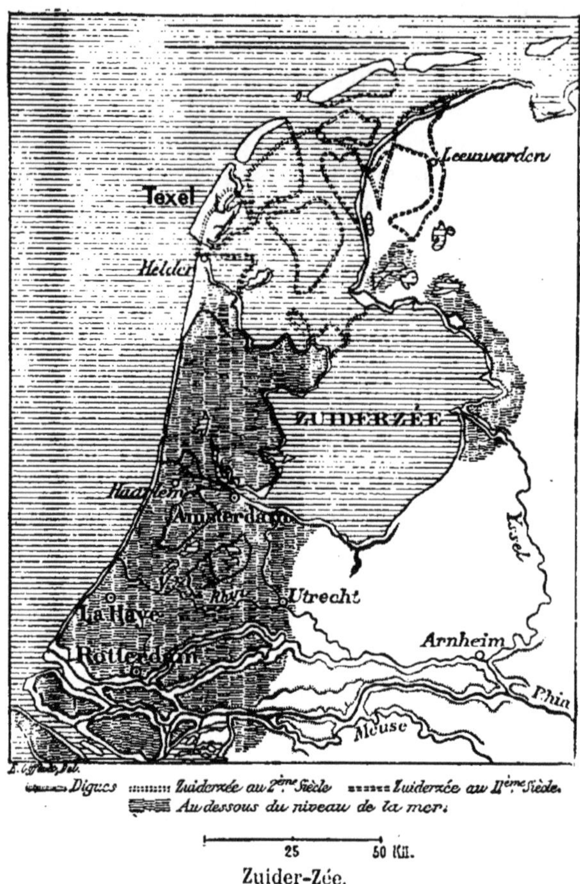

Zuider-Zée.

pompée par des milliers de moulins à vent. Il y a partout des canaux, au milieu des villes comme au milieu des campagnes[1].

1. **Les digues de Hollande.** — « La Hollande est généralement au-dessous du niveau de la mer : par conséquent, partout où la côte n'est pas défendue par les dunes, on dut la protéger par des digues. Si ces immenses remparts de terre, de bois et de granit n'étaient pas là pour attester, comme des monuments, le courage et la persévérance des Hol-

Le sol des Pays-Bas, détrempé et, en bien des points, fait de main d'homme, ne recèle pas de productions minières. Mais ses alluvions sont fertiles et portent de grasses prairies qui nourrissent un bétail fort abondant et des plus renommés. En outre, les Hollandais, en lutte perpétuelle contre la mer, sont devenus d'excellents marins ; ils se sont constitué depuis longtemps un empire colonial florissant, surtout en Océanie (Sumatra, Java, Bornéo, Célèbès, les Moluques) ; admirablement placés au débouché de l'Europe centrale, ils sont devenus un peuple commerçant très actif et industrieux

La Hollande a 4 859 000 habitants : c'est beaucoup moins que la Belgique, mais proportionnellement beaucoup plus que les autres États européens (147 hab. par kil. carré). Les Hollandais sont de race germanique ; leur langue a les mêmes racines que l'allemand ; ils sont pour les deux tiers calvinistes.

Le siège du gouvernement et le lieu de résidence du roi est la ville de **la Haye**. Mais la vraie capitale du royaume est **Amsterdam** (456 000 hab.) : bâtie sur le golfe du Zuider-Zée, c'est un des grands ports de l'Europe ; les rues n'y sont pour la plupart que la bordure des canaux, par lesquels les embarcations pénètrent jusqu'au cœur de la ville. *Rotterdam*, sur la Meuse, est un port aussi important qu'Amsterdam.

Le **grand-duché de Luxembourg**, situé sur la frontière nord-est de la France, appartient à la famille régnante de Hollande ; mais elle forme un grand-duché indépendant

landais, on ne pourrait pas croire la main de l'homme capable d'exécuter un si grand ouvrage, même en y employant plusieurs siècles. Dans la seule Zélande, les digues s'étendent sur une longueur de 400 kilomètres.... Autour de la ville du Helder, une digue, construite de masses de granit de Norvège, s'étend sur une longueur de 10 kilomètres et descend à plus de 60 mètres dans la mer.... Depuis les bouches de l'Ems jusqu'aux bouches de l'Escaut, la Hollande est tout entière une forteresse imprenable, dans les immenses bastions de laquelle les tours sont figurées par les moulins, les portes par les écluses, les forts avancés par des îles. Cette citadelle imaginaire, semblable à une véritable citadelle, ne montre à son ennemie, la mer, que les pointes des clochers et les toits des edifices, presque comme une dérision et un défi. »

(E. de Amicis, *la Hollande*, Hachette et Cie.)

et neutre. C'est un pays de grande industrie métallurgique. L'allemand et le français y sont concurremment employés. La capitale, *Luxembourg*, est une ville de médiocre importance.

RÉSUMÉ

I. **L'Autriche-Hongrie**. — Elle manque d'unité, et par son relief. et par son climat, et par la diversité de ses productions : le Danube forme le seul lien entre toutes les parties de ce vaste pays. L'Autriche a 43 millions d'habitants, qui appartiennent à des races nombreuses (Allemands, Hongrois, Slaves...). Administrativement elle comprend deux pays : 1° l'Autriche (pays cisleithans), capitale Vienne (1 364 000 hab.), villes principales, Prague, Trieste; 2° la Hongrie (pays transleithans), capitale Budapest (491 000 hab.). L'Autriche-Hongrie s'éloigne de l'Allemagne pour s'avancer dans la péninsule des Balkans.

II **La Suisse**. — Pays montagneux, vrai centre de l'Europe, la Suisse est une confédération de vingt-deux cantons. Ses 3 millions d'habitants appartiennent à trois races, allemande, française, italienne. La capitale fédérale est Berne; les principales villes sont Zurich, Bâle, Genève.

III. **L'Empire d'Allemagne**. — Vaste pays de plaines au nord, montagneuse au sud, l'Allemagne n'a pas un sol riche, mais ses richesses minières sont fort importantes. Elle compte 53 millions d'habitants, pour la plupart allemands.

L'Empire allemand est une confédération de vingt-six États, dont quatre royaumes (Prusse, Bavière, Saxe, Wurtemberg), des grands-duchés (Bade), des principautés et trois villes libres (entre autres Hambourg). A la tête de la confédération est la Prusse, capitale Berlin (1 677 000 hab.), villes principales Breslau, Danzig, Cologne. La Bavière a pour capitale Munich; la Saxe, Dresde; le Wurtemberg, Stuttgart. Hambourg a 681 000 habitants. L'Alsace-Lorraine est une terre d'empire.

L'Allemagne, placée autrefois sous l'hégémonie de l'Autriche, s'en affranchit en 1866, pour se reconstituer en empire sous l'autorité de la Prusse en 1871. Depuis lors, ses progrès industriels et coloniaux ont été considérables.

IV. **La Belgique**. — Pays de plaines, la Belgique est fort riche par son agriculture et son industrie. Elle a 6 500 000 habitants, parlant en majorité la langue française. La capitale est Bruxelles; les villes principales, Anvers, Gand, Liège. La Belgique est un pays neutre.

V. **La Hollande**. — En partie situés au-dessous du niveau de la mer. es Pays-Bas n'ont point de mines, mais en revanche ont une agriculture et un commerce très florissants; ils eurent même un temps l'empire des mers. Ils ont 4 859 000 habitants; les villes principales sont Amsterdam (456 000 hab.), Rotterdam et la Haye, résidence du roi. Le grand-duché de Luxembourg est indépendant et neutre.

§ 5. — L'EUROPE SEPTENTRIONALE

L'Europe septentrionale est occupée par trois États qui sont habités par des hommes de même race (scandinave), parlant des langues sœurs, professant la même religion (luthéranisme), et dont les destinées furent quelque temps confondues dans le cours de l'histoire : au xve siècle, le Danemark, la Suède et la Norvège ne formèrent qu'un seul et même État.

Le Danemark. — Le Danemark, situé au nord de l'Allemagne, comprend deux parties distinctes : une partie péninsulaire, la moitié septentrionale du **Jutland**, et une partie insulaire, formée des îles qui s'étendent à l'entrée de la mer Baltique : les principales de ces îles sont *Seeland* et *Fionie*.

C'est un pays plat, continuation directe de la plaine de l'Allemagne du Nord. Le climat, humide et tempéré, rappelle celui de l'Angleterre, bien que les détroits danois soient parfois saisis par les glaces. Les prairies y sont magnifiques et font du Danemark un pays surtout agricole. Sa situation à l'entrée de la Baltique lui a permis également de développer son commerce : les Danois sont de bons marins.

Le Danemark a 2 millions d'habitants. La capitale est **Copenhague** (375 000 hab.), sur le Sund, au point de passage entre la Baltique et la mer du Nord. Les autres villes ne méritent pas qu'on les cite.

Le Danemark possède encore : en Europe, les *Færöer* et l'*Islande*, grande mais désolée ; en Amérique, le *Grönland* et de toutes petites Antilles. Une guerre malheureuse contre l'Autriche et la Prusse lui enleva, en 1864, le Jutland méridional. En 1815, il avait déjà perdu la Norvège, pour avoir trop fidèlement servi la cause de la France.

La Suède. — La Suède, séparée de la Norvège par la chaîne des monts scandinaves, occupe les quatre cinquièmes de la péninsule Scandinave, c'est-à-dire toute la portion orientale. Sur ce versant, la pente des monts est douce et s'abaisse par gradins étagés vers le golfe de Botnie : des lacs, des torrents et des cascades en font un pays pittoresque; le sud, plus plat, contient les grands lacs *Venern*, *Vettern*, *Mälaren*.

Le centre et le sud de la Suède sont assez fertiles; des prairies s'y étendent, coupées de champs de céréales. Le nord, où habitent les Lapons, ne présente qu'un sol ingrat; les hivers y ont trop de rudesse pour que la culture y soit possible; la vie nomade seule a pu s'y développer. La Suède possède de nombreuses richesses minérales, entre autres le fer de Dalécarlie; mais les bras manquent un peu pour une extraction abondante.

La Suède a 4 900 000 habitants. La capitale en est **Stockholm** (271 000 hab.), port important sur la Baltique; *Göteborg* est un port commerçant, sur le Cattégat; *Upsala* est une ville universitaire.

La Norvège. — La Norvège occupe la lisière étroite qui s'étend entre les Alpes scandinaves et l'océan Atlantique. C'est un pays hérissé de montagnes et de glaciers; les pentes abruptes plongent à pic dans la mer, qui y a découpé des fissures profondes, appelées *fiords*; toute la côte est bordée d'îles rocheuses. Aussi, bien que le climat norvégien doive à l'influence adoucissante de l'océan une tiédeur relative, le sol est trop rocailleux pour que la Norvège ait pu devenir un pays agricole. C'est, avant tout, un pays commerçant. Les Norvégiens, pour vivre, se sont faits pêcheurs et marins : ils exportent en Europe des salaisons et les bois des forêts qui couvrent les pentes de leurs montagnes. La flotte norvégienne est une des plus considérables de l'Europe.

La Norvège n'a que 2 millions d'habitants. Sa capitale est **Kristiania**, port sur le Skager-Rack. Les ports de *Bergen* et de *Trondhjem*, sur l'océan Atlantique, font un grand commerce de salaisons.

La Norvège, soumise au Danemark jusqu'en 1815, est depuis cette époque rattachée à la Suède. Les deux pays ont le même souverain, tout en gardant leurs administrations séparées. L'union ne va pas sans difficulté.

RÉSUMÉ.

I. **Le Danemark.** — Le Danemark, péninsule et île, est un pays plat humide, riche au point de vue agricole et commerçant. Il compte 2 millions d'habitants. Sa capitale est Copenhague (375 000 hab.). Il possède en Europe l'Islande, en Amérique le Grönland.

II. **La Suède.** — La Suède, qui comprend la partie orientale de la péninsule Scandinave, a des prairies et des céréales au centre et au sud, ainsi que divers gisements miniers. Elle a 4 900 000 habitants. Sa capitale est Stockholm (271 000 hab.).

III. **La Norvège.** — Montagneuse et sauvage, la Norvège est, avant tout, un pays commerçant (salaisons, bois du Nord). Elle compte 2 millions d'habitants. Sa capitale est Kristiania. La Norvège est, depuis 1815, gouvernée par le roi de Suède; mais elle a gardé son administration particulière.

§ 6. — L'EUROPE ORIENTALE

La Russie. — Un seul État couvre, à lui seul, toute l'Europe orientale : il s'étend depuis l'*Allemagne* et la *Hongrie* jusqu'aux frontières de l'*Asie*, au delà desquelles même il se prolonge, et depuis la *mer Noire* et la *Caspienne* jusqu'à la *mer Blanche* et à l'*océan Glacial du Nord*. Ce grand empire, c'est la **Russie**. La superficie de la Russie d'Europe est supérieure à celle de tous les autres États d'Europe réunis. L'Europe ayant 10 millions de kilomètres carrés, la Russie en occupe, à elle seule, 5 500 000.

La Russie d'Europe est, d'un bout à l'autre, une *plaine* basse où soufflent les vents froids du pôle. Elle n'a de grandes montagnes que sur le pourtour : tels le Caucase, les Karpates et l'Oural; les différents versants de son système hydrographique ne sont séparés que par de très faibles collines.

Cette plaine russe, très peu pénétrée par la mer, éloignée de l'océan Atlantique par la masse de l'Europe occidentale, séparée de l'océan Pacifique par toute l'épaisseur de l'Asie, et largement ouverte aux vents du pôle, a un *climat continental.* Le froid et la chaleur y sont également excessifs. Pendant l'hiver, qui dure la moitié de l'année, le pays n'est qu'un champ de neige, où glissent les traîneaux : même les bords de la mer Noire sont glacés. L'été, en revanche, est brûlant, mais fort court.

La Russie présente, du nord au sud, les zones les plus diverses de végétation. Sur les bords de l'océan Glacial s'étend la zone glacée des *toundras,* marécage recouvert de mousses et de lichens; plus au sud s'élèvent des forêts de sapins; vers Moscou commence une région agricole dont le sol, constitué par des débris de végétaux qui forment la *Terre Noire,* produit sans engrais d'admirables moissons de céréales; au sud et à l'est, faute de pluies suffisantes, s'étalent des steppes, herbeuses ou desséchées suivant la saison.

La Russie possède, en outre, de grandes richesses minérales, particulièrement dans la Pologne et dans les monts Ourals; autour de Moscou s'étend un riche bassin houiller. Enfin, cet immense pays a l'avantage d'avoir de longs fleuves, abondants et sans pentes trop marquées, qui forment, d'un bout à l'autre de son étendue, de magnifiques voies naturelles de communication.

La Russie d'Europe compte 103 millions d'habitants. La plupart d'entre eux appartiennent à la race slave et pratiquent la religion grecque. Malgré le chiffre énorme de sa population totale, la Russie est si grande que ses habitants paraissent relativement clairsemés. La densité kilométrique de la population n'atteint pas, en moyenne, 19 habitants. C'est que les toundras, la zone forestière, et les steppes du sud et de l'est renferment de grands espaces déserts.

La Russie d'Europe comprend trois grandes divisions politiques : la Russie proprement dite, la Finlande, la Pologne.

La Russie est de ces trois divisions la plus considérable. La capitale en est **Saint-Pétersbourg** (1 267 000 hab.), sur le golfe de Finlande, à l'embouchure de la Néva. Elle n'existe que depuis 1703. Le tsar Pierre le Grand la fit construire sur le modèle des villes européennes; elle est régulière et bien bâtie. Le port fortifié de *Kronstadt*, dans le golfe de Finlande, défend les approches de Saint-Pétersbourg.

Parmi les autres grandes villes se trouvent : **Moscou** (988 000 hab.), au milieu du pays; c'est l'ancienne capitale nationale, la vieille ville russe; son palais, le *Kremlin*, est comme le centre et le cœur de la Russie; Moscou est devenue, en outre, une grande ville industrielle; — *Riga*, sur la Baltique, grand port de commerce; — *Odessa*, sur la mer Noire, qui expédie dans l'Europe méridionale et occidentale les blés du pays de la Terre-Noire; — *Nijni-Novgorod*, sur la Volga, célèbre par ses foires; — *Kiiev*, au sud; *Arkhangelsk*, sur la mer Blanche, et *Astrakhan*, sur la mer Caspienne.

La **Pologne**, annexée par la Russie à la fin du XVIIIe siècle, est devenue, grâce à ses mines, une des parties les plus riches de tout l'empire. Elle compte, à elle seule, 9450000 habitants. La capitale en est *Varsovie* (614000 hab.), sur la Vistule, ancienne capitale du royaume indépendant de Pologne. La ville la plus importante est ensuite *Lodz*, ville industrielle.

La **Finlande**, grand plateau granitique, humide, très froid pendant l'hiver, ne compte que 2 527 000 habitants. Mais sa population ne cesse d'augmenter. La capitale, *Helsingfors* (64000 hab.), possède une importante université.

La Russie est gouvernée par un empereur qui porte le titre de *tsar*. C'est le seul pays d'Europe qui ait encore gouvernement absolu[1].

1. **Le peuple russe**. — Le peuple russe est encore un des plus primitifs qu'il y ait en Europe. Il vit sous le régime patriarcal : le père de famille est tout-puissant; le fils n'est vraiment libre qu'à la mort du père : s'il se marie auparavant, il doit amener sa femme dans la maison paternelle. La pauvreté est grande dans les campagnes russes : on y mange peu de viande; le dîner du paysan, même les jours qui ne sont pas

La Russie, restée longtemps à l'état de puissance asiatique plutôt qu'européenne, n'a commencé qu'à la fin du XVIIe siècle, sous Pierre le Grand, à regarder vers l'ouest. Après un siècle de luttes elle s'est avancée jusqu'à la Baltique par la conquête des provinces baltiques et de la Finlande, jusque dans l'Europe centrale par l'annexion de la Pologne, jusqu'à la mer Noire par la conquête de la Crimée et de la Bessarabie. C'est aujourd'hui une des puissances les plus considérables de l'Europe. Elle peut mettre sur pied, en temps de guerre, 5 millions d'hommes.

Longtemps barbare, elle s'est civilisée en même temps qu'elle s'étendait, a développé son industrie, sa marine, ses colonies, qui couvrent plus du tiers de l'Asie et confinent, d'une part, au Pacifique et à la Chine, de l'autre à l'Iran, qui les séparent de l'Inde anglaise.

La Russie fait un commerce assez important avec la France, elle lui vend des bois et du blé, lui achète des vins, des sucres et des produits manufacturés. Il semble exister, du reste, une sympathie particulière entre le génie du peuple russe et celui de notre race.

d'abstinence, se compose d'une tranche de pain noir et d'un morceau de morue sèche. En revanche, l'ivresse est un mal général : « L'eau-de-vie est la boisson de l'homme », disent les paysans russes. La religion russe est en grande partie la cause de cet état arriéré. Elle entretient un fatalisme nuisible au progrès : « Ne nous inquiétons pas, disent les paysans de ce pays, il ne nous arrivera pas de mal, à moins que ce ne soit la volonté de Dieu ». Aussi, malgré les loups qui les déciment, ne rentrent-ils pas leurs troupeaux, se disant que s'ils doivent être mangés, ils le seront en dépit de toutes les précautions. La secte des *Vieux-Croyants*, qui comprend peut-être les trois quarts de la nation russe, est surtout rebelle à toute innovation, bonne ou mauvaise, qu'il s'agisse de changer un point du dogme, ou d'une prescription sans importance, comme de mettre dans sa tasse de thé un morceau de sucre ou d'éclairer au gaz les rues d'une ville. — La haute société russe est au contraire remarquablement intelligente et éclairée. C'est cette éducation inégale du peuple russe qui a fait dire qu'il n'avait qu'un vernis de civilisation plaqué sur un fond de barbarie.

RÉSUMÉ

La Russie. — Elle occupe, à elle seule, un peu plus de la moitié de l'Europe. Grande plaine, au climat continental, elle a plusieurs zones de végétation qui se succèdent du nord au sud (entre autres une zone forestière et une zone agricole qu'on nomme la Terre Noire) et de grandes richesses minérales.

Elle compte 103 millions d'habitants (19 au kilomètre carré). La capitale est Saint-Pétersbourg (1 267 000 hab.); les principales villes sont : en Russie, Moscou (988 000 hab.), Riga, Odessa, Kiiev; en Pologne, Varsovie (614 000 hab.); en Finlande, Helsingfors.

Monarchie absolue, la Russie est devenue européenne depuis deux cents ans; elle s'est alors transformée et développée.

LIVRE II

L'ASIE

ASIE PHYSIQUE

GÉNÉRALITÉS DE L'ASIE

L'**Asie** forme la masse continentale la plus considérable de la terre. L'Europe n'en est que la presqu'île occidentale.

De tous les côtés, excepté vers l'Europe, l'Asie est bornée par des mers. Au nord, l'**océan Glacial Arctique**, presque toujours couvert de glace; à l'est, le **Grand Océan**, qui forme, le long de l'Asie, une série de mers intérieures; au sud, l'**océan Indien**; au sud-ouest, la **mer Rouge**, le *canal de Suez* et la **mer Méditerranée**, que continuent l'*Archipel*, la *mer de Marmara* et la **mer Noire**.

De la mer Noire à l'océan Glacial il n'y a entre l'Asie et l'Europe d'autre séparation que le **Caucase**, la **mer Caspienne** et l'*Oural*. Entre l'Oural et la Caspienne, une large percée de plaines réunit les deux parties du monde.

L'Asie a 10000 kilomètres de l'ouest à l'est, et 9000 du nord au sud. Sa superficie égale 42 millions de kilomètres carrés : plus de 4 fois l'étendue de l'Europe. Nulle part on n'est plus éloigné de toute mer qu'au centre de l'Asie.

Forme générale. — L'Asie est très massive; elle a peu de golfes profonds, et ne possède de mers intérieures que sur ses côtes orientales. En cela elle diffère de l'Europe, découpée de tous côtés en mers intérieures, en presqu'îles et en îles.

La côte septentrionale, presque toujours bordée de glace, n'a guère d'autres golfes que des embouchures de fleuves.

A l'est, une suite d'archipels, formant comme des festons d'iles, entourent plusieurs mers intérieures : **mers de Bering**, d'**Okhotsk**, du **Japon**, **mer Jaune**, **mer de Chine**.

Au sud s'ouvrent les grands golfes du **Bengale** et d'**Oman**, ce dernier prolongé par le golfe **Persique**, et la **mer Rouge**.

De la mer de Chine à la mer Rouge s'avancent les trois grandes presqu'îles d'**Indo-Chine**, d'**Hindoustan** et d'**Arabie**.

A l'Ouest, l'Asie projette vers l'Europe la presqu'île d'**Asie Mineure**, entourée d'un grand nombre d'iles.

Relief du sol. — L'Asie est très élevée. Au centre se dresse une masse énorme de plateaux : le plateau de **Pamir**, d'où s'éloignent vers le nord-est une suite de chaînes de montagnes qui se prolongent jusqu'au cap Oriental; le plateau du **Thibet**, le plus vaste et le plus élevé du globe, qui se prolonge au sud-est vers la Chine et l'Indo-Chine; le plateau d'**Iran**, qui se prolonge à l'ouest vers l'Asie Mineure.

Le **Pamir**, que les indigènes appellent le *Toit du monde*, est comme le nœud de cette masse de plateaux. Les principales montagnes qui s'en détachent vers le nord-est sont : les **Thian-Chan** ou *monts Célestes*, qui dépassent 7000 mètres, l'**Altaï**, et la longue chaîne du **Stanovoï**. Ce sont des chaînes entrecoupées, qui se succèdent obliquement.

Le **Thibet** est bordé par les plus hautes montagnes de la terre : à l'ouest, près du Pamir, le **Karakoroum**; au nord, le **Kouen-Lun**; au sud, l'**Himalaya**. Dans le Karakoroum, le *Dapsang* a 8615 mètres; dans l'Himalaya, le **Gaurisankar** en a 8840; c'est le pic le plus élevé qui ait été mesuré sur la terre entière. Ces énormes montagnes sont couvertes de neiges et de glaciers.

Le plateau d'**Iran** est bordé par l'**Hindou-Kouch**, qui

se détache du Pamir, l'**Elbours** et les **monts d'Arménie** que le **Taurus** prolonge en Asie Mineure.

Au nord de ces chaînes de montagnes et du Caucase. s'étend jusqu'à l'océan Glacial la plus grande plaine de l'Ancien Continent : la *plaine de Russie et de* **Sibérie**. A l'Est,

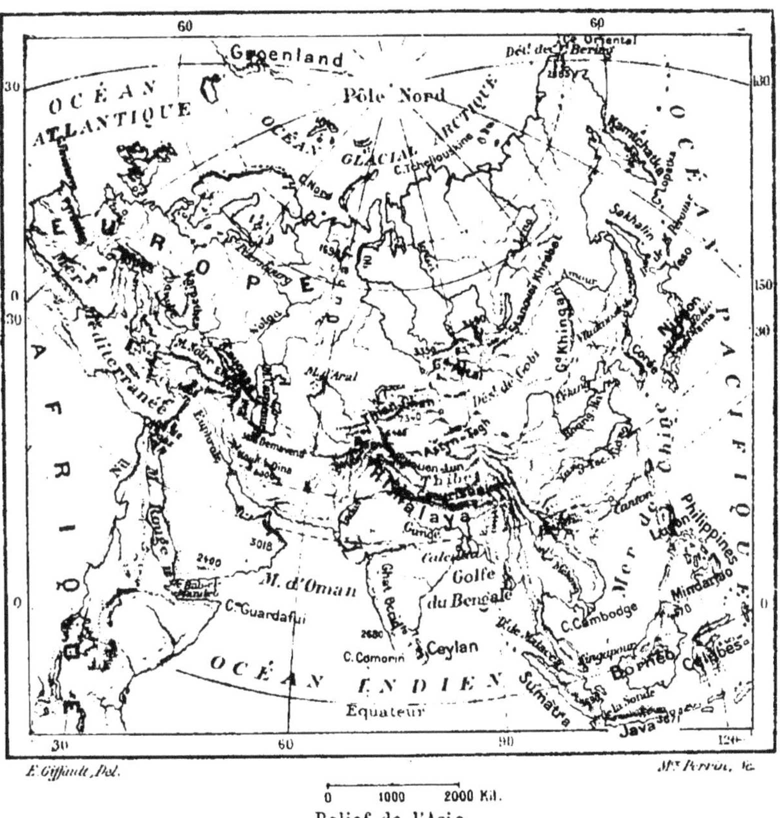

Relief de l'Asie.

entre le Thian-Chan et le Thibet, s'ouvrent les hautes plaines de la *Kachgarie* et du *désert de Gobi*, qui s'évasent vers la mer en formant la **Chine**. Au sud de l'Himalaya, du Pamir et de l'Hindou-Kouch, s'ouvre une troisième plaine, celle de l'**Inde**, inclinée vers l'océan Indien. Enfin, tout à l'ouest, une autre plaine plus petite, la *Mésopotamie*, descend vers le golfe Persique.

Tout autour de l'Asie, une ceinture de montagnes se prolonge dans les îles et dans les presqu'îles : la presqu'île de *Kamtchatka* et l'archipel du **Japon**, les îles **Philippines** et **de la Sonde** sont hérissés de volcans.

Au sud de l'Inde s'avance dans l'océan Indien le plateau triangulaire du **Dekkan** ; au sud de l'Asie Mineure, le plateau d'**Arabie** s'étend entre le golfe Persique et la mer Rouge.

Climats. — L'Asie s'approche du pôle au nord, et de l'équateur au sud. Elle a donc des climats très différents. Le nord est toujours froid ; le sud toujours chaud ; les montagnes et les plateaux presque continuellement glacés. La grande étendue du continent empêche les vapeurs de la mer de venir adoucir la température ; aussi les pays du centre, au lieu d'être tempérés, sont-ils alternativement très froids et très chauds.

Les régions du centre ne reçoivent que très peu de pluie[1] ; les vents y sont violents et transportent des tourbillons de poussière[2]. C'est seulement sur le littoral, dans les îles et dans les presqu'îles, que le climat est plus égal, la température plus douce et l'air plus humide.

Pendant l'hiver, le vent souffle continuellement *du continent* très froid *vers les mers* qui l'entourent au sud. Pendant l'été, au contraire, *la terre*, plus fortement réchauffée que la mer, *attire l'air à son tour*, et les vents se précipitent de

1. **Déserts d'Asie.** — Souvent, dans les déserts de l'Asie centrale, les caravanes voient de grosses boules noirâtres, poussées par le vent, rouler et bondir au milieu du sable. Elles arrivent d'un côté de l'horizon, passent et vont se perdre du côté opposé. Ce sont des paquets de broussailles que la force du vent a arrachés au pied de quelque montagne, et qui voyagent ainsi, roulés à travers le désert, sans se fixer nulle part.

2. **La poussière.** — De la plaine de Kachgarie, on voit très rarement les montagnes, tant l'air est chargé de poussière. Sous la tente, les meubles, les papiers se recouvrent durant la journée d'une épaisse couche de poussière jaunâtre. Le soleil apparaît dans le ciel comme un disque rouge. Quand on s'élève sur les pentes des montagnes, raconte le professeur Krasnov, on sort bientôt de ce brouillard jaune, mais alors on le voit à ses pieds s'étendre sur toute la plaine, et au-dessus de cette mer de poussière on aperçoit au loin d'autres montagnes qui brillent dans le ciel sans nuages.

l'océan Indien ou de la mer de Chine, vers le sud et l'est de l'Asie, en y versant *des torrents de pluie*; aussi ces pays sont-ils parmi les plus fertiles de la terre. Ces vents périodiques s'appellent les *moussons*[1]. Partout où les moussons ne soufflent pas, les climats restent extrêmes.

Sur les plateaux ou dans les plaines du centre la différence entre les températures les plus froides et les plus chaudes peut dépasser 80 degrés. A Verkhoïansk, au nord de la Sibérie, on a plus de 60 degrés de froid en hiver, et plus de 30 degrés au-dessus de zéro en été[2]. Entre le jour et la nuit les différences ne sont pas moins grandes; parfois même dans un seul instant on ressent des températures extrêmes. Les voyageurs sont quelquefois obligés de se retourner sur leurs chevaux, étant brûlés d'un côté par le soleil, et gelés de l'autre côté par le vent glacé[3]. Aussi tout le centre de l'Asie est-il un pays de steppes, de déserts, qui ne produit rien que grâce à l'irrigation.

Quant aux hautes montagnes qui s'élèvent jusque dans la région des neiges, elles rendent les climats encore plus rudes, en arrêtant les vents marins.

1. **La mousson.** — C'est en mai que la mousson commence à souffler sur la côte ouest de l'Inde. Les orages qui éclatent chaque après-midi versent une telle quantité d'eau sur les montagnes qu'une heure après le commencement de la pluie les navires mouillés au large voient arriver une large nappe d'eau vaseuse qui recouvre la mer dans toute son étendue. A Tcherra Pondji, au nord-est du golfe du Bengale, il tombe en moyenne chaque année une hauteur de 14 mètres de pluie, assez pour recouvrir une maison de quatre étages. Lors des changements de mousson, le renversement des vents occasionne souvent des ouragans circulaires, ou cyclones, qui soulèvent la mer et ravagent les terres. Dans celui de 1875, qui dévasta le Bengale, 200 000 personnes furent noyées par le flot de mer qui remonta dans le delta du Gange. On retrouva de grands navires au milieu des champs.

2. **Chaleur et froid.** — Les alternatives de froid et de chaleur dilatent ou contractent les pierres ou les briques dont sont construits les monuments de l'Asie. Aussi tous ces monuments tombent-ils rapidement en ruine par le seul effet de la température.

3. **Sur le Thibet.** — Le voyageur Bonvalot, qui a traversé le Thibet, dit n'avoir pas pu pendant tout le voyage ouvrir les deux yeux à la fois. Il les fermait alternativement pour les empêcher d'être gelés. Le vent congelait les larmes sur les joues.

Hydrographie. — Le centre de l'Asie reçoit si peu de pluie, que les fleuves descendus des *versants intérieurs des montagnes* sont incapables d'arriver jusqu'à la mer. Aussitôt descendus dans les plaines, ils s'appauvrissent par l'évapora-

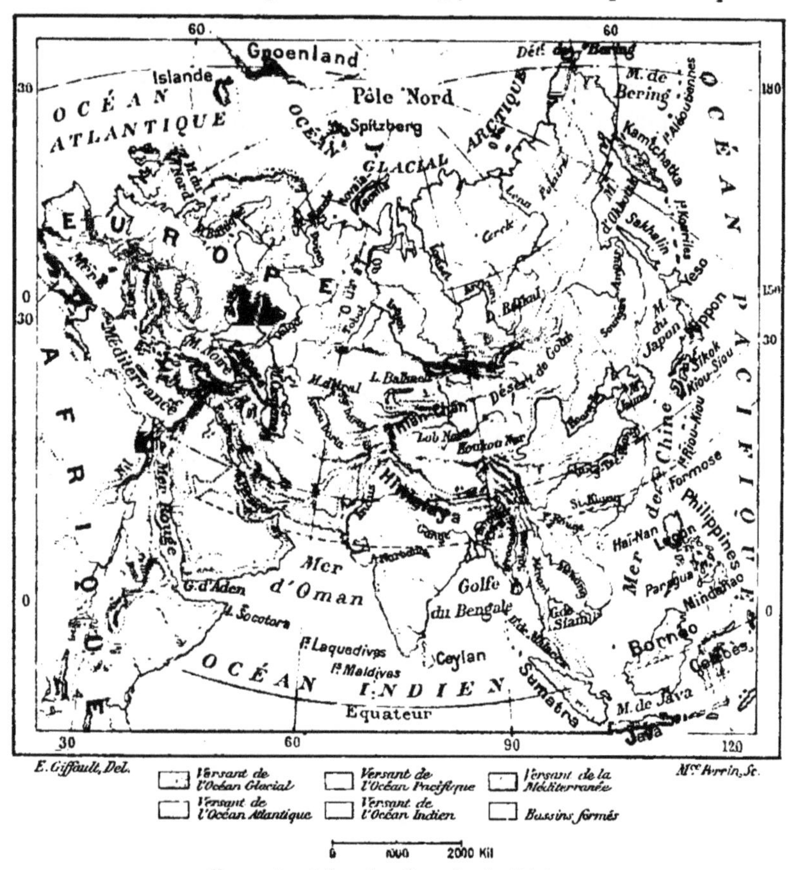

Versants et bassins fermés de l'Asie.

tion, et s'arrêtent dans des lacs ou des marécages, ou même au milieu du sable ou de la poussière.

Au contraire, les *versants extérieurs*, tournés vers les mers, donnent naissance à des fleuves immenses qui arrosent tout le pourtour de l'Asie. Ces grands fleuves se dirigent : au nord, vers l'océan Glacial ; à l'est, vers l'océan Pacifique ; au sud. vers les golfes de la mer des Indes.

Les trois grands fleuves du nord sont : l'**Ob** ou **Obi**, le **Iénisséi** et la **Léna**, qui se jettent dans l'océan Glacial. Ils sont glacés plus de la moitié de l'année; en outre, comme leur cours inférieur est situé sous le climat le plus froid, ils sont déjà débarrassés de glace dans leur partie supérieure alors que cette glace s'entasse dans le cours inférieur, où elle ne fond que plus tard. De la sorte ces fleuves magnifiques demeurent peu utiles pour le commerce extérieur.

Les plus grands fleuves de l'est sont l'**Amour**, le **Hoang-Ho**, le **Yang-tsé-Kiang**, le **Mékong**.

L'**Amour** parcourt la partie orientale de la Sibérie, qui est montagneuse; aussi descend-il dans une vallée profonde, et lui faut-il même percer plusieurs rangées de montagnes avant d'arriver à la mer. Il se jette dans le détroit ou « Manche » de Tartarie, tout près de la mer d'Okhotsk, dont les glaces ferment son embouchure pendant plusieurs mois chaque année.

Le **Hoang-Ho** et le **Yang-tsé-Kiang** se jettent tous les deux dans la mer Jaune, tantôt par le même réseau d'embouchures, tantôt fort loin l'un de l'autre. C'est le Hoang-Ho qui occasionne ces changements. Son nom, *fleuve jaune*, lui vient de la quantité énorme d'alluvions jaunâtres qu'il recueille dans son cours supérieur à travers le pays des « terres jaunes », et qu'il répand ensuite sur les campagnes de son cours inférieur, leur donnant ainsi une fertilité extraordinaire. A force de transporter des masses de vase jaune, ce grand fleuve a fini par combler toute la plaine, voisine de la mer, qui s'étend à l'est de la Chine. Il erre continuellement dans cette plaine comme dans un delta, et s'écoule tantôt au nord, tantôt au sud d'un petit massif de montagnes, le *Chan-toung*, qui en forme le centre. Quand le Hoang-Ho a transporté pendant un certain nombre d'années des masses de terre jaune dans la plaine du nord du Chan-Toung, il suffit d'une crue pour qu'il bouche son lit et se précipite à travers la plaine du sud, noyant dans ces inondations des millions de cultivateurs. Dans son dernier déplacement vers le sud, il est allé se jeter dans le Yang-tsé-

Kiang, *à 500 kilomètres de son embouchure septentrionale*[1].

Le **Yang-tsé-Kiang**, ou *fleuve bleu*, roule des eaux plus pures; il descend des montagnes du Thibet oriental, puis traverse une admirable plaine, l'une des plus peuplées de la terre, où il alimente plusieurs grands lacs qui le régularisent. Il est navigable très loin de la mer.

Le **Mékong**, voisin du Yang-tsé-Kiang par sa source, descend à travers l'Indo-Chine. Il forme quelques rapides, mais une grande partie de son cours est navigable. Il se jette tout au sud de la mer de Chine.

Les grands fleuves du sud sont : l'**Irraouaddi**, le **Brahmapoutra**, le **Gange**, l'**Indus**, le **Chat-el-Arab**, formé du **Tigre** et de l'**Euphrate**.

L'**Irraouaddi**, dont la source est encore inconnue, coule dans la partie ouest de l'Indo-Chine, parallèlement au Mékong.

Le **Brahmapoutra** naît, sous le nom de *Tsan-po*, dans les hautes vallées du Thibet; après avoir coulé longtemps derrière le rempart de l'Himalaya, il le traverse par une brèche que nul voyageur n'a encore explorée tout entière, et descend dans les plaines de l'Inde, où il se mêle avec le Gange pour former un immense delta.

Le **Gange** descend des pentes méridionales de l'Himalaya, et arrive directement des montagnes dans la plaine. Plus court que le Brahmapoutra, il reçoit les eaux du versant le plus arrosé des montagnes les plus hautes du monde; il traverse la plus grande partie de la plaine de l'Inde, et les Hindous considèrent ses eaux comme sacrées. Après avoir rejoint le Brahmapoutra et formé avec lui un *delta* grand comme le quart de la France, il se jette dans le golfe du Bengale.

L'**Indus**, autre grand fleuve de l'Inde, descend du revers nord de l'Himalaya, où ses sources sont voisines de celles du Tsan-po; il coule vers le sud et va se jeter dans le golfe

1. **La Terre jaune.** — A force de transporter de la terre réduite en poussière, le vent l'a déposée du seul côté où il ait pu l'amener, vers l'est. Les immenses dépôts de terre jaune que délayent les fleuves chinois n'ont pas d'autre origine. C'est donc la poussière de l'Asie centrale qui fait la fertilité de la Chine

d'Oman. Un de ses affluents, le *Djhilam*, descend de la célèbre vallée de Kachmir.

Le **Chat-el-Arab**, tributaire du golfe Persique, est formé des deux grands fleuves le *Tigre* et l'*Euphrate*, qui embrassent la plaine fameuse de *Mésopotamie*. Le Tigre coule au pied de montagnes qui lui envoient des affluents nombreux ; l'Euphrate, au voisinage de déserts où il perd une partie de l'eau qu'il avait recueillie dans son cours supérieur, dans les montagnes d'Arménie.

Les principales mers fermées, au centre du continent, sont : la **mer Caspienne**, la *mer d'Aral*, le *lac Balkhach*. Un autre grand lac, le *lac Baïkal*, laisse échapper l'*Angara*, branche du Iénisséi[1].

Tout à l'ouest de l'Asie, un petit lac, la *mer Morte*, remplit le fond d'une dépression à 400 mètres environ au-dessous de la mer.

Productions naturelles. — La diversité des climats amène la diversité des productions.

La grande plaine de Sibérie a des *forêts* et produit des *grains* dans la partie sud. On y trouve au nord des *rennes* et des *animaux à fourrures*.

La Chine et le Japon, arrosés par les vents de l'océan Pacifique, produisent du *riz*, du *thé*, des *bois précieux*.

L'Inde et l'Indo-Chine, qui reçoivent les pluies des moussons, sont d'une fertilité extraordinaire. Elles produisent du *blé*, du *riz*, du *sucre*, de l'*indigo* ; dans leurs forêts on trouve des *éléphants*, des *tigres*, des *serpents*, etc.

Au voisinage de l'Asie Mineure et de la Méditerranée, toutes les productions se rencontrent. *Là est probablement la patrie de la plupart de nos plantes et de nos fruits.*

Le reste de l'Asie, formé par les plateaux et par les plaines

1. **Le Lob-Nor.** — Le fleuve Tarim (*Yarkend-Daria*), qui descend des hautes montagnes de Kachgarie, se perd dans le marécage du Lob-Nor, au milieu des roseaux. Dans ces roseaux vivent des pêcheurs qui poussent quelques petits bateaux sur le marécage, au milieu des herbes. Les moustiques volent par essaims innombrables au-dessus de l'eau et de la vase. La plupart des lacs de l'Asie centrale se dessèchent graduellement.

de l'intérieur, depuis l'Arabie jusqu'au désert de Gobi, est surtout une région de *steppes* et de *déserts*. Les troupeaux et les habitants, nécessairement nomades, vont d'un lieu à l'autre cherchant des pâturages. Mais au pied des monta-

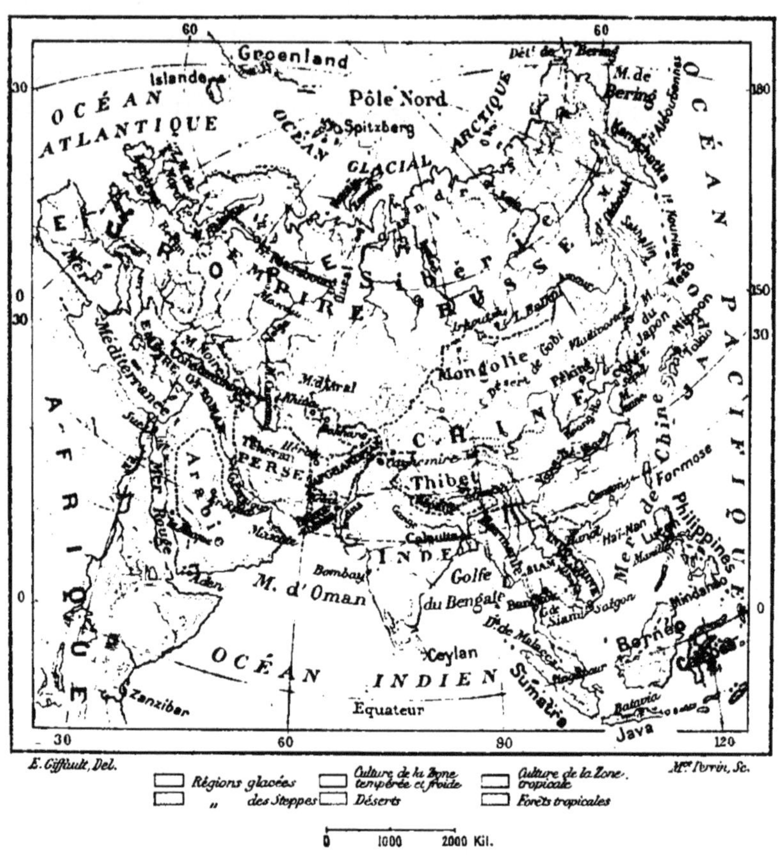

Zones de végétation de l'Asie.

gnes, et partout où l'on peut amener de l'eau, il suffit d'humecter la terre pour transformer la steppe ou le désert en véritable jardin.

La Sibérie, la Chine, l'Indo-Chine, l'Arménie, ont des *minerais* très abondants. Au pied de la chaîne du Caucase jaillissent des sources de *pétrole*.

RÉSUMÉ

L'Asie forme la masse continentale la plus considérable de la terre, plus de quatre fois l'Europe. Ses bornes sont l'océan Glacial, l'océan Pacifique, l'océan Indien, la Méditerranée, la mer Noire, le Caucase, la mer Caspienne et l'Oural.

I. **Forme générale.** — Très massive : à l'est, des mers intérieures pénètrent peu profondément le continent; au sud, golfes du Bengale, d'Oman, Persique, mer Rouge, limitant les presqu'îles d'Indo-Chine, d'Hindoustan, d'Arabie; à l'ouest, presqu'île d'Asie Mineure.

II. **Relief du sol.** — L'Asie est un pays de hauts plateaux, Pamir, Thibet, Iran, Arabie, Asie Mineure. Autour de ces plateaux, de très hautes montagnes, les plus élevées du globe, Himalaya (Gaurisankar, 8840 m.), Karakoroum, Thian-Chan, Altaï, Kouen-Lun. Sur le pourtour, plaines vastes, Sibérie, Chine, plaine Indo-Gangétique, Mésopotamie.

III. **Climats.** — Très différents d'un point à l'autre de l'Asie ; en général domine un climat continental, caractérisé, surtout au centre, par une extrême sécheresse, par des étés brûlants et des hivers rigoureux. L'Inde, l'Indo-Chine, le Japon et la Chine, pays des moussons, reçoivent au contraire de grandes masses pluviales qui équilibrent le climat : ce sont des pays à climat équatorial, humide et chaud.

IV. **Hydrographie.** — Le centre de l'Asie, peu arrosé, n'a que des fleuves intermittents, bientôt perdus au milieu des sables. Les versants extérieurs possèdent en revanche des cours d'eau immenses : vers l'océan Glacial coulent l'Ob, le Iénisséi, la Léna; vers le Pacifique, l'Amour, le Hoang-Ho, le Yang-tsé-Kiang, le Mékong; vers l'océan Indien, l'Irraouaddi, le Brahmapoutra, le Gange, l'Indus, le Chat-el-Arab (Tigre et Euphrate). Les principales mers intérieures de l'Asie sont : la mer Caspienne, la mer d'Aral, le lac Balkach.

V. **Productions naturelles.** — Le centre, trop sec, n'est que déserts et steppes : Arabie, Iran, Turkestan, Gobi. L'Asie Mineure, plus arrosée, a la végétation des pays méditerranéens. Les pays à moussons, Chine, Japon, Indo-Chine, Inde, produisent, avec des forêts énormes, des céréales, du riz, du sucre, du coton.

ASIE POLITIQUE

§ 1. — GÉOGRAPHIE GÉNÉRALE

Les populations asiatiques. — L'Asie, qui occupe le quart de la superficie des terres émergées, compte 850 millions d'habitants. Ce chiffre énorme dépasse la moitié du chiffre de la population totale du globe; pourtant l'Asie a proportionnellement deux fois moins d'habitants que l'Europe.

C'est que les différentes régions de l'Asie sont très inégalement peuplées. Les contrées du sud et de l'est, l'Inde et la Chine, arrosées par les moussons et merveilleusement fécondes, sont les deux plus grandes fourmilières d'hommes de la terre; les villes énormes y abondent. Par contre, les plateaux surélevés et desséchés de l'Asie occidentale et centrale, ainsi que les plaines froides qui s'inclinent vers l'océan Glacial Arctique, sont déserts ou n'ont que peu d'habitants [1].

Les populations de l'Asie diffèrent profondément les unes des autres. A l'ouest dominent des hommes de **race blanche,** *aryens* (Hindous, Mahrattes, Persans, Caucasiens, Grecs) et *sémites* (Juifs, Arabes). Les principales religions professées par ces peuples sont : le *mahométisme*, qui a conquis presque toute l'Asie occidentale; le *judaïsme*, pratiqué dans des colonies éparses, et le *brahmanisme*, qui domine dans l'Inde. A l'est, l'Asie est occupée par la **race jaune** ou **mongole,**

1. **Migrations.** — Les peuples se sont généralement portés de l'intérieur de l'Asie vers les presqu'îles ou vers les plaines du pourtour. C'est qu'ils étaient sûrs d'y trouver des conditions meilleures, plus de pluies, des climats plus égaux. L'Inde, l'Europe, la Chine ont ainsi reçu des peuples venus de l'intérieur. Ce que nous appelons « l'invasion des barbares » n'était pas autre chose qu'une de ces migrations se dirigeant de l'Asie vers l'Europe.

dont font partie les rares populations indigènes de la Sibérie, les Japonais, les Chinois, les Annamites, les Thibétains; les Mongols professent en grande partie le *bouddhisme*.

De tous ces peuples, les *Hindous*, les *Chinois* et les *Japonais*, habitants d'un sol prodigieusement riche, sont les seuls qui se soient créé des civilisations remarquables, malheureusement demeurées stationnaires, parce qu'elles se sont tenues à l'écart du reste de l'humanité. Dans les deux tiers de l'Asie, la vie pastorale et nomade est seule possible par suite des faibles ressources d'un sol parcimonieusement arrosé : là, les peuples ont gardé l'organisation patriarcale en tribus, et errent avec leurs troupeaux, de pâturage en pâturage.

Les Européens en Asie. — L'Asie semble avoir été le point de départ du genre humain. C'est de là, en effet, que sont parties les grandes invasions qui ont, à différentes reprises, submergé l'Europe. C'est aussi l'Asie qui a vu naître presque toutes les religions : le *judaïsme*, le *christianisme* et le *mahométisme*, qui se sont répandus dans les autres parties du monde, le *brahmanisme*, le *bouddhisme*, qui y comptent encore des centaines de millions d'adhérents.

Aujourd'hui l'Europe reflue sur l'Asie. C'est au moyen âge qu'ont été faits les premiers voyages sérieux des Européens en Asie : les plus remarquables furent ceux du moine flamand *Guillaume de Rubrouck* et du marchand vénitien *Marco Polo*; ce dernier, parti de la côte méditerranéenne, gagna la Chine par le plateau de l'Iran, le Pamir et les grands déserts de l'Asie centrale. Les explorations devinrent surtout fréquentes après la découverte de la route maritime des Indes, par le Portugais Vasco de Gama, en 1498. Depuis cette époque, le désir d'exploiter les ressources naturelles des différentes contrées asiatiques, et la tendance à s'y créer des marchés d'approvisionnement en même temps que des débouchés pour les produits industriels ont amené plusieurs peuples européens à y fonder des établissements.

Entre l'Europe et l'Asie il se fait chaque jour de fréquents départs de navires : *Bombay*, Pointe de Galle (dans l'île Ceylan), *Madras*, *Calcutta*, *Singapour*, *Saïgon*, *Hong-Kong*,

Chang-Haï, Yokohamas ont les principaux ports intermédiaires. La Chine et le Japon ont en outre, par l'océan Pacifique, des relations actives avec l'Amérique du Nord et surtout avec *San Francisco*. Mais l'intérieur, où les communications sont rendues très difficiles par l'existence de déserts et de hautes montagnes, ne profite guère de ce mouvement d'échanges : le commerce s'y fait encore aujourd'hui par

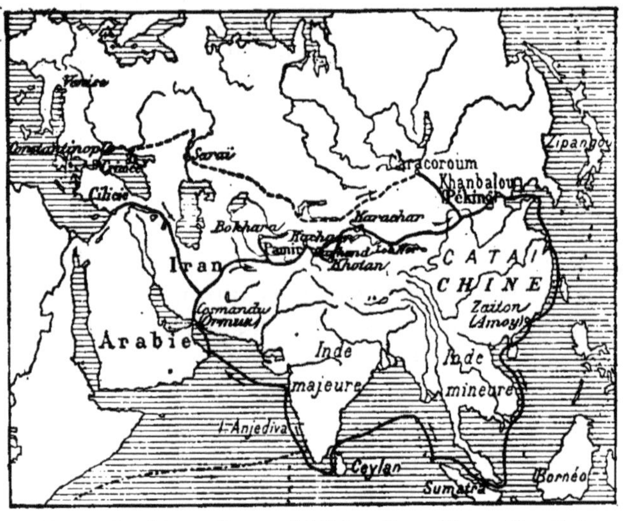

—— Voyage de Marco Polo - - - Voyage de G. de Rubrouck ...... Voyage de Vasco de Gama

caravanes, sauf dans les parties pourvues de voies ferrées, comme l'*Inde* et le *Turkestan méridional*.

Ces relations entre l'Europe et l'Asie ont eu pour résultat principal l'introduction dans ce dernier pays d'une partie de nos usages et de plusieurs de nos découvertes modernes. L'Inde devient de jour en jour plus semblable à notre Europe. Le Japon et la Chine, qui d'abord s'enfermaient opiniâtrément chez eux, commencent, le premier avec fougue, la deuxième avec circonspection, à adopter nos procédés manufacturiers, nos chemins de fer et jusqu'aux constitutions politiques de l'Europe occidentale.

Partage politique de l'Asie. — L'Asie se répartit entre un petit nombre d'États, presque tous de proportions énormes. Une partie seulement de ces États a réussi à maintenir son indépendance ; ce sont, en général, ceux qui renferment la population la plus pressée. Le reste de l'Asie, environ la moitié de sa surface, est dominé par des nations européennes.

Parmi les pays restés indépendants se trouvent : à l'est, la **Chine**, qui comprend, outre la Chine proprement dite, la *Mandjourie*, le *Thibet* et l'ensemble du haut plateau central asiatique ; l'archipel du **Japon** et le petit royaume de **Siam** ; à l'ouest, les trois États du plateau de l'Iran, c'est-à-dire le **Baloutchistan**, l'**Afghanistan** et la **Perse** ; enfin l'**Empire turc**, qui a sa capitale en Europe, mais qui possède en Asie la plus grande étendue de ses territoires, l'*Asie Mineure*, la *Mésopotamie*, la *Syrie* et la *Palestine*, enfin la majeure partie de l'*Arabie*.

Les autres régions ont été presque entièrement soumises par trois peuples européens, qui sont les Russes, les Anglais, les Français.

La **Russie**, qui n'était séparée de l'Asie que par la barrière peu escarpée de l'Oural, par l'étroite mer Caspienne, et par le Caucase, qui est relativement facile à franchir, a débordé sur l'Asie par l'est, le sud-est et le sud : elle a successivement agrégé à son empire la *Sibérie*, les *provinces du Caucase* et le *Turkestan occidental* presque entier. Ses possessions vont donc aujourd'hui de la mer Noire à l'océan Pacifique et du plateau de l'Iran à l'océan Glacial.

L'**Angleterre** s'est établie vers le sud : elle a soumis presque toute la péninsule de l'*Inde*, que la France a failli posséder au XVIIIe siècle. Elle domine, en outre, plus à l'est, sur la partie occidentale de l'Indo-Chine, c'est-à-dire la *Barmanie* et le sud de la *presqu'île de Malacca*, avec quelques îles ou archipels qui en dépendent. Sur la côte d'Arabie, enfin, elle a le poste d'*Aden*.

La **France**, après avoir perdu l'Inde, s'était laissé distancer en Asie. Son empire colonial asiatique ne date, pour la plus grande partie, que de la fin du XIXe siècle. Depuis 1860, elle a conquis ou placé sous son protectorat le *Cambodge*, la *Cochinchine*, l'*Annam* et le *Tonkin*, c'est-à-dire toute l'Indo-

Chine orientale. De ses tentatives pour conquérir l'Inde au XVIIIe siècle elle a conservé cinq comptoirs : *Pondichéry* est le principal. Trois autres petits territoires de l'Inde appartiennent au Portugal.

RÉSUMÉ

I. **Les populations asiatiques.** — L'Asie est peuplée par 850 millions d'habitants, très pressés dans l'Inde et la Chine, très dispersés sur les hauts plateaux du centre et de l'ouest ou dans les pays trop froids du nord. Les peuples de l'Asie occidentale appartiennent à la race blanche et professent le mahométisme, le judaïsme ou le brahmanisme; les peuples de l'Asie orientale sont de la race jaune et ont pour religion le bouddhisme. A part les Hindous, les Chinois et les Japonais, les différentes nations asiatiques mènent la vie pastorale et ne se sont créé aucune civilisation stable.

II. **Les Européens en Asie.** — L'Asie a longtemps jeté sur l'Europe des avalanches d'hommes, nommées *invasions*. Aujourd'hui c'est l'Europe qui reflue sur l'Asie : les premiers voyages d'Europe en Asie, qui s'étaient faits par terre, furent très espacés; depuis que Vasco de Gama a découvert la route maritime de l'Inde, ils sont devenus fréquents et même presque journaliers. Ces voyages ont rendu quelques-unes des contrées d'Asie tributaires de nations européennes.

III. **Partage politique de l'Asie.** — Une partie seulement de l'Asie a réussi à sauvegarder jusqu'à ce jour son indépendance : tels la Chine, le Japon, le Siam, les trois États de l'Iran et l'Empire Turc. Les autres contrées appartiennent à trois peuples européens : aux Russes (Sibérie, pays du Caucase, Turkestan occidental), aux Anglais (Inde et Barmanie), aux Français (Cambodge, Cochinchine, Annam, Tonkin, comptoirs de l'Inde).

§ 2. — PAYS DE LA MER CASPIENNE ET DE L'OCÉAN GLACIAL

Les Russes en Asie. — Les Russes vinrent pour la première fois en Asie à la fin du XVIe siècle : ils voulaient châtier les déprédations du khan de *Sibir*. Depuis cette époque ils n'ont cessé de s'y étendre dans trois directions, vers l'est, vers le sud-est, vers le sud.

A l'est, ils ont fondé leur colonie de *Sibérie*, qui, dès 1648, était reconnue jusqu'à la mer d'Okhotsk, et qu'ils ont complétée de nos jours par la conquête des provinces chinoises de l'Amour et de l'Oussouri, et par l'achat au Japon de l'île de Sakhalin.

Au sud-est, après plusieurs tentatives malheureuses, ils ont réussi à s'établir dans le *Turkestan occidental*, c'est-à-dire dans le pays compris entre la mer Caspienne, la mer d'Aral et l'Iran. Ils y ont occupé Tachkent en 1865, Samarkand en 1868, Khiva en 1873, Merv et Sarakhs en 1884. Actuellement la Russie possède les quatre cinquièmes de cette région, et son influence domine sur le reste.

Enfin, au sud, les Russes, qui avaient déjà franchi le Caucase à la fin du XVIIIe siècle, s'y sont agrandis par de longues guerres contre les peuplades indigènes de l'empire turc. Leurs dernières conquêtes datent de 1878. C'est la partie de l'Asie qu'ils nomment les *provinces du Caucase*.

La Sibérie, le Turkestan occidental et les provinces du Caucase couvrent plus du tiers du continent asiatique; leur superficie égale une fois et demie celle de l'Europe. Toutefois la Russie d'Asie ne compte que peu d'habitants, 23 millions seulement, et ces habitants, à part les Russes qui s'y sont fixés comme colons, sont pour la plupart des nomades à demi barbares.

La Sibérie. — La Sibérie ne renferme que 5 700 000 habitants en toute son étendue; c'est à peu près la population de la ville de Londres, dispersée sur un pays plus vaste que l'Europe. Une partie de ces habitants est nomade et vit de pêche, de chasse ou du trafic des fourrures : tels les *Samoyèdes* qui occupent les bords de l'océan Glacial, et les *Toungouses* qui sont répandus sur la rive gauche du Iénisséi. Les quatre cinquièmes de la population sont des colons russes, agriculteurs, mineurs, marchands, employés, soldats, exilés. La presque totalité de ces colons réside dans les parties méridionales; relativement nombreuse vers l'ouest, la population d'origine européenne se raréfie considérablement vers l'est, où de grands espaces sont complètement déserts.

Les villes principales sont situées à l'ouest et au centre.

Là se trouvent *Omsk*, *Tobolsk* et *Tomsk*, dans la Sibérie occidentale, et **Irkoutsk** (51 000 hab.), capitale de toute la Sibérie, bâtie non loin du lac Baïkal. Parmi les villes qui se trouvent à l'est, les deux plus connues sont *Iakoutsk*, peu-

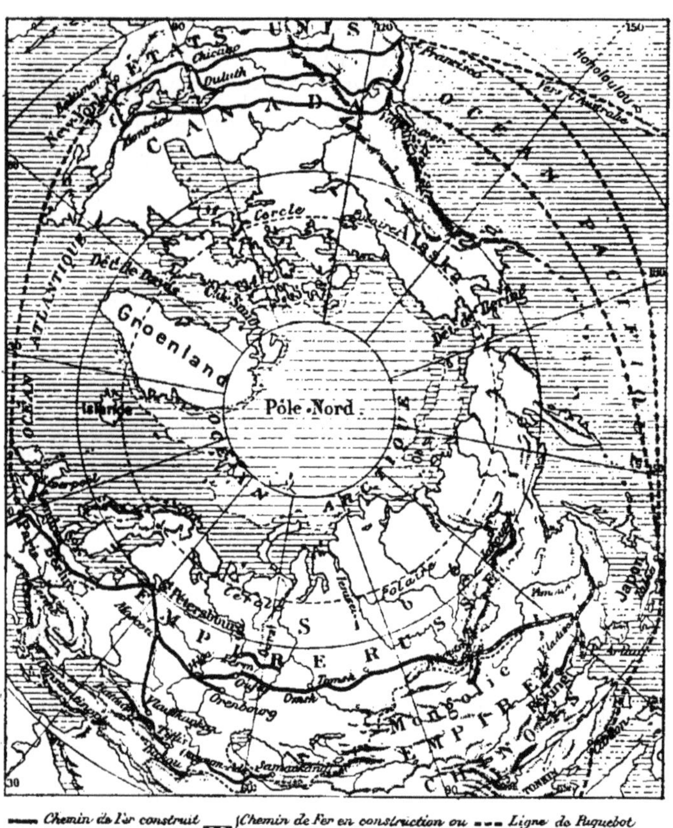

Chemin de fer construit — Chemin de fer en construction ou en projet — Ligne de Paquebot

plée de 4 800 habitants, et le port de *Vladivostok*, ou « Dompte-Orient », sur le Pacifique.

La Sibérie n'est pas jusqu'à ce jour un pays bien riche. Les hivers y sont trop longs et trop rigoureux, la population trop clairsemée. Cependant le sol, formé de *terre noire* au sud-ouest, est aussi propre à la culture des céréales que les terrains similaires de la Russie d'Europe; les étés, quoique courts, y ont assez de chaleur et de lumière pour mûrir vite les moissons et les fruits. La Sibérie, en outre, peut alimenter de nombreuses exploitations, soit avec les immenses forêts qui couvrent la partie montagneuse du pays et qui abritent des animaux à fourrure, soit avec les gisements miniers de toute sorte, platine, or, argent, cuivre, houille, qu'on a reconnus sur presque tous les points de sa surface.

Aussi, après en avoir fait un lieu de relégation où l'on envoyait les déportés comme dans la pire des prisons, le gouvernement russe cherche-t-il aujourd'hui à peupler la Sibérie de colons volontaires, qu'il y attire par des concessions de terrains et des avantages de diverse nature. En outre, pour faciliter l'émigration, en même temps que sa puissance dans l'Extrême-Orient, il s'occupe d'y établir des chemins de fer. On achève la construction d'une grande voie ferrée transsibérienne, qui aura 7500 kilomètres de longueur et qui reliera à l'Europe Irkoutsk, Tomsk, Omsk et Vladivostok; 5000 kilomètres sont en exploitation (1900)[1]

1. **Les forêts sibériennes.** — La forêt sibérienne ou *taïga* s'étend de l'Oural au Kamtchatka, sur 15 degrés de latitude, interrompue seulement de loin en loin par les coulées des rivières, quelques clairières naturelles, résultat d'un incendie, et des cultures qui, le long des rives moins froides des fleuves, s'avancent jusqu'au delà du 60e degré de latitude. Dans cette forêt dominent les conifères, pins, sapins, mélèzes, genévriers, épicéas; mais à côté croissent, vers le sud, les arbres à feuilles caduques, tilleuls, érables, saules, aunes, peupliers: le bouleau y pousse presque spontanément et couvre des étendues immenses. Les arbres de la taïga sont rarement gros : le climat n'a pas assez d'humidité pour alimenter leur sève; le sol, gelé presque jusqu'à la surface, ne donne à leurs racines qu'une insuffisante nourriture; de même les alternatives de grande chaleur et de froidure extrême ne peuvent que contrarier leur développement. A mesure qu'on s'avance vers le nord, la végétation s'étiole; les végétaux sans force se rapetissent; des arbres centenaires ont de loin l'apparence d'arbrisseaux malades; à la limite septentrionale de la forêt, leurs troncs, dépourvus de branches latérales, ressemblent à des poteaux télégraphiques. Mais la taïga du sud est presque impénétrable au soleil, tant les troncs sont pressés, les feuillages mêlés : faute d'air et de lumière, aucun gazon ne recouvre le sol : partant point d'insectes, ni d'oiseaux; sur la forêt sibérienne pèse un perpétuel silence. Ses seuls habitants sont des hermines, des renards dont le pelage blanchit en hiver, des écureuils à la livrée rousse ou brune, des lièvres, des marmottes, des ours, que poursuivent les chasseurs de fourrures.

Le Turkestan. — Le Turkestan occidental est sensiblement plus peuplé que la Sibérie, sans l'être beaucoup : avec ses 7500000 habitants, il possède proportionnellement trente fois environ moins d'habitants que la France. Il est vrai de dire que la presque totalité de ces habitants est concentrée le long des fleuves, seules régions cultivables, et que d'immenses espaces restent plus déserts que le Sahara.

Les Russes ne forment jusqu'à présent qu'une fraction minime de la population du Turkestan occidental, 5 à 600000 environ. Le reste se compose d'hommes qui appartiennent à deux races distinctes : des *Iraniens* sédentaires, qui vivent de la culture, du commerce; des *Touraniens*, qui préfèrent aux assujettissements de la vie agricole l'existence nomade et pastorale des steppes. L'antagonisme provenant de ces genres de vie différents est constant. Les habitants du désert se livrent à la maraude et au vol, aux dépens des cultivateurs sédentaires.

Les principales villes sont situées dans les vallées du Syr-Daria, de l'Amou-Daria et de leurs affluents.

La capitale des possessions russes est **Tachkent** (156000 hab.), au pied des monts Thian-Chan; les autres grandes villes sont *Kokan*, *Namangan*, *Khodjent* et *Samarkand* : cette dernière ville, située au milieu de jardins très fertiles, renferme un des bazars les plus beaux et les plus vastes de l'Orient.

Les Russes ne possèdent en propre que les 4/5 du Turkestan occidental. Le reste, qui comprend les deux États musulmans de Khiva et de Bokhara, est seulement dans leur vassalité. Les souverains des deux États ont gardé le droit de lever des impôts, de rendre la justice, d'avoir des soldats; mais ils sont placés sous la surveillance d'un gouverneur militaire russe. Les capitales de ces deux pays vassaux sont : *Khiva*, dans une oasis fertilisée par les dérivations de l'Amou, et *Bokhara* (70000 hab.), un des entrepôts les plus célèbres de l'Asie, sur le Zaravchan.

Le Turkestan occidental est un pays d'une sécheresse extrême, entrecoupé de grands déserts sablonneux. On n'y trouve de végétation et d'habitants que sur les bords des cours d'eau. Partout où arrive l'eau, s'étendent des paradis de verdure; point d'eau, c'est le désert. Aussi, le premier effort des Russes après la conquête a-t-il été d'irriguer le pays le plus possible par des dérivations et des travaux de

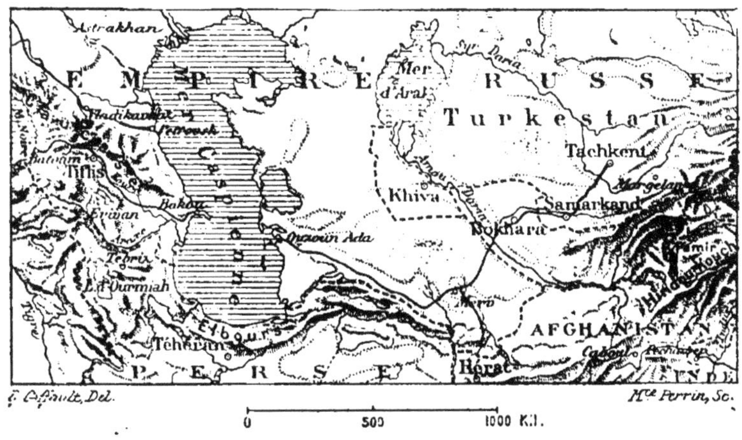

Chemin de fer transcaspien.

canalisation. Pour en ouvrir facilement l'accès, ils ont construit le chemin de fer transcaspien, qui relie aujourd'hui la mer Caspienne à Samarkand et à Tachkent[1].

1. **Le Transcaspien.** — Pour s'assurer la possession définitive du Turkestan et garantir ses troupes contre des insurrections éventuelles, le gouvernement russe songea à construire une voie ferrée reliant les villes de l'est à la Caspienne. Le projet adopté fut celui du général Annenkoff. Commencé en 1880, le chemin de fer transcaspien a été achevé en 1888. En ce temps relativement court, les soldats russes ont construit une ligne, longue de 1300 kilomètres, qui quitte la Caspienne à Ouzoun-Ada et traverse d'abord un affreux désert de sable, sans eau et sans autre végétation qu'un arbuste aux racines profondes, le *saxaoul*, qui est peu élevé au-dessus du sol, mais qui réussit à fixer les dunes; après avoir atteint et dépassé l'oasis de Merv, le Transcaspien franchit l'Amou-Daria à Tchardjoui sur un pont long de 1800 mètres, puis rejoint et remonte le Zaravchan jusqu'à Bokhara et Samarkand. Depuis 1898, il est prolongé jusqu'à Tachkent, la capitale du Turkestan.

Grâce au Transcaspien, le voyage de la Caspienne à l'oasis de Merv, qui se faisait autrefois en un mois, ne dure plus aujourd'hui que 30 heures : Tachkent se trouve à 5 journées de voyage de la mer Noire.

La Caucasie. — Le gouvernement du Caucase s'étend des deux côtés de la grande chaîne montagneuse de ce nom. Sur le versant nord ne se trouvent guère que des steppes désolées, peuplées de nomades, sauf sur le bord des rivières; le versant méridional, mieux arrosé et plus fertile, a une population relativement dense. C'est lui qui renferme la majeure partie des 9700000 habitants de la Caucasie.

La capitale est **Tiflis** (160000 hab.) : c'est une ville importante par sa position; elle commande le passage entre la mer Caspienne et la mer Noire, en même temps que le débouché du col du Darial, par où l'on franchit le Caucase. On peut citer encore *Bakou*, sur la Caspienne, qui doit sa fortune aux mines de pétrole de la presqu'île d'Apchéron : en quelques années, sa population est montée de 12000 jusqu'à 112000 habitants; la forteresse de *Kars*, sur la route de la Turquie d'Asie, et *Vladikavkaz* (Dompte-Caucase), en avant du défilé du Darial, au nord du Caucase.

La Caucasie, bien arrosée, produit dans ses vallées la vigne, le coton, le tabac et le mûrier. Ses mines de pétrole lui constituent en outre une richesse inappréciable : la production actuelle des mines de Bakou atteint annuellement jusqu'à 21 millions d'hectolitres. Les Russes, pour mettre en valeur les richesses naturelles du pays, y ont construit, de Batoum, sur la mer Noire, à Bakou, sur la Caspienne, le chemin de fer transcaucasien.

Mais la Caucasie n'est pas seulement, pour les Russes, une colonie d'exploitation[1]. Comme le Turkestan, c'est un poste

1. **Le pétrole en Caucasie.** — Des dépôts de pétrole existent à peu près tout le long de la chaîne du Caucase : Tiflis, ou « la ville brûlante », leur doit son nom. Les gisements les plus abondants sont ceux de la péninsule d'Apchéron. Tout le sous-sol de cette presqu'île ne forme qu'une immense éponge imprégnée de naphte: en maint endroit il suffit de creuser le sol avec le doigt pour déterminer une émanation de carbure inflammable au contact d'un charbon ou d'une allumette: toute la cuisine indigène se fait à ce feu. Des sources jaillissent même au milieu de la mer: le pétrole se répand parfois à la surface, et une allumette jetée dans les flots suffit alors à les enflammer.

stratégique qui leur permet de s'avancer vers le sud-ouest du continent asiatique, où déjà leurs possessions se rapprochent sensiblement de l'Inde anglaise

RÉSUMÉ

I **Les Russes en Asie.** — Les Russes ont débordé sur l'Asie de trois côtés : à l'est, où ils ont conquis la Sibérie ; au sud-est, où ils ont annexé le Turkestan ; au sud, où ils ont fondé le gouvernement du Caucase. Leur empire couvre plus du tiers de l'Asie, mais il ne compte que 25 millions d'habitants.

II. **La Sibérie.** — 5 700 000 habitants en 1897, pour la plupart colons ou déportés russes ; les indigènes sont nomades et à demi barbares. Les villes principales sont : à l'ouest, Omsk, Tobolsk et Tomsk ; au centre, Irkoutsk ; à l'est, le port de Vladivostok. La Sibérie est un pays propre à la culture des céréales ; elle est riche en forêts et en gisements miniers. Aussi les Russes cherchent-ils à y développer la colonisation : ils y attirent des colons et y construisent un chemin de fer transcontinental allant de l'Europe à l'océan Pacifique.

III. **Le Turkestan.** — 7 500 000 habitants ; très peu de Russes ; deux races d'indigènes, Iraniens sédentaires et Touraniens nomades, qui vivent en antagonisme constant. La capitale des possessions russes est Tachkent, les villes principales sont Kokan et Samarkand. Les Etats musulmans de Khiva et de Bokhara sont placés seulement dans la vassalité de la Russie. Le Turkestan n'est fertile que lorsqu'il est arrosé : aussi les Russes travaillent-ils à l'irriguer. Ils y ont construit aussi le chemin de fer transcaspien qui met l'Asie centrale à quatre jours de l'Europe.

IV. **La Caucasie.** — 9 700 000 habitants. La capitale est Tiflis ; la ville principale est Bakou. Les ressources agricoles de la Caucasie sont grandes, mais sa principale richesse réside dans les mines de pétrole qu'on trouve tout le long du Caucase. Un chemin de fer unit la mer Noire à la mer Caspienne. Par le Turkestan et la Caucasie, les Russes ne cessent de s'avancer vers le centre et le sud-ouest du continent asiatique.

§ 3. — PAYS DE L'OCÉAN PACIFIQUE

L'Empire Chinois. — L'Empire Chinois occupe la partie orientale de l'Asie. Il touche à l'ouest au plateau du Pamir et s'étend à l'est le long du Pacifique. Il comprend, en effet, outre la **Chine** proprement dite, les steppes et les déserts de la *Mandjourie*, de la *Mongolie* et du *Turkestan oriental*, et les hauts plateaux du *Thibet*. L'Empire Chinois mesure environ 11 millions de kilomètres carrés, plus que l'Europe entière[1].

La Mandjourie, la Mongolie, le Turkestan oriental et le Thibet sont des pays trop élevés ou trop secs, par suite trop arides, pour avoir beaucoup d'habitants. Ce sont des déserts où vivent de rares nomades et où s'élèvent seulement quelques oasis. On peut citer *Ourga*, non loin de la frontière sibérienne; *Khotan*, *Yarkend* et *Kachgar*, dans le Turkestan occidental; *Lhassa*, la métropole du bouddhisme, dont l'accès est rigoureusement interdit aux « barbares » de l'Occident. La Mandjourie a pour capitale *Moukden*.

La **Corée**, presqu'île montagneuse et humide, compte 7500000 habitants, et a pour capitale *Séoul* (250000 hab.). Tributaire de la Chine jusqu'en 1895, la Corée est aujourd'hui indépendante, mais exposée aux convoitises rivales de la Russie, de l'Angleterre et du Japon.

Ces différents pays, d'une étendue considérable, n'auraient à eux tous que 20 millions d'habitants environ. La Chine proprement dite, au contraire, est un des pays les plus peuplés du monde entier : on évalue sa population à 400 millions d'habitants, et ce chiffre serait encore plus considérable sans les famines, les inondations et une émigration colossale.

Les habitants de la Chine appartiennent à deux familles distinctes, mais faisant toutes deux partie de la race jaune :

1. **La Grande Muraille.** — En Chine, comme partout où se trouvent rapprochées des populations nomades et des populations agricoles, les agriculteurs sédentaires redoutent les incursions des nomades, qui voyagent avec leurs troupeaux et dévastent volontiers les pays de cultures pour les changer en pâturages. Aussi, pour arrêter les invasions des Mongols, les Chinois ont-ils construit, au nord et au nord-ouest de la Chine, un immense rempart, qui sépare le pays cultivé des pays de pâtures. C'est la Grande Muraille de Chine, longue de 3300 kilomètres et suffisamment épaisse au sommet pour que six chevaux puissent y marcher de front. Des portes s'y ouvrent à la rencontre des routes; elle escalade les montagnes qui se trouvent sur son passage, et de hautes tours s'élèvent de distance en distance.

la famille *Tartare* ou *Mandjoue*, qui compose la classe militaire; la famille *Chinoise*, qui compose la classe agricole et industrielle. Les Chinois ont la peau jaune, la face aplatie, le nez déprimé, les yeux bridés et parfois relevés vers les tempes. Ils portent les cheveux réunis en une longue tresse et sont vêtus d'une robe. Au moral, ils se font remarquer par une aptitude remarquable, sinon à l'invention, du moins à l'assimilation, par leur sobriété, leur endurance au travail, une patience et une persévérance inépuisables[1].

C'est la Chine qui, après l'Europe, a les plus grandes villes du monde. On en compte une dizaine qui ont au moins 500 000 habitants. Mais la plupart nous sont peu connues et leur population n'est évaluée que par à peu près. Elles sont bâties en général sur le même plan rectangulaire et se composent de plusieurs villes juxtaposées.

1. **L'émigration chinoise.** — Aucun peuple n'émigre plus que les Chinois; on les trouve dans tous les pays du Pacifique, au Japon, dans l'Indo-Chine, dans les Philippines, dans les îles de la Sonde, en Australie, aux États-Unis, dans l'Amérique centrale et méridionale, et jusque dans les Antilles. En 1888, le nombre des Chinois qui quittèrent la Chine a dépassé 200 000.

Le Chinois possède, en effet, des qualités qui lui permettent de s'établir facilement en n'importe quel pays. Observateur patient, doué d'une faculté d'imitation prodigieuse, souple, exact, sobre, il est bon à tous les métiers et défie toute concurrence. Dans la montagne, il est mineur ou bûcheron, il fond le minerai aussi bien qu'il exploite les forêts; dans la campagne, il est cultivateur ou jardinier; c'est lui qui, comme terrassier, a construit en Amérique le *Great Pacific Railway*; dans les villes, comme domestique, il se prête avec une douceur toute féminine aux travaux les plus délicats; industriel ou commerçant, il saisit avec une finesse merveilleuse tous les goûts et les préjugés de ses clients et il les flatte avec une habileté surprenante.

Et cependant, les Chinois conservent en pays étranger leur langue, leurs mœurs, leur religion, sans se mêler ni se fondre avec la population locale : à San Francisco, par exemple, ils habitent un quartier spécial et forment un monde à part qui vit côte à côte avec le monde américain sans lui permettre d'empiéter sur le terrain qu'il s'est choisi. Le Chinois ne quitte d'ailleurs son pays qu'avec l'esprit de retour et la promesse que son corps sera rapporté en Chine pour être enseveli. L'impossibilité pour les ouvriers blancs de soutenir la concurrence des Chinois a excité contre eux des mouvements violents, notamment aux États-Unis, où le gouvernement a dû récemment interdire l'immigration chinoise.

Les deux principales villes sont **Péking** et **Canton.**

Péking[1], au nord, est la capitale de l'Empire. Elle se compose de deux villes carrées : la ville tartare et la ville chinoise; sa population est considérable; mais, faute de recensement certain, elle subit les évaluations les plus dissemblables : les uns ne lui donnent que 500 000 habitants;

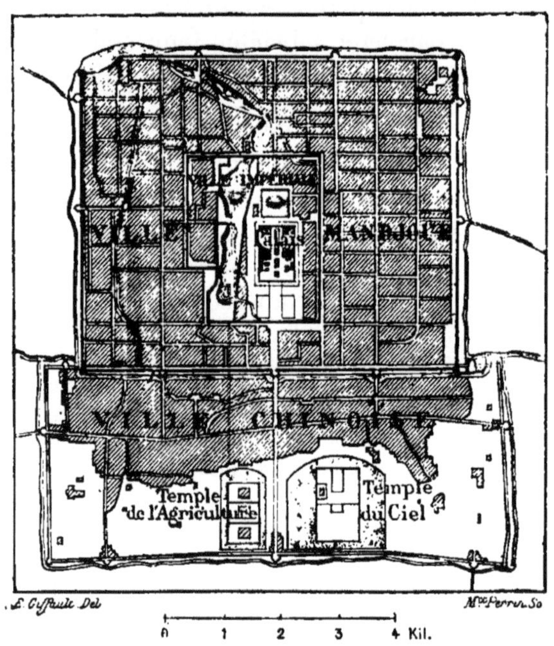

Une ville chinoise : Péking.

d'autres lui en attribuent jusqu'à 1 650 000. Le port de Péking est *Tien-Tsin*, situé non loin du golfe de Petchili.

Canton, au sud, sur le fleuve Si-Kiang, est un des ports les plus fréquentés de la Chine; certaines de ses rues sont,

1. **Péking.** — Péking se compose de deux cités juxtaposées qui portent les noms de « Ville intérieure » et « Ville extérieure », ou, plus communément, de « Ville Tartare ou Mandjoue » et « Ville Chinoise ».

Une muraille haute de 15 mètres et percée de neuf portes colossales enceint la « Ville Tartare » dans un rectangle de 24 kilomètres de tour : à chacune d'elles correspond une avenue immense, longue de 6 kilo-

d'un bout à l'autre, de grands bazars; sur le fleuve, des milliers de jonques chinoises croisent les navires à vapeur. On évalue sa population à 1 600 000 habitants.

Parmi les autres grandes villes, on peut citer *Lan-Tchéou* dans le bassin du fleuve Jaune, et *Han-Koou*, sur le fleuve Bleu : cette dernière ville est le siège d'une importante colonie étrangère. Certaines villes chinoises, après avoir été très importantes, sont maintenant en décadence : ainsi *Nan-King*, qui fut la capitale de la Chine et la ville la plus peuplée, n'a plus que 500 000 habitants.

La Chine possède une des plus anciennes et des plus grandes civilisations du monde. Il y a 4000 ans que le peuple chinois est groupé en corps de nation et a commencé à écrire ses annales. Mais depuis cette époque il ne s'est point transformé, et il est resté volontairement stationnaire, mettant sa sagesse à conserver ses anciennes traditions.

Les Chinois sont habiles aux ouvrages délicats et minutieux; ils sont passés maîtres dans l'art de fabriquer les porcelaines qui décorent tous leurs édifices, les laques, et les menus objets en bambous, tels que les nattes ou les éven-

mètres et large de 40 mètres, qui traverse la ville en ligne droite, du nord au sud et de l'ouest à l'est; toutes les rues et ruelles ont même orientation, toutes les voies sont parallèles ou perpendiculaires, de telle sorte que, vue du rempart, à vol d'oiseau, la capitale impériale semble un échiquier gigantesque; l'uniformité des constructions accentue encore ce caractère de régularité géométrique. — La « Ville Chinoise » n'a, au contraire, que des rues tortueuses et étroites, sales et puantes : c'est la ville du commerce et de l'industrie, des magasins et des ateliers, des théâtres et des restaurants, la « Ville Tartare ou Mandjoue » étant plutôt la ville officielle.

Au milieu de la ville tartare se trouve la cité impériale ou « ville jaune », qui en occupe environ la cinquième partie : elle a la forme d'un carré irrégulier, limité par un mur de 11 kilomètres de tour et percé de quatre portes; c'est là que sont la plupart des édifices publics, les palais des fonctionnaires et les plus belles habitations. — Cette troisième ville, enfin, en renferme une quatrième, absolument inaccessible, non seulement aux étrangers, mais encore aux sujets du souverain : c'est le palais impérial, situé exactement au centre de Péking; il est aussi grand qu'une ville, avec ses *pagodes* en porcelaine et ses vastes jardins.

tails. Mais ils sont encore loin de soutenir la comparaison des ouvriers européens dans les grandes industries.

Au contraire, ils sont les premiers agriculteurs du monde : aucun peuple ne connaît mieux la terre, ses ressources diverses, ses besoins, et ne se soumet à ceux-ci avec plus d'intelligence; la campagne chinoise, bien irriguée et travaillée avec un soin pieux, ressemble à un jardin. La Chine, qui n'a presque pas de prairies, par conséquent peu de bétail, arrive, avec ses rizières, ses champs de céréales, ses fruits, ses plantations de thé, à suffire à la nourriture, surtout végétale, de ses habitants. Elle exporte, en outre, des quantités considérables de soie brute et de thé.

Jusqu'au commencement du XIXe siècle, la Chine est restée fermée aux étrangers. Mais, à partir de 1842, les Chinois ont dû concéder aux Européens le droit de résider et de se livrer au négoce dans un certain nombre de ports situés sur la côte orientale ou sur le cours du fleuve Bleu. Une vingtaine de ports sont actuellement ouverts aux Européens. Le plus important est *Chang-Haï*, vers l'embouchure du Yang-Tsé-Kiang, où se groupent des maisons de commerce européennes et américaines. Les Anglais possèdent *Hong-Kong*.

Depuis cette époque, la Chine se plie peu à peu aux innovations européennes. Elle envoie ses jeunes gens s'instruire dans les universités, les écoles militaires, les chantiers, les arsenaux d'Occident; elle a réformé à l'européenne son armée et sa marine. Mais elle ne s'avance dans cette voie que lentement, comme à contre-cœur. La Chine n'a encore que quelques centaines de kilomètres de chemins de fer. Ses grands chemins sont ses fleuves, larges et profonds, et ses canaux, tels que le *Canal impérial*, qui met en communication le Hoang-Ho et le Yang-Tsé-Kiang. On peut craindre que le jour où elle se sera vue peu à peu forcée d'accepter l'industrie européenne, elle ne fasse à l'Europe une concurrence contre laquelle il sera impossible de lutter

Le Japon. — Le Japon est le principal des archipels qui bordent la côte de l'Asie sur le Pacifique. Les îles qui le composent ont un peu plus que la superficie de l'Angleterre. Elles ont un grand développement du nord au sud; la plus septentrionale est aussi éloignée de la plus méridionale que la Norvège de la Grèce.

45 millions d'habitants peuplent l'archipel Japonais. Mais la plus grande partie de ces habitants réside dans les trois plus grandes îles méridionales, *Nippon* ou *Hondo*, *Sikok* et *Kiou-Siou*, ainsi que dans *Formose*, enlevée à la Chine par le Japon en 1895. Les Japonais, qui appartiennent, comme les Chinois, à la race jaune, sont un peuple aimable et gai, actif et curieux, adroit et propre ; le principal reproche qu'on puisse lui adresser, c'est de manquer un peu de ténacité. L'île d'*Yéso*, la plus septentrionale, n'a qu'un très petit nombre d'habitants; une partie d'entre eux appartiennent à une race en décadence qui occupa jadis l'archipel tout entier, à la race des *Aïno*.

Les principales villes de l'archipel sont bâties dans la grande île centrale de Hondo. La capitale actuelle est **Tokio** ou *Yeddo* (1 242 000 hab.) : c'est une ville industrielle située sur une baie de la côte orientale de l'île. Les autres grandes villes sont *Kioto* (297 000 hab.), l'ancienne capitale, située à l'intérieur, au centre de fraîches et verdoyantes collines; *Ohosaka* (488 000 hab.) et *Hiogo-Kobé*, ports importants.

Il n'y a pas encore longtemps, le peuple japonais, comme le peuple chinois, s'obstinait à fermer ses portes aux étrangers, lorsque tout d'un coup, en 1868, il se résolut à leur ouvrir un certain nombre de ports et à embrasser les usages européens.

Aussitôt le pays s'est transformé. Les anciennes routes ont été élargies, améliorées; des chemins de fer et des navires à vapeur ont été construits; les ports ont été approfondis, les côtes éclairées par des phares. Le Japon, enfin, s'est donné une administration des postes, des télégraphes et même des téléphones.

Grâce à ces innovations, l'agriculture déjà florissante s'est développée : à côté des anciennes cultures du thé, du riz et du mûrier, des cultures nouvelles se sont fondées, celles de la vigne, de la betterave et du chanvre.

L'industrie, alimentée par des mines de houille, a fait des progrès analogues. Les Japonais excellaient autrefois à fabriquer la porcelaine, les laques, et à travailler le bronze. A l'imitation de l'Europe, ils ont appris à tisser des cotonnades, à construire des machines, à extraire le suc de la betterave. En 1895, le Japon a vaincu la Chine dans une courte guerre et lui a pris l'île Formose[1].

Les principaux ports ouverts aux Européens sont : *Yokohama*, près de Tokio, et *Nagasaki*, au sud de l'archipel.

L'Indo-Chine. — L'Indo-Chine, située au sud-est de l'Asie, est une péninsule quatre fois plus vaste que la France. Son relief est constitué par des plateaux qui se rattachent à l'Himalaya oriental et qui descendent en gradins jusqu'à la côte. Des plaines d'alluvions les séparent de la mer. L'intérieur en est encore incomplètement connu.

On évalue sa population totale à 33 millions et demi d'habitants. Ils peuplent en grande majorité les vallées fluviales, n'ont que peu de relations d'un bassin à l'autre, et par suite diffèrent très sensiblement par les mœurs. On les divise généralement en cinq groupes, dont les principaux sont les *Annamites* et les *Kmers* ou *Cambodgiens*. Tous appartiennent à la race jaune; mais chez les premiers domine l'influence chi-

1. **Le Japon contemporain.** — Par un coup d'Etat du 29 août 1871, le roi du Japon ou « mikado » a changé brusquement la constitution territoriale de l'empire. Un gouvernement quasi parlementaire; un code calqué sur le code Napoléon; une armée, une marine, des écoles organisées à l'européenne, furent les nouveautés qui vinrent brusquement changer les habitudes des Japonais. Tout fut renouvelé, jusqu'au costume national, remplacé par le port obligatoire d'un costume européen. Tous les peuples de l'Occident ont contribué à donner dès lors au Japon une éducation européenne : la France en particulier lui a fourni des administrateurs pour ses services publics, des instructeurs pour son armée, des professeurs de droit et des jurisconsultes. Il existe à Tokio un collège où l'on enseigne le français, le hollandais, le russe, l'anglais, l'allemand. Le Japon ne s'est pas contenté d'aller chercher des modèles chez les peuples civilisés : il a excité leur admiration par les merveilles de quelques-unes de ses industries artistiques. Le succès de ses laques, de ses vases, de ses sculptures, de ses bronzes a été immense dans toutes les Expositions universelles.

noise, tandis que les seconds ont subi profondément l'influence hindoue.

L'Indo-Chine est une très riche contrée. Les pluies, apportées par les moussons d'avril à octobre, donnent à ce pays une grande richesse de végétation. Les montagnes ont d'épaisses forêts de bois précieux; les plaines produisent en abondance le riz, le maïs, la canne à sucre, et se prêteraient à bien d'autres cultures. Les ressources minérales y sont considérables (houille, étain, cuivre, argent, or) : l'or brille partout en lames sur les toits des villes, aux colonnes des palais, dans l'intérieur des temples

En outre, par ses fleuves, coupés, il est vrai, de rapides, l'Indo-Chine est le débouché le plus direct des contrées du sud-ouest de la Chine, telles que le Yunnan et le Sétchouen, qui autrement ne communiquent avec la mer qu'à l'est, par le long et sinueux Fleuve Bleu.

L'Indo-Chine étant un pays d'avenir, deux peuples européens sont venus s'y installer. Ils l'ont fait d'autant plus facilement qu'ils ne s'y trouvaient pas en présence de peuples très forts ni très solidement constitués. Ces deux peuples européens sont les **Anglais** et les **Français**.

Les **Anglais** se sont établis dans la partie occidentale de la péninsule. Ils y ont occupé successivement *Poulo-Pinang*, en 1786, puis *Singapour*, *Malacca*, la *Barmanie maritime*, et enfin, en 1885, la *Barmanie intérieure*.

Les postes de la presqu'île de Malacca forment le *Gouvernement des Détroits*. Les trois villes principales qu'on y trouve sont : *Georgetown*, dans l'île Poulo-Pinang; *Malacca* et *Singapour*. Ce dernier port, admirablement situé à l'angle du continent et doué d'un excellent mouillage, fait un commerce considérable; on y trouve, mêlés aux Européens, tous les peuples de l'Extrême-Orient.

La *Barmanie*, peuplée de 8 millions d'habitants, a pour villes principales : *Mandalé*, sur l'Irraouaddi, les ports de *Rangoun*, qui est le premier du monde pour les expéditions de riz, et de *Maulmeïn*; enfin le grand marché de *Bhamo*, sur la route commerciale de la Chine. L'Angleterre ne songe pas seulement à exploiter les richesses de ce grand pays, elle voudrait s'ouvrir une route vers la Chine par le fleuve Irraouaddi, avant que les Français n'y arrivent par le Tonkin.

Les **Français** dominent à l'est, comme l'Angleterre à l'ouest. Leur établissement en Indo-Chine est tout récent : en 1862, ils y ont acquis la *Cochinchine*, à la suite d'une courte guerre; en 1863, le *Cambodge* s'est placé sous leur protectorat; plus récemment, à la suite d'hostilités qui ont duré pendant une douzaine d'années (1873-1885), la France a annexé le *Tonkin*[1] et établi son protectorat sur l'*Annam*.

L'Indo-Chine française, qui, dans ses limites actuelles, est grande comme la France, compte plus de 20 millions d'habitants.

La Cochinchine a pour capitale *Saïgon*, située près du delta du Mékong qui ouvre une route importante vers la Chine. La capitale du Cambodge est *Pnom-Penh*, bâtie sur le même fleuve. L'Annam a pour capitale *Hué*, qui s'élève près de la mer de Chine.

Le pays le plus florissant de l'Indo-Chine française est le *Tonkin*. On évalue sa population à 12 millions d'habitants, qui vivent pour la plupart dans le delta du fleuve Rouge, contrée bien arrosée et d'une remarquable fertilité. La capi-

1. **Le Tonkin.** — Le delta du fleuve Rouge, qui est formé d'alluvions et que baigne un climat tout à la fois chaud et humide, possède une remarquable richesse agricole. « Entre toutes les contrées du Tonkin, écrit un voyageur, le delta du fleuve est particulièrement favorisé par la nature : il est aussi fertile que le fameux delta du Nil. Ce ne sont partout que rizières, gras pâturages où broutent d'innombrables bestiaux, bouquets d'arbres se détachant de loin en loin sur un paysage au fond duquel se dessinent en bleu des montagnes presque aussi hautes que les Pyrénées : les populations rurales grouillent sur chaque berge du fleuve Rouge et de ses affluents. » Les missionnaires français du siècle dernier ne trouvaient pour peindre le pays que des expressions empruntées aux descriptions du *Télémaque* : « Un printemps éternel semble régner sur cette heureuse région; la contrée est comme un jardin. » En dehors de ces richesses agricoles, le Bas-Tonkin recèle dans son sous-sol d'immenses dépôts de charbon, qui ont fait dire à un lord anglais ce mot répété par le duc d'Orléans dans une conférence sur nos possessions d'Extrême Orient : « Le Tonkin est appelé à jouer dans l'Extrême Orient le rôle que joue l'Angleterre en Europe; ce sera le grand producteur de charbon de l'Asie » (Congrès de Pau, septembre 1892).

tale du Tonkin est *Hanoï* (150 000 hab.) : elle s'élève sur le fleuve Rouge. On peut citer encore *Haïphong*, qui est le grand port du Tonkin. Outre ses richesses, le Tonkin ouvre, par le fleuve Rouge, la meilleure voie de pénétration dans les contrées méridionales de la Chine. Aussi la France travaille-t-elle à régulariser la navigation du fleuve, en même temps qu'elle projette d'établir des voies ferrées le long de son cours.

Le royaume de **Siam** est indépendant. Il est situé au centre de la péninsule, entre les possessions anglaises et françaises. On y compte de 5 à 6 millions d'habitants. La capitale est *Bangkok* (400 000 hab.), sur le Ménam inférieur.

RÉSUMÉ

I. L'Empire Chinois. — L'Empire Chinois, qui est plus étendu que l'Europe, se compose de deux parties distinctes : 1° une partie à peu près déserte, comprenant la Mandjourie, le Turkestan oriental, la Mongolie et le Thibet (capitale Lhassa) ; 2° une seconde partie, très peuplée (400 millions d'hab.), comprenant la Chine proprement dite.

La Chine a pour capitale Péking au nord ; ses principales villes sont Canton, Tien-Tsin, Lan-Tchéou, Han-Koou, etc.

La Chine possède une civilisation très ancienne, mais restée stationnaire ; jusqu'à ces dernières années, les Chinois vivaient obstinément chez eux, occupés surtout d'agriculture. Depuis 1842 ils ont ouvert une vingtaine de ports aux Européens, entre autres Chang-Haï ; mais ils n'adoptent que lentement nos usages et notre civilisation.

La Corée (capitale Séoul), anciennement vassale de la Chine, en est indépendante depuis 1895.

Le Japon. — L'archipel Japonais, qui a la superficie de l'Angleterre, compte 45 millions d'habitants : l'île la plus peuplée est celle de Hondo ou Nippon. C'est là qu'est bâtie la capitale, Tokio ou Yeddo (1 242 000 hab.), ainsi que les villes de Kioto et d'Ohosaka.

Au contraire de la Chine, le Japon a, depuis 1868, embrassé nos usages avec une sorte de furie : il a aujourd'hui des chemins de fer, des bateaux à vapeur, des télégraphes. Son agriculture et son industrie se sont développées. Les principaux ports ouverts aux Européens sont Yokohama et Nagasaki.

III. L'Indo-Chine. — L'Indo-Chine, qui est grande quatre fois comme la France et dont les ressources variées sont considérables, compte 33 millions d'habitants, Annamites, Cambodgiens, etc. Aujourd'hui les

Anglais et les Français en ont placé la plus grande partie sous leur domination.

Les Anglais y possèdent, à l'ouest, le Gouvernement des Détroits (Georgetown, Malacca, Singapour) et la Barmanie (Mandalé, Rangoun) : ils cherchent à s'y ouvrir une route vers la Chine par l'Irraouaddi.

Les Français y possèdent, à l'est, la Cochinchine (Saïgon), le Cambodge (Pnom-Penh), l'Annam (Hué) et le riche Tonkin (Hanoï). Ils ont l'espoir d'en faire, par le Mékong et surtout par le fleuve Rouge, le débouché naturel de la Chine méridionale.

Le royaume de Siam, capitale Bangkok, est indépendant.

§ 4. — PAYS DE LA MER DES INDES ET DE LA MÉDITERRANÉE

L'Inde. — L'empire des Indes est la plus vaste des possessions anglaises en Asie : il s'étend entre l'océan Indien et l'Himalaya, et comprend, en outre, l'île de Ceylan.

Ce grand pays, qui couvre une superficie de 5 millions 1/2 de kilomètres carrés (7 fois la France, 12 fois l'Angleterre), nourrit environ 293 millions d'habitants, la cinquième partie des habitants de la terre entière. Les bords du Gange comptent parmi les régions les plus peuplées du monde : c'est là qu'habite la race des Hindous. Quant aux Anglais, les maîtres de la péninsule, ils y constituent un élément de population presque négligeable : c'est tout au plus s'ils sont au nombre de 76 000, pour la plupart soldats. Les Hindous pratiquent en majorité la religion de Brahma ; leur ville sainte est *Bénarès*, sur le Gange[1].

1 **La religion dans l'Inde.** — Nulle part l'amour du pèlerinage ne se manifeste au même degré que dans l'Inde. Des émissaires spéciaux, attachés aux temples sacrés, s'en vont par milliers dans les provinces faire la chasse aux pèlerins, en prêchant la croisade contre le péché. Ils réussissent surtout à persuader les femmes : les hommes n'entrent guère que pour un dixième dans le chiffre des pèlerins. Alors se forment des bandes de deux à trois cents personnes, qui marchent en ordre sous la direction du chef spirituel. Le spectacle est étrange : on y voit des dévots de plusieurs sortes, les uns couverts de cendres, d'autres presque nus. Le plus grand nombre va à pied : aussi beaucoup restent-ils en route ; les autres n'atteignent le but qu'estropiés, les pieds sanglants et enveloppés de chiffons.

A la vue de la cité sainte, tout est oublié. Les pèlerins se jettent avec

L'Inde compte près de 700 000 villes, villages et hameaux; 21 de ces villes, situées pour la plupart dans la plaine du nord, ont plus de 100 000 habitants.

La capitale est **Calcutta** (840 000 hab.), sur l'Hougli, bras du Gange; un vice-roi anglais y réside; il représente la reine d'Angleterre, qui porte le titre d'Impératrice des Indes. Dans la plaine du nord on remarque *Agra* et *Bénarès*, villes nationales des Hindous, *Delhi*, ancienne résidence des empereurs mongols, et *Lahore*, capitale de la province de Pandjab.

Sur la mer d'Oman se trouve le port de *Bombay* (841 000 hab.), qui exporte d'immenses quantités de coton et de céréales; sur le golfe de Bengale est *Madras* (452 000 hab.), autre port très important. Dans l'intérieur de l'Inde se trouvent beaucoup d'autres grandes villes, des temples colossaux, des restes d'une civilisation ancienne et brillante : au premier rang de ces villes vient *Haïderabad*, qui ne compte pas moins de 415 000 habitants.

Ce sont les Français qui tentèrent les premiers de fonder dans l'Inde un grand empire colonial. Ils furent sur le point d'y réussir, avec Dupleix, au milieu du XVIIIe siècle; mais l'indifférence du gouvernement du roi Louis XV fit avorter ces efforts. Les Anglais alors nous supplantèrent. Ils ont conquis successivement le Bengale, le Dekkan, les royaumes d'Aoude, du Sind, de Kachmir. Quelques territoires cependant ne leur appartiennent pas.

On trouve dans l'Inde quatre sortes de territoires :

1° Quelques colonies étrangères : les Portugais y possèdent, sur la côte occidentale, les trois territoires de *Diu*, *Daman*

transport dans les eaux sacrées du fleuve ou d'un lac : les émotions religieuses leur enlèvent le souvenir des fatigues éprouvées. Mais bientôt ils courent un autre danger plus grave. Mal nourris, mal logés dans des maisons sans air ou couchés pêle-mêle dans les rues, ils deviennent la proie d'épidémies qui causent parmi eux des ravages d'autant plus effroyables que les vivants et les malades restent couchés côte à côte sur un plancher de boue. Le choléra est ainsi trop souvent le cortège naturel des grands pèlerinages de l'Inde.

et *Goa*; les Français occupent encore cinq comptoirs, *Pondichéry*, près de Madras, *Mahé*, *Karikal*, *Yanaon*, et *Chandernagor*, près de Calcutta : ces possessions françaises comptent 283 000 habitants;

2° Quelques Etats indépendants, situés au pied de l'Himalaya, tels que le *Bhoutan* et le *Népal*;

3° De nombreux États protégés, de dimensions diverses, qui ont conservé une apparence de souveraineté et ont même des armées, mais sont placés sous la surveillance de résidents anglais : le plus important est l'État du Nizam, dont la capitale est Haïderabad;

4° Les possessions directement administrées par l'Angleterre et divisées en trois *présidences*, celles du Bengale, de Bombay et de Madras. Pour maintenir dans l'obéissance cet énorme empire, les Anglais n'ont dans l'Inde qu'une armée de 200 000 hommes, composée pour les deux tiers de soldats indigènes.

L'Inde, dont le climat est très chaud, surtout dans les plaines du nord, et qui reçoit des pluies d'été abondantes, est un des plus riches pays du monde. En peu de contrées la nature ne déploie une abondance de végétation plus luxuriante.

Les produits agricoles sont des plus variés. Les terres d'alluvions produisent le *riz* en quantités énormes. La région de l'Indus et les contrées de moyenne altitude donnent beaucoup de *blé*. La culture du *thé* se développe rapidement sur les pentes des montagnes. Les *bois*, le *coton*, l'*opium*, l'*indigo* y couvrent aussi des espaces considérables. L'Inde possède, en outre, des gisements miniers de plusieurs sortes, entre autres de la *houille*.

Les Anglais ont beaucoup fait pour améliorer la condition de l'Inde et lui permettre de tirer parti de ses richesses. L'*instruction* a été l'un des principaux objets de leurs soins : ils ont créé, en effet, trois universités, des écoles supérieures et moyennes, de nombreuses écoles de villages; avec l'instruction, les mœurs se sont améliorées. Ils ont aussi poussé très activement les *travaux publics*, ont percé des routes, creusé des canaux, établi des lignes télégraphiques, construit des chemins de fer : Bombay, Madras et Calcutta sont reliées par des voies ferrées [1].

Ces avantages ont permis à l'Inde de développer son agriculture, de se créer une industrie, d'accroître son commerce, et la situation du pays s'améliorera encore quand des chemins de fer l'uniront directement à l'Europe par l'Iran et l'Asie Mineure. Cependant les Anglais ne sont pas aimés dans l'Inde. A plusieurs reprises, des insurrections formidables se sont produites contre eux; la plus grave fut celle de 1857. Les indigènes comptent, pour briser le joug étranger, sur les progrès des Russes dans l'Asie centrale.

Les États de l'Iran. — Le plateau de l'Iran est une des contrées les moins favorisées de l'Asie : de nombreux et vastes déserts en couvrent la surface; il faut arriver dans les vallées des montagnes qui forment le pourtour pour trouver l'humidité, la fécondité et la vie. Aussi, bien que l'Iran soit

1. **Les chemins de fer dans l'Inde et les préjugés.** — Miss Mary Carpenter raconte ainsi comment les chemins de fer ont contribué à atténuer en partie l'esprit de caste et à rompre le réseau étroit des préjugés entre les individus : « Le railway de Bombay à Surate traverse la Nerbadah, large rivière que l'imagination des natifs a déifiée. Les Hindous furent indignés quand ils apprirent qu'on allait l'humilier en élevant un pont par-dessus. Le jour de l'inauguration, une multitude d'indigènes se réunit près de la rivière sacrée pour assister à la vengeance que la divinité tutélaire de la Nerbadah ne manquerait pas de tirer de cet outrage impie. Ils eurent un instant de satisfaction. Vers le milieu du pont, le train s'arrêta tout d'un coup; la puissance de la déesse se manifestait par un miracle; mais bientôt la machine, reprenant sa marche rapide, arriva sur l'autre bord. Les natifs en prirent vite leur parti : la Nerbadah était toujours sainte, mais la locomotive lui était supérieure, et ils s'empressèrent de lui présenter des offrandes pour se la rendre favorable. Les chemins de fer une fois livrés à la circulation, ce fut bien autre chose. Ce mode de communication permet d'accomplir, en une journée, un voyage qui exigeait auparavant des semaines de fatigue. Les relations devinrent plus fréquentes, par conséquent plus bienveillantes entre les habitants des diverses provinces; l'ignorance, mère des préjugés, décroît insensiblement. Ce n'est pas tout; les déplacements étant plus fréquents, les hommes que la religion séparait se trouvent plus souvent rapprochés. » (*Six Mois aux Indes.*)

étendu comme cinq fois la France, n'y compte-t-on que 14 millions d'habitants. Ces habitants sont presque tous de race blanche et pratiquent la religion musulmane.

Ils forment trois États d'étendue et d'importance très inégales, la *Perse*, l'*Afghanistan* et le *Baloutchistan*.

La **Perse** est le plus considérable; il comprend toute la partie occidentale du plateau, de la mer d'Oman à la mer Caspienne, et compte 9 millions et demi d'habitants, c'est-à-dire plus de la moitié de la population totale du plateau. C'est sur les bordures septentrionale et occidentale que s'élèvent les principales villes de la Perse. La capitale est *Téhéran* (210 000 hab.), bâtie au pied du massif du Demavend, non loin de la mer Caspienne. Les autres grandes villes sont *Tabriz*, qui occupe sur la route de la Caucasie et de l'Europe une remarquable situation commerciale, *Hamadan*, l'ancienne Ecbatane, et *Ispahan*, qui fut longtemps la capitale de la Perse.

La Perse est une monarchie absolue; le pouvoir politique y appartient à un roi ou *chah*. Mais son autorité n'est pas parfaitement reconnue dans toutes les parties du territoire, en particulier à l'intérieur, où vivent des nomades.

L'**Afghanistan**, qui occupe l'angle nord-est du plateau de l'Iran, a une population de 4 millions d'habitants. L'état social en est primitif. Le pays est divisé en tribus qui forment autant de républiques distinctes.

Les trois villes principales de l'Afghanistan sont : *Hérat*, sur le Héri-Roud, dans une vallée très fraîche et riante, ouverte vers le Turkestan; *Kaboul*, qui dans l'antiquité fut célèbre sous le nom de Cabura et dont le torrent descend vers le bassin de l'Indus : Alexandre y passa; *Kandahar*, l'ancienne Alexandrie d'Arachosie, une des modernes « clefs de l'Inde ».

Le **Baloutchistan**, le plus petit des trois États de l'Iran, n'a que 500 000 habitants et des villes médiocres : la capitale *Kalat* est une petite ville de 14 000 habitants.

Les déserts de l'intérieur de l'Iran, le manque d'unité politique, l'incurie fataliste des habitants qui sont musulmans, font que l'Iran est un pays assez misérable. La cinquantième partie du territoire est seule cultivée. L'industrie autrefois florissante des châles et des tapis est en décadence.

Cependant la situation du plateau de l'Iran en fait un objet de convoitise pour les Anglais et les Russes. Les deux peuples cherchent à y établir concurremment leur influence : les Russes pour atteindre l'océan Indien, les Anglais pour entraver l'expansion de la puissance russe vers l'Inde.

L'Angleterre a vainement essayé d'établir, à trois reprises différentes, son pouvoir sur l'Afghanistan; mais le khan de Kalat est leur tributaire depuis 1841. Malgré cet avantage, les Russes paraissent devoir l'emporter : maîtres de la Caucasie, de la Caspienne et du Turkestan, ils détiennent les vallées inférieures des cours d'eau qui conduisent sur le plateau, et c'est leur influence qui domine à Téhéran.

La Turquie d'Asie. — L'ensemble des possessions turques en Asie comprend : au nord, l'*Asie Mineure*; au sud-est, la *Mésopotamie*; au sud-ouest, la *Syrie* et la *Palestine*; au sud, l'*Arabie*. Tous ces pays couvrent une superficie de 2 millions de kilomètres carrés, c'est-à-dire une surface presque quadruple de celle de la France. Mais il reste pauvre à cause de la mauvaise administration et de l'incurie des hommes; et la population ne s'élève qu'à 19 ou 20 millions d'habitants.

L'**Asie Mineure** est un plateau qui se rattache par les montagnes d'Arménie à l'ensemble du relief asiatique. Ce plateau, comme celui de l'Iran, a des vallées fertiles dans les montagnes du pourtour. Mais le centre est sec et aride.

Aussi les habitants résident-ils en grande majorité sur le littoral. C'est là que s'élèvent les grandes villes : sur la mer Noire, *Trébizonde*; près de la mer de Marmara, *Scutari* et *Isnik*, l'ancienne Nicée; près de l'Archipel, *Manissa*, l'ancienne Magnésie, et le grand port cosmopolite de *Smyrne*. Dès l'antiquité, des ports actifs s'étaient construits sur ce rivage et s'y étaient puissamment enrichis par le commerce : tels *Phocée*, *Éphèse*, *Milet*, *Halicarnasse*, *Cnide* : Smyrne, qui existait dès cette époque reculée, a accaparé tout le commerce que faisaient autrefois ces villes[1].

Les rares villes de l'intérieur sont les étapes nécessaires du commerce qui se fait d'une mer à l'autre. Parmi elles : *Kaisarieh*, l'ancienne Césarée, métropole de la Cappadoce, *Konieh*, l'ancienne Iconium, et *Angora*, l'ancienne Ancyre.

De nombreuses îles de l'Archipel se rattachent à l'Asie Mineure. Elles sont montagneuses, riches en ports, et produisent en abondance les fruits du midi de l'Europe, oranges, citrons, grenades, olives, figues. Dans l'île de *Lesbos* se trouve la ville de *Mytilène*; *Chio* a pour capitale une ville du même nom, qui serait florissante sans les tremblements de terre qui l'ont ruinée à différentes reprises; *Samos* a pour capitale le port de *Vathy*; enfin le port de *Rhodes* est la capitale de l'île du même nom ou « île des roses ».

Les Anglais ont établi leur pouvoir sur l'île de *Chypre*, au sud-est.

La **Mésopotamie** est une plaine arrosée par le Tigre et l'Euphrate; sans ces deux fleuves elle ne serait qu'un désert. Elle a une certaine importance comme grande voie de communication entre la Méditerranée et le golfe Persique.

Les villes sont rares sur l'Euphrate : la principale est *Hilleh*, qui occupe une petite partie de l'espace où était bâtie **Babylone**. L'ancienne capitale de Sémiramis n'est plus qu'une plaine parsemée de buttes et d'amas rougeâtres qui

1. **Turcs et Grecs.** — Deux races sont en antagonisme constant dans l'Asie Mineure, les Turcs et les Grecs. Douée d'une grande force physique, hospitalière et bonne, mais ignorante, molle, paresseuse, manquant d'adresse et de sens pratique, la race turque n'a aucune des qualités qui de nos jours assurent le succès. Tout au contraire, le peuple grec est merveilleusement actif, industrieux, intelligent, habile, peu scrupuleux. Dans la plupart des villes qui bordent l'Archipel, à Smyrne par exemple, il existe deux quartiers : l'un, beau, riche, vivant, travaillé d'une fébrile activité : c'est le quartier des Grecs; l'autre, pauvre et sale, inerte et mort, relégué dans les extrémités : celui des Turcs. Deux races et deux civilisations sont ainsi en présence : il n'est pas difficile de prévoir laquelle de ces races l'emportera. Les Turcs se voient progressivement refoulés de la côte vers les steppes du haut plateau. La race asiatique se replie peu à peu vers la contrée des plateaux, c'est-à-dire vers la région asiatique par excellence de l'Asie Mineure.

marquent l'emplacement des anciens palais et des temples construits en briques.

Le Tigre a, au contraire, de grandes villes sur ses bords. **Ninive** a disparu, comme Babylone, et sa situation n'est plus indiquée que par des ruines; mais, en face de l'endroit où elle était située s'élève aujourd'hui *Mossoul*. Plus bas, sur le fleuve, on trouve la ville de *Bagdad*, l'ancienne capitale d'Haroun-al-Raschid. Enfin, à l'embouchure du Chat-el-Arab, est le port de *Bassora*.

La **Syrie** et la **Palestine** sont des pays accidentés, très chauds dans les vallées, fertiles dans le voisinage des cours d'eau. Parmi les peuples qui les habitent, celui des *Maronites* nous intéresse particulièrement : chrétiens depuis le VIIe siècle, ils se sont placés sous la protection de la France; beaucoup d'entre eux parlent français. Pour les défendre contre le fanatisme de leurs voisins, les Druses la France fit, en 1860, l'expédition militaire du Liban.

Tyr et *Sidon*, qui s'élevaient autrefois sur cette côte, ne sont plus que de misérables bourgades; le grand port est aujourd'hui *Beirout*, l'ancienne Béryte. Au nord se trouve *Antakieh*, l'ancienne Antioche; au sud, le port de *St-Jean-d'Acre* et la ville de *Jérusalem* sont les deux principales villes de la Palestine. Sur les confins du désert s'élèvent *Damas* (150 000 hab.), dans une oasis fécondée par le Bagradas, *Alep* et les ruines de la fameuse ville de *Palmyre* [1].

L'**Arabie** est un plateau remarquable par sa ressem-

1. **Palmyre.** — Il suffit d'une source au milieu des sables pour transformer un coin du désert en oasis verdoyante. Palmyre, bâtie par Salomon, fut autrefois une ville considérable : d'abondantes sources d'eau douce en avaient favorisé le développement; dans ses murs se croisaient les caravanes qui allaient de l'Euphrate et du Tigre au golfe Persique, de la Phénicie et de la Syrie à la Perse et à l'Inde; Pline évaluait son commerce pour Rome seule à 100 millions de sesterces par an; elle se crut assez puissante, au temps de la reine Zénobie, pour braver Rome et l'empereur Aurélien. Elle fut vaincue, rasée. Ses sources, négligées, s'obstruèrent, se tarirent. Avec les eaux courantes disparurent les vergers, les jardins. De l'ancienne capitale il ne reste plus aujourd'hui que quelques fûts de colonnes, dressés ou renversés sur le sol, des débris de temples ruinés par des tremblements de terre, le tout perdu au milieu des sables et de l'immense solitude.

blance avec le Sahara africain, qu'elle semble continuer par delà l'étroite mer Rouge. Toute la partie centrale est un vaste désert avec quelques oasis. Il n'y a de cultures et d'habitants que sur les côtes. C'est là qu'est située l'Arabie Heu-

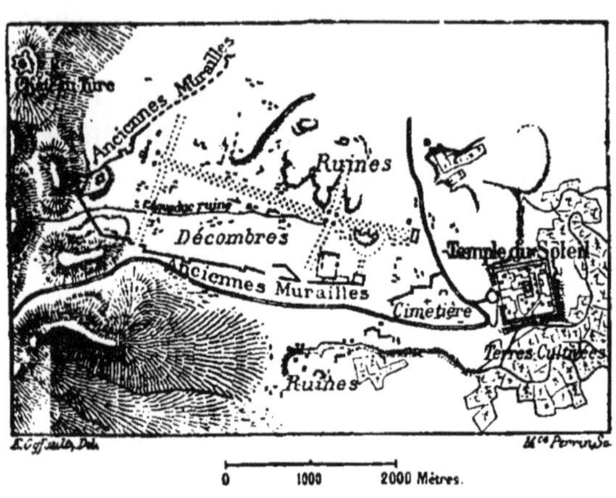

Ruines de Palmyre.

reuse, où croissent les essences précieuses et où s'étendent les plantations de café, principalement entre Aden et Moka.

La capitale de l'Arabie est *la Mecque*, métropole religieuse des Arabes, où 70 000 à 90 000 pèlerins viennent annuellement visiter le temple saint de la Kaaba, bâti, dit-on, par Abraham, et parcourir les lieux illustrés par Mahomet. Au nord est *Médine*, l'autre ville sainte des Arabes.

Une partie seulement de l'Arabie, les côtes de la mer Rouge et celles du golfe Persique, reconnaît l'autorité du sultan de Constantinople; les populations éparses et nomades de l'intérieur sont indépendantes.

Les Anglais possèdent en Arabie l'*îlot de Périm*, à l'entrée de la mer Rouge, et le territoire d'*Aden*, où ils ont établi un dépôt de charbon sur la route des Indes.

RÉSUMÉ

I. **L'Inde**. — Ce grand pays, sept fois plus étendu que la France, nourrit 293 millions d'habitants, pour la plupart Hindous et sectateurs de

Brahma. La capitale en est Calcutta (840000 hab.), sur l'Hougli; les autres grandes villes sont : sur la côte occidentale Bombay (841 000 hab.), sur la côte orientale Madras (452 000 hab.), à l'intérieur Haïderabad (415 000 hab.).

L'Inde comprend quelques colonies portugaise (Goa), française (Pondichéry), quelques Etats indépendants (Bhoutan, Népal), des Etats vassaux de l'Angleterre, et des possessions directement administrées par les Anglais. L'Angleterre assure sa domination dans l'Inde par une armée de 200 000 soldats, pour les deux tiers indigènes.

L'Inde est un pays très riche : elle produit du riz, des céréales, du thé, du coton, de l'opium et possède des mines de houille. Les Anglais, en y développant l'instruction et en y poussant activement les travaux publics de toute sorte, ont favorisé le développement de l'industrie et de l'agriculture. Cependant ces services n'ont pas empêché les indigènes de se soulever souvent contre leur domination.

II. **Les États de l'Iran.** — Le plateau de l'Iran, qui a beaucoup de déserts, ne possède que 14 millions d'habitants en trois Etats : 1° la Perse (9 millions et demi), capitale Téhéran; villes principales Tabriz et Ispahan; 2° l'Afghanistan (4 millions), villes principales Hérat, Kaboul et Kandahar; 3° le Baloutchistan (500 000 hab.), cap. Kalat.

Malgré l'état misérable de l'Iran, les Russes et les Anglais en convoitent âprement la possession : les Anglais ont fait du khan de Kalat leur tributaire; mais leurs tentatives pour annexer l'Afghanistan ont échoué. L'influence russe semble devoir finalement l'emporter.

III. **La Turquie d'Asie.** — Elle comprend l'Asie Mineure, la Mésopotamie, la Syrie avec la Palestine, l'Arabie : en tout 2 millions de kilomètres carrés, et 19 à 20 millions d'habitants.

L'Asie Mineure n'est fertile et habitée que sur le pourtour, où se trouve la grande ville de Smyrne : à l'intérieur se trouve Kaïsarieh; les îles Lesbos, Chio, Samos, Rhodes sont prospères. Les Anglais possèdent Chypre, au sud-est. — La Mésopotamie n'a de villes que sur le Tigre : Mossoul (ancienne Ninive) et Bagdad; sur l'Euphrate, Babylone est en ruines.

La Syrie et la Palestine ont pour principales villes : Antakieh, Beirout, qui est un des principaux ports (ou échelles) du Levant, Jérusalem, Alep et Damas. — L'Arabie, presque déserte à l'intérieur, a pour capitale la Mecque; les Anglais y possèdent, au sud, Aden.

LIVRE III

L'AFRIQUE

AFRIQUE PHYSIQUE

GÉNÉRALITÉS DE L'AFRIQUE

L'**Afrique** forme la partie sud-ouest de l'ancien continent. Elle est traversée par l'équateur et par les deux tropiques. Elle est grande comme trois fois l'Europe, et inférieure d'un quart à l'Asie. Un seul point la rattache à l'Asie, c'est l'**isthme de Suez**, aujourd'hui transformé en détroit par un canal. Deux autres détroits, ceux de **Gibraltar** et de **Bab-el-Mandeb**, la séparent à peine de l'Europe au nord et de l'Asie au nord-est.

Quatre mers ou océans l'entourent : au nord, du détroit de Gibraltar à l'isthme de Suez, la **Méditerranée** ; au nord-est, de l'isthme de Suez au détroit de Bab-el-Mandeb, la **mer Rouge** ; à l'est **l'océan Indien**, à l'ouest **l'océan Atlantique**.

Les principaux accidents de la côte de la mer Méditerranée sont : le *cap Bon*, la *Petite Syrte* ou *golfe de Gabès*, et la *Grande Syrte*.

La mer Rouge forme à son extrémité nord-ouest le *golfe de Suez*. Dans l'océan Indien on rencontre, du nord au sud, le *golfe d'Aden*, le *cap Gardafui* prolongé par l'*île de Socotora*, l'*île de Zanzibar*, le cap *Delgado*, les baies *Delagoa* et d'*Alloa*, le *cap des Aiguilles*. Au large s'élèvent la grande île de *Madagascar*, les îles *Mascareignes* (*Maurice* et *Réunion*), les *Seychelles*, les *Comores* et plusieurs autres petits groupes d'îles.

Le littoral de l'Atlantique forme, du sud au nord, le *cap de Bonne-Espérance*, le grand *golfe de Guinée*, le *cap Vert*, le *cap Blanc*, le *cap Bojador*. Dans le golfe de Guinée s'allongent, comme les sommets d'une chaîne de montagnes, les *îles Fernando-Po, du Prince, San-Thomé* et *Annabom*. Beaucoup plus au large, les îles *Sainte-Hélène* et de l'*Ascension*, les *îles du Cap-Vert* en face du cap Vert, les *îles Canaries* et *Madère* au nord du cap Bojador. Les *Açores*, situées en plein océan au nord-ouest, appartiennent autant à l'Europe qu'à l'Afrique, dont elles sont à peu près également distantes.

Dans l'ensemble, le littoral africain est fort peu découpé et ne présente ni les longues presqu'îles de l'Europe, ni les mers secondaires et les archipels de l'Asie. C'est surtout pour cette raison que l'Afrique, est restée si longtemps mal connue.

Relief du sol. — L'Afrique n'a point, comme l'Asie ou l'Europe, un centre montagneux avec des chaînes plus ou moins divergentes. Bien au contraire, la plus grande partie de sa surface est formée de *plaines* ou de *plateaux*, et les plus hautes *montagnes* se trouvent *sur le pourtour du continent*.

Au nord, le système de l'**Atlas** suit le rivage de la Méditerranée, ayant derrière lui la grande dépression du **Sahara**.

A l'est, l'Afrique est parcourue dans toute sa longueur par une série continue de montagnes et de hauts plateaux : les monts d'*Egypte*, de *Nubie* et d'**Éthiopie**, le **Massif des Grands-Lacs**, les monts du *Transvaal* et du *Cap*.

A l'ouest, du cap de Bonne-Espérance au fond du golfe de Guinée, une autre rangée de montagnes, encore mal connues, longe le littoral de l'Atlantique.

Au nord, où les chaînes de montagnes sont plus écartées, les grandes plaines du *Soudan*, du *Sahara*, du *désert de*

Libye, se prolongent jusqu'à la mer. Au sud, où les montagnes se rapprochent vers la pointe de l'Afrique, l'espace qu'elles renferment s'élève graduellement, et forme un *vaste*

Relief de l'Afrique.

plateau sur près de la moitié de cette partie du monde. Ce plateau atteint une hauteur moyenne de 800 à 1000 mètres.

Les **montagnes de l'Atlas** semblent continuer les chaînes de l'Espagne, de l'Italie ou de la Sicile. Elles suivent la mer en longs chaînons parallèles, allongés du sud-ouest au nord-est; entre leurs deux principales rangées s'élève un haut plateau, sans écoulement vers la mer. Leur point le plus élevé, qui atteint probablement 4500 mètres, est situé à l'ouest de la chaîne, dans l'*Atlas marocain*. L'*Atlas algérien*, à l'est, beaucoup moins élevé, ne dépasse guère 2300 mètres.

Au pied de l'Atlas, non loin du golfe de Gabès, une dépression de terrain s'enfonce jusqu'au-dessous du niveau de la mer. Plus à l'est, dans le désert de Libye, une autre série de dépressions, renfermant un peu d'eau saline, descend jusqu'à 70 mètres au-dessous des océans.

La longue rangée montagneuse de l'est est, de beaucoup, la plus puissante de l'Afrique; elle dépasse 4600 mètres dans les **monts d'Éthiopie**, 5000 mètres aux **monts Rououenzori**, 5500 et 6000 au **Kénia** et au **Kilima-Ndjaro**. Ces grands monts, situés sous l'équateur, sont toujours couronnés de neige. Plus au sud, les montagnes s'abaissent, pour se relever à 3400 mètres dans la région du Cap. C'est dans les parties centrales de cette longue suite de chaînes que reposent, au milieu des montagnes, les grands lacs de l'Afrique centrale.

Le fond de l'océan Indien forme, au large des côtes, deux bombements parallèles à cette haute région; le premier porte l'île de Madagascar, les Comores et les Seychelles; le second apparaît aux îles Mascareignes.

Les points les plus élevés de la rangée occidentale sont : le **mont Cameroun**, 3960 mètres, et l'**île de Fernando-Po**, 3106 mètres.

Climat. — L'Afrique présente trois zones de climats disposées parallèlement à l'équateur.

Toute la partie équatoriale reçoit des pluies abondantes et chaudes. Dans certaines parties, et principalement sur les montagnes, la pluie est, pour ainsi dire, continuelle; la température, humide et chaude dans les plaines, se rafraîchit à mesure qu'on s'élève sur les plateaux. Dans toute cette région équatoriale, les plus grandes pluies coïncident avec le passage du soleil au zénith, et la saison pluvieuse se promène ainsi alternativement au nord et au sud de l'équateur, en suivant le mouvement du soleil.

Plus on avance vers le nord et vers le sud, plus la saison sèche devient longue, et plus la saison des pluies se raccourcit. A l'approche des deux tropiques, les pluies cessent complètement. Au ciel toujours chargé de nuages succède un ciel où l'on n'en voit jamais. Dès lors, le sol, privé de pluie, ne produit plus de végétation. Au nord s'étend le plus grand désert du monde, celui du **Sahara**[1], presque aussi étendu que l'Europe; au sud, un autre désert moins vaste, celui du **Kalahari**. Mais, même au milieu de ces déserts, partout où arrive l'eau douce, particulièrement au pied des montagnes, la végétation reparaît.

Tout au nord de l'Afrique, en Algérie, tout au sud, près du cap de Bonne-Espérance, ou encore dans quelques parties élevées, le climat se rapproche de celui de la zone tempérée. C'est par ces parties plus tempérées que les Européens ont pu le mieux aborder l'Afrique. Partout ailleurs, il leur était difficile de résister au climat, surtout dans la partie chaude et humide, où règne la fièvre. Aujourd'hui, mieux acclimatés, les Européens pénètrent dans toute l'Afrique, mais c'est sur les hauts plateaux et dans les régions de montagnes qu'ils ont le plus de chances d'avenir.

Hydrographie. — Tous les grands fleuves d'Afrique, à l'exception d'un seul, dépendent d'un centre commun, le **Massif des Grands-Lacs**. Tous, sans aucune exception, prennent naissance dans la *zone des pluies tropicales*.

Ces grands fleuves sont : le **Nil**, qui descend à la mer Méditerranée, le **Niger** et le **Congo**, qui descendent à l'océan

1. **Le Sahara.** — Ce n'est pas, comme on l'a cru longtemps, un ancien fond de mer desséché : le Sahara est presque partout situé à une altitude supérieure au niveau de la mer. Il n'est pas plat : son relief est, au contraire, très marqué : plateaux rocheux, montagnes, vallées aux berges abruptes entre lesquelles coulent, rarement il est vrai, les torrents. Enfin, s'il est sur beaucoup de points formé de sables qui proviennent de la désagrégation des roches par la chaleur et le vent, il est en grande partie couvert par des plateaux pierreux, hamadâ ou sérir, anciens socles, non encore désagrégés, de roches aujourd'hui pulvérisées.

Atlantique, le **Zambèze** qui se jette dans l'océan Indien. Tous ces fleuves, obligés de traverser des rangées de montagnes avant d'arriver à la mer, sont entrecoupés de cataractes et peu propres à la navigation. Les plus navigables sont

Fleuves et versants de l'Afrique.

le Niger et le Nil, qui traversent les pays les moins élevés.

Le **Nil** prend naissance dans un groupe de grands lacs : **Oukéréwé** ou *Victoria-Nyanza*, lac *Albert* ou *Mouta-Nzigé*, lac *Albert-Édouard*. Le plus grand, le lac Victoria, est une véritable mer intérieure; il est aussi long et aussi large que le tiers de la France.

Le Nil, sorti de la région des lacs, sous le nom de *Bahr-el-Abiad* ou *fleuve Blanc*, reçoit vers la moitié de son cours un affluent, le *Bahr-el-Azrek* ou *fleuve Bleu*, qui descend des montagnes d'Ethiopie; puis il entre dans la région sèche et ne reçoit plus d'affluent jusqu'à la Méditerranée, où il se jette en formant un large delta. Chaque année, à l'époque des grandes pluies équatoriales, les lacs se gonflent, l'eau du Nil devient plus abondante et finit par déborder. En même temps, le Nil Bleu lui apporte le limon arraché aux montagnes, et le fleuve, ainsi gonflé et chargé de boue, inonde et fertilise la longue vallée de l'Égypte.

La partie inférieure du cours du Nil est navigable, plus haut il forme des cataractes[1].

Le **Niger** prend sa source tout à l'ouest de l'Afrique, décrit une longue boucle au nord jusqu'aux confins du Sahara, puis se détourne vers le sud et va se jeter, par un grand delta, dans le golfe de Guinée. Le Niger et un de ses affluents, la *Bénoué*, sont navigables sur une assez grande partie de leur cours.

Le **Congo**, continuellement alimenté par les grandes pluies qui lui arrivent du nord et du sud de l'équateur, est un des fleuves les plus abondants de la terre et n'est surpassé que par le fleuve des Amazones. Il prend naissance dans un groupe de grands lacs voisins des sources du Nil. Le plus grand de ces

1. **Le Nil.** — La merveille du Nil, ce sont ses crues périodiques. Les Anciens, qui ne connaissaient point d'autre grand fleuve issu de la zone tropicale, s'émerveillaient de voir grossir chaque année un cours d'eau qui descendait à travers un pays où il ne pleut pour ainsi dire jamais. Le phénomène s'explique aujourd'hui par la quantité d'eau qui tombe, pendant près de huit mois consécutifs, sur les hauteurs du bassin supérieur et qui en arrache des masses terreuses pour les transformer en limon. Il n'est donc pas particulier au Nil : les autres fleuves de la zone équatoriale, le Niger, le Congo, le Zambèze, en Afrique, le Marañon en Amérique, présentent les mêmes phénomènes, mais à un moindre degré. Le Congo, plus favorisé que le Nil, roule presque toujours beaucoup d'eau, parce que, coulant de l'ouest à l'est sous l'équateur et grossi d'affluents qui viennent du nord et du sud, il voit toujours régner la saison des pluies sur un point de son immense bassin.

lacs, le **Tanganyika**, est long de près de 700 kilomètres, et large en moyenne de 60 kilomètres. Il est entouré de hautes montagnes. Deux autres lacs, le *Bemba* ou *Bangouéolo* et le *Moéro*, sont plutôt de grands marécages ou des plaines inondées par les pluies.

Le Congo, comme le Niger, décrit une immense courbe vers le nord avant de descendre vers l'océan. C'est à l'intérieur de cette courbe qu'il reçoit le plus grand nombre de ses affluents, dont certains, comme le **Kassaï**, sont presque aussi importants que lui. D'autres, comme l'**Oubanghi**, lui arrivent du nord. De la sorte, soit par une rive, soit par l'autre, le Congo ne cesse de recevoir l'écoulement des pluies équatoriales. Dans toute la partie moyenne de son cours il coule lentement dans une plaine élevée, où il s'élargit comme une mer intérieure semée d'îles et dont un bord n'aperçoit pas l'autre. En approchant de l'océan, à la rencontre des montagnes, il se rétrécit, et descend en cataractes. Son flot vaseux jaunit l'Atlantique jusqu'à plus de 100 kilomètres au large. Les navires de mer ne peuvent pénétrer dans le Congo que jusqu'à une très faible distance, mais tout son cours supérieur et celui de ses affluents sont navigables sur des milliers de kilomètres.

Le **Zambèze** est le quatrième grand fleuve africain. Il descend du plateau équatorial en formant, vers la moitié de son cours, la cataracte de **Mosioatounya** ou *Fumée tonnante*, que des voyageurs anglais ont appelée *Victoria*. A l'approche de la mer, le Zambèze reçoit, par son affluent le **Chiré**, les eaux du grand **lac Nyassa**, une des trois grandes mers intérieures de l'Afrique.

En dehors de ces quatre grands fleuves, l'Afrique possède tout autour de ses massifs de montagnes un grand nombre de fleuves secondaires. Le plus important de tous, le **Sénégal**, permet de pénétrer jusque dans le bassin supérieur du Niger, dont il est voisin. Un autre, l'**Ogooué**, ouvre également un chemin vers la plaine élevée du Congo.

Tout au sud de l'Afrique, le fleuve **Orange**, voisin du désert de Kalahari, reçoit l'eau des montagnes du Cap. Ces trois fleuves se jettent à l'océan Atlantique.

A l'océan Indien descendent : le *Limpopo*, la *Rovouma*, le *Roufidji* et le *Djouba*, tous peu ou point navigables.

Au centre même de l'Afrique, entre le Soudan humide et le Sahara sec, se creuse un bassin fermé, alimenté par le fleuve *Chari*; c'est le bassin du **lac Tchad**, que peu de voyageurs ont encore visité.

Productions. — L'Afrique est partout **chaude**, excepté sur les plus hautes montagnes. Mais la chaleur est *humide* au centre, et *sèche* dans les régions de déserts : de là une grande différence dans les productions.

La zone tropicale a d'immenses forêts, des arbres gigantesques comme le baobab, ses cultures sont celles qui demandent une humidité tiède. On tire de cette zone le *caoutchouc*, des *graines à huile*, des *gommes*, des *bois précieux*.

L'Afrique équatoriale est encore presque à l'état primitif; les Européens commencent à peine à la mettre en culture. On peut craindre que l'exploitation trop rapide des forêts n'appauvrisse rapidement cette région naturellement si riche, car elle ne tire sa fertilité que de l'humidité conservée dans le sol[1].

Dans les parties sèches et dans les déserts, la végétation

1. **La forêt équatoriale.** — Voici comment Stanley décrit la grande forêt équatoriale qui couvre le centre de l'Afrique : « Imaginez toute la France et toute l'Espagne revêtues d'arbres d'une hauteur variant entre 8 et 54 mètres; les cimes de ces fûts, dont le diamètre mesure de quelques pouces à 120 centimètres et plus, sont tellement rapprochées qu'elles s'enchevêtrent et empêchent de voir le ciel et le soleil. Lancez d'un arbre à l'autre des câbles épais de 5 à 40 centimètres; contournez-les, tordez-les en anses, en nœuds, en festons, en guirlandes, plaquez-les contre les troncs, ou enroulez-les tout autour et jusqu'aux sommets comme un serpent sans fin. Prodiguez-leur les feuilles et les fleurs, et que là-haut ils aident les ramures à cacher le soleil; des branches les plus élevées, qu'ils retombent par centaines à quelques pieds du sol.... Couvrez branches, rameaux, lianes, de mousses épaisses ressemblant à une verte fourrure. Une fois chaque arbre en place avec sa parure de lichens et de sarments il ne reste plus qu'à étendre sur le sol un tapis verdoyant de phryniums, d'amomes et de buissons nains. Voilà la grande forêt, la sylve antique et compacte. »

dépend de l'abondance de l'eau d'irrigation. Auprès de chaque cours d'eau, ou autour de chaque source, se créent des oasis de cultures. En certaines parties du Sahara français, on a fait jaillir des eaux souterraines par des puits artésiens

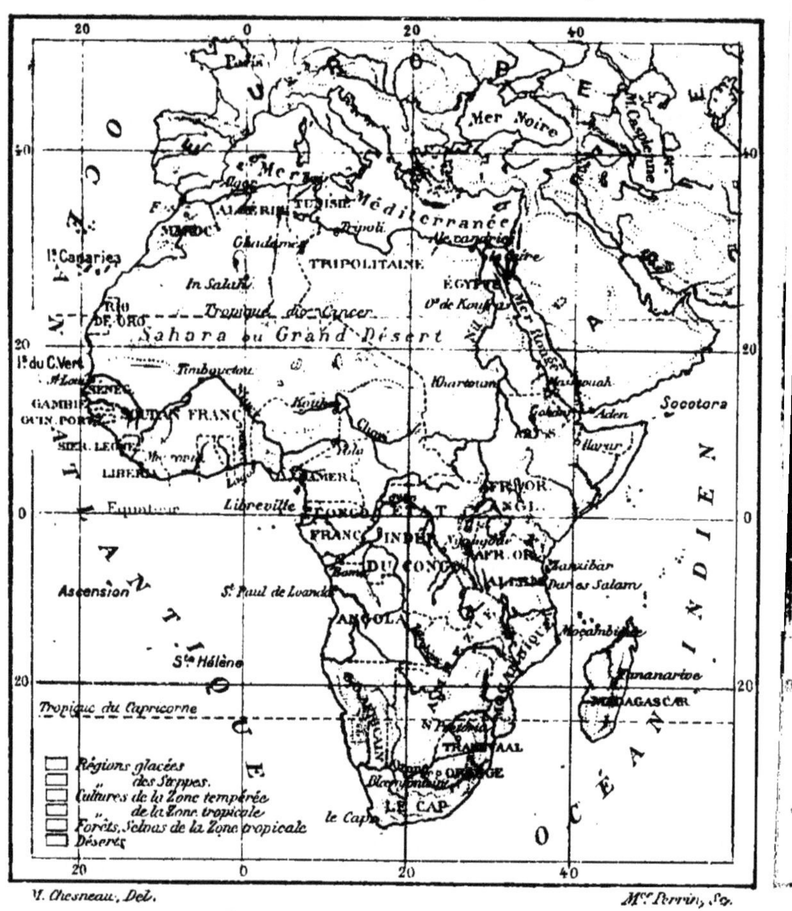

M. Chesneau, Del. Mme Perrin, Sc.

Zones de végétation de l'Afrique.

et fertilisé ainsi des terres arides. L'arbre le plus précieux du Sahara est le *dattier*.

Les plateaux du nord et du sud nourrissent des *troupeaux* nombreux ; les extrémités du continent, près du Cap et sur les côtes méditerranéennes, ont les *oliviers*, les *vignes*, les *céréales* du Midi de l'Europe ou de l'Asie occidentale.

L'Afrique renferme dans son sous-sol du *fer*, de l'*or*, de la *houille*, des *sources thermales* dans le nord, et, dans le sud, des *diamants*. Elle n'est, du reste, que très imparfaitement étudiée au point de vue des produits minéraux.

La faune africaine est nettement distincte de celle des autres parties du monde. Parmi les animaux sauvages, on trouve le *lion*, la *panthère*, les *antilopes* et les *gazelles*, dans les parties sèches du nord. Le *zèbre*, l'*autruche*, la *girafe* se trouvent plutôt vers le sud. L'*éléphant*, assez différent de celui d'Asie, habite la zone chaude et humide; les *hippopotames* et les *crocodiles* vivent dans les fleuves. L'animal domestique le plus précieux est le *dromadaire*, qui permet de voyager dans le Sahara.

RÉSUMÉ

L'Afrique, qui a trois fois l'étendue de l'Europe, est une péninsule massive entre la Méditerranée, la mer Rouge, l'océan Indien, l'océan Atlantique. Un mince isthme, aujourd'hui coupé, l'isthme de Suez, la rattache à l'Asie. Sur son pourtour, peu de golfes (Syrtes, golfe de Guinée) et peu d'îles (Madagascar, Zanzibar). La plupart des archipels africains sont situés loin de la côte.

I. **Relief du sol.** — L'Afrique est formée de plateaux et de plaines qu'entoure une ceinture de montagnes. Les principales de ces montagnes sont : l'Atlas, les monts d'Ethiopie, la chaîne du Kénia et du Kilima-Ndjaro (6 010 m.), les monts du Cap, le mont Cameroun. Les plaines ou plateaux du centre sont le Sahara, le Soudan, le pays du Congo.

II. **Climat.** — L'Afrique présente cinq zones de climats, disposées parallèlement à l'équateur : au centre, une région équatoriale, très humide et chaude d'une chaleur moite, constante, continue; à l'approche des deux tropiques, deux zones très sèches, alternativement brûlantes ou froides, du jour à la nuit suivante; tout au nord, tout au sud, deux zones tempérées, chaudes et médiocrement humides.

III. **Hydrographie.** — Le grand centre de dispersion est, à l'est, le Massif des Grands-Lacs. Les principaux fleuves sont : vers la Méditerranée, le Nil, issu des lacs Victoria, Albert, Albert-Edouard; — vers l'Atlantique, le Congo, qui emporte les eaux du Tanganyika et qui a comme affluents principaux le Kassaï et l'Oubanghi; le Niger, grossi de la Bénoué; — vers l'océan Indien, le Zambèze, qui reçoit, par le Chiré, les eaux du lac Nyassa.

A côté de ces fleuves principaux, on remarque le Sénégal, l'Ogooué, le fleuve Orange. Au centre du continent s'étend une mer fermée, le lac Tchad.

IV. **Productions.** — Les zones végétales de l'Afrique correspondent aux zones de climats : au centre, forêts immenses, arbres énormes; sous les tropiques, pays secs, déserts; tout au nord, tout au sud, oliviers, vignes, céréales

AFRIQUE POLITIQUE

§ 1. — GÉOGRAPHIE GÉNÉRALE

Les peuples africains. — On ne peut dire avec précision le nombre des habitants qui vivent en Afrique : trop de régions en sont encore ou inconnues ou peu explorées. Les uns l'évaluent à 150 millions, d'autres le portent à 200 millions. De toute façon, c'est un chiffre d'habitants peu considérable pour un continent si étendu. A l'exception de quelques régions du Soudan, de l'Afrique orientale, de la vallée et du delta du Nil, la population de l'Afrique est très peu dense. La traite des nègres contribue encore aujourd'hui, malgré les efforts des Européens, à dépeupler cette partie de l'Ancien Monde.

Cette population est très variée : elle comprend, à l'ouest et au centre, des hommes à peau noire ou *Nègres* ; au sud, des *Cafres* et des *Hottentots* ; au nord, des *Berbères* et des *Arabes*. Les *Européens* ont peuplé plusieurs points du littoral.

Nègres, Hottentots, Berbères et Arabes ne diffèrent pas seulement par la race : ils parlent des langues très diverses et ne pratiquent pas les mêmes religions. La religion musulmane domine dans l'Afrique du nord et à l'est, tandis que la plupart des populations de l'Afrique australe et centrale en sont encore au fétichisme le plus primitif. De nombreuses missions catholiques et protestantes travaillent chaque jour à leur enseigner des principes religieux moins grossiers.

Toutefois ces différents peuples se ressemblent par l'état rudimentaire de leur organisation politique et sociale. L'Afrique a peu d'États organisés. Presque partout errent des tribus barbares, souvent divisées par la guerre, et occupant des territoires sans limites précises. Beaucoup de peuples mènent la vie nomade. Les mieux organisés forment de associations placées sous la domination d'un despot cruel.

La découverte de l'Afrique. — Les Anciens n'ont conn avec précision que l'Afrique septentrionale en bordure su

Grandes explorations en Afrique.

la Méditerranée. Le moyen âge resta jusqu'aux XIVe et XVe siè cles sans en avoir une connaissance plus étendue : vers cett époque seulement, des navigateurs dieppois et portugai explorèrent les côtes orientales jusqu'au cap de Bonne-Espé rance et jusqu'à l'océan Indien, qui leur ouvrait la route de Indes. Le pourtour de l'Afrique se trouva dès lors révélé mais l'intérieur resta longtemps encore le continent inconnu

Les formes massives de l'Afrique, son climat malsain, l'étendue des déserts, le peu de navigabilité des fleuves rendaient difficiles la pénétration et la colonisation des régions africaines situées loin des côtes.

C'est au XIXe siècle que les peuples européens ont tourné sérieusement leur attention vers l'Afrique. Mungo-Park, Caillié, Rohlfs, Barth, Nachtigal, Oskar Lenz nous ont révélé le Sahara et le Soudan; Speke, Grant, Baker, Lejean se sont attachés à résoudre le problème des sources du Nil; Livingstone, Stanley, Cameron, ont exploré les pays du Congo et du Zambèze. Aujourd'hui l'Afrique presque tout entière nous est connue dans ses grandes lignes.

Le partage de l'Afrique par les Européens. — Les différents peuples européens ne se sont pas bornés à explorer l'Afrique. Pour exploiter les ressources qu'elle offre, ils se la sont partagée, au moins sur la carte.

Jusqu'ici leurs efforts se sont surtout portés sur les régions côtières, d'où ils s'étendent insensiblement dans l'intérieur. Les populations indigènes ne se sont maintenues en agglomérations indépendantes que dans la zone tropicale. Ailleurs les Européens en ont triomphé d'autant mieux que les peuples africains étaient à l'état sauvage et qu'aucune cohésion ne les unissait.

La *France* occupe le premier rang en Afrique : elle domine sur l'Algérie et la Tunisie, sur le Sénégal et quelques points de la côte du golfe de Guinée, ainsi que sur le haut Niger; sur le Congo français; sur Madagascar et quelques îles de l'océan Indien, entre autres la Réunion; sur le territoire d'Obok.

L'*Angleterre* possède la Gambie, le Sierra-Leone, le territoire du bas Niger, l'Afrique orientale anglaise, et une longue bande de territoires allant du cap de Bonne-Espérance au lac Tanganyika. Elle occupe l'Egypte, qu'elle voudrait annexer.

Le *Portugal* a l'Angola et le Moçambique.

L'*Allemagne* s'est établie dans le pays de Togo (côte de Guinée), dans le Cameroun, dans l'Ouest Africain allemand, et, sur le plateau des grands lacs, dans l'Afrique orientale allemande.

La *Belgique* a pris possession du Congo belge.

L'*Italie*, enfin, a fondé, le long de la mer Rouge, sa colonie Erythrée.

RÉSUMÉ

I. Les peuples africains. — De 130 à 200 millions d'habitants vivent en Afrique, population médiocre qui serait plus considérable sans la traite des nègres. Les principaux peuples africains sont des Nègres, des Cafres et des Hottentots, des Berbères et des Arabes : leur état social est rudimentaire. Les Européens ont peuplé plusieurs points du littoral.

II. La découverte de l'Afrique. — Elle s'est faite à trois moments principaux. L'antiquité n'a connu que la région méditerranéenne; les XIVe et XVe siècles ont reconnu le pourtour: le XIXe siècle s'est efforcé de reconnaître l'intérieur. Grâce à de nombreux explorateurs européens, nous connaissons aujourd'hui l'Afrique dans tous ses principaux traits

III. Le partage de l'Afrique par les Européens. — Les différents peuples européens se sont partagé presque toute l'Afrique : ils ont établi leur pouvoir d'abord sur les côtes; de là ils s'avancent dans l'intérieur. La France (Algérie et Tunisie, Sénégal et Soudan français, Congo français, Madagascar, Obok), l'Angleterre (Gambie, bas Niger, Afrique orientale anglaise, le Cap), le Portugal, l'Allemagne, la Belgique, l'Italie, sont, par ordre d'importance, les principaux des pays européens qui ont des colonies en Afrique.

§ 2. — L'AFRIQUE MÉDITERRANÉENNE

Les Anciens n'ont connu que l'Afrique méditerranéenne jusqu'à l'Éthiopie ou Abyssinie, et jusqu'au Sahara, où ils allaient chercher des lions pour les combats du cirque.

Cette Afrique méditerranéenne comprend six pays : l'Abyssinie, l'Égypte, la Tripolitaine, la Tunisie, l'Algérie et le Maroc.

L'Abyssinie. — L'Abyssinie est un grand plateau montagneux que dominent de gigantesques sommets autour du lac Tana, source du Nil Bleu.

On y distingue trois étages : la *Kolla*, région très chaude, avec des forêts, des plantations de cannes à sucre et de coton; la *voïna-déga*, ou zone moyenne, couverte de vignes et des arbres de la Méditerranée; la *déga*, région haute où s'étendent de vastes pâturages.

On y compte 4 500 000 habitants, plus nombreux dans la zone froide que dans la zone chaude. La plupart pratiquent le christianisme de rite copte, qui y fut introduit au IVe siècle. La capitale actuelle est *Addis-Abbaba.*

L'Abyssinie obéit aujourd'hui à un chef ou *négus*, Ménélik II : ce souverain, qui était d'abord roi du Choa, a réussi à étendre son autorité sur toute l'Abyssinie après sa victoire sur les Italiens, en 1896.

L'Italie possède sur la côte sa Colonie d'Erythrée, dont les postes principaux sont *Massaouah* et *Assab*. La France possède, à la sortie de la mer Rouge, le *Territoire d'Obok*, capitale Djibouti.

L'Égypte. — L'Égypte n'est autre chose que le prolongement du Sahara vers l'est, jusqu'à la mer Rouge. Elle se compose presque uniquement de déserts, de plateaux pierreux, secs et infertiles, par suite inhabités, tels que le *désert de Libye*, à l'ouest du Nil, et le *désert d'Arabie*, entre ce fleuve et la mer Rouge.

Une seule partie de l'Égypte est arrosée : c'est l'étroit couloir qui traverse le Nil. Les boues du fleuve et l'humidité qu'il répand dans ses hautes eaux ou qu'on en tire à l'aide de machines très primitives y entretiennent une végétation abondante et continue : le riz, le coton, la canne à sucre y prospèrent. C'est là que réside la presque totalité des habitants de l'Égypte. Ils sont au nombre de 9 734 000 (1897) : la région du Nil est une des plus peuplées du monde.

Cette population comprend quelques Arabes, des Turcs et des Européens, mais surtout des *Fellahs*, ou descendants des anciennes populations égyptiennes; ils habitent la vallée du Nil, disséminés en petits villages, en hameaux de quelques maisons à un étage, baties en limon du Nil et couvertes de roseaux.

L'Égypte n'a que cinq villes comptant plus de 30 000 habitants. La capitale est **le Caire** (576 000 hab.), bâtie près de la tête du delta ; viennent ensuite le grand port d'*Alexandrie* (319 000 hab.), *Damiette* et *Tantah*, dans le delta, *Siout*, dans la Haute-Égypte. Aux deux extrémités du canal qui unit la Méditerranée à la mer Rouge, se trouvent *Port-Saïd* et *Suez*.

Delta du Nil.

L'Égypte était déjà un pays florissant plusieurs milliers d'années avant notre ère ; elle fut le berceau d'une civilisation dont témoignent les *pyramides* de Gizéh, près du Caire, les *obélisques* de Karnak et de Louqsor, un nombre considérable de temples, de tombeaux et d'inscriptions hiéroglyphiques qu'ont déchiffrées les savants français Champollion et Mariette. Hérodote décrit le delta du Nil comme une des merveilles du monde. Ce fut un des greniers de l'empire romain

Les Arabes l'ayant conquise au VIIIe siècle, l'Égypte tomba

en décadence. A la fin du XVIIIe siècle, les Français tentèrent de s'en emparer, et une renaissance commença; l'Egypte s'affranchit presque complètement de la domination du sultan de Constantinople, fit des conquêtes qui l'étendirent un moment jusqu'à l'Équateur, introduisit des cultures nouvelles, se créa des voies ferrées. Le percement du *canal de Suez* (1859-1869) a contribué à accroître encore sa prospérité.

L'Angleterre cherche actuellement à profiter des embarras financiers de l'Egypte pour y établir son pouvoir[1].

La Tripolitaine. — Plateau rocheux, au nord, assez semblable d'aspect à l'Italie, à la Grèce et aux autres pays méditerranéens, la Tripolitaine est un désert si pauvre, au sud, que, suivant un proverbe arabe, « la puce même y abandonne le pèlerin ». Aussi, sur un espace grand deux fois comme la

1. **Le canal de Suez.** — L'isthme de Suez, qui rattache l'Asie à l'Afrique, n'est qu'une étroite langue de terre, large d'environ 120 kilomètres, entre la Méditerranée et la mer Rouge, et déprimée en son milieu, où s'étendent le lac Timsah et les deux lacs Amers. Mais, si étroit qu'il fût, cet isthme nécessitait un transbordement long et coûteux pour les marchandises qui, de tout temps, ont afflué vers l'Europe par la voie de la mer Rouge, ou inversement ont suivi cette route pour gagner l'Asie. Pour parer à cet inconvénient on songea de bonne heure à percer l'isthme. Dès l'antiquité, Néchao, fils de Psammétik, l'entreprit : l'œuvre fut achevée sous Ptolémée II. Le canal n'existait plus au temps de Cléopâtre; mais en 640 le conquérant arabe de l'Egypte, Amrou, le fit rouvrir et les navires y circulèrent jusqu'au jour où un autre khalife, Almanzor, le fit combler en partie. Toutefois ce canal primitif unissait non pas les deux mers, mais la mer Rouge et le Nil.

Les projets de percement furent repris en notre siècle; mais ils furent d'abord contrariés par une idée erronée : des nivellements mal faits avaient établi que le niveau de la mer Rouge était de 9 m. 90 supérieur au niveau de la Méditerranée. Quand on reconnut l'erreur, on étudia des projets de canaux. Celui de M. de Lesseps fut adopté en 1854. Les travaux commencèrent en 1859 et, malgré les menées anglaises, furent achevés en 1869. Le canal a 160 kilomètres de long entre Port-Saïd et Suez. Sa largeur varie entre 68 et 100 mètres à la surface; sa profondeur est de 8 mètres. Cette largeur est aujourd'hui insuffisante. Depuis le percement de l'isthme de Suez, 90 pour 100 du trafic avec l'Inde et l'Extrême Orient se font par cette voie, et les différents pays européens ont pu faire avec ces contrées asiatiques un commerce dont l'Angleterre avait jusque-là presque gardé le monopole.

France, nourrit-elle seulement 1 million d'habitants. Ce sont, pour la plupart, des Berbères, analogues à nos Kabyles algériens, et des Arabes nomades.

Presque tous les habitants de la Tripolitaine vivent sur la côte, où sont les principales villes. La capitale, *Tripoli*, compte 30 000 habitants : c'est le point de départ des caravanes qui vont, par Ghadamès ou le Fezzan, faire le commerce du Soudan. A citer encore le port de *Benghasi*, les oasis de *Mourzouk*, de *Ghadamès* et de *Ghat*.

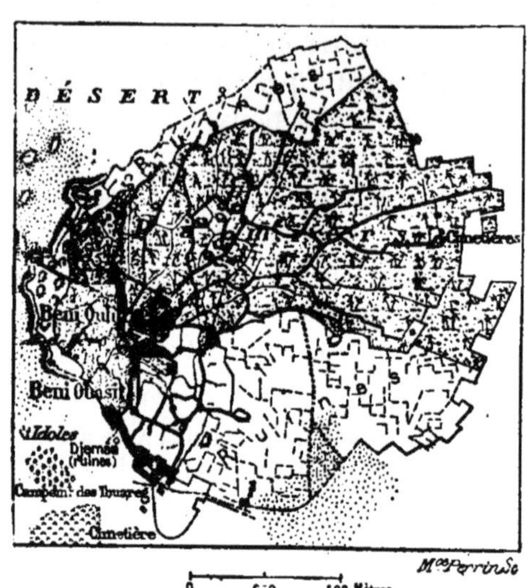

Une ville africaine : Ghadamès.

La Tunisie. — La Tunisie renferme 1 500 000 habitants. La majeure partie en est formée par les indigènes, *Arabes* et *Berbères*, professant indistinctement la religion musulmane et parlant arabe. On y trouve aussi un petit nombre d'Européens, principalement des Italiens, des Maltais et des Français.

La capitale est **Tunis** (170 000 hab.) : elle est bâtie sur un lac qui communique avec le golfe de Tunis par une passe étroite sur laquelle se trouve la *Goulette*. Autres villes : *Bizerte*, port d'avenir, *Sfax*, *Kairouan*, une des villes saintes des Arabes.

La Tunisie fut, au temps des Carthaginois et sous l'empire romain, un pays très prospère, un des greniers d'abondance où s'alimentait le monde ancien. Mais depuis longtemps elle n'était plus qu'un repaire de pirates, dépendant de Constantinople, quand la France fut amenée à y établir son protectorat, à la suite d'une courte guerre (1881-1883).

Le résultat de l'occupation française a été des plus heureux pour la Tunisie. L'ordre y a été rétabli, l'instruction développée, des routes et des chemins de fer construits, les ports améliorés. Une voie ferrée unit aujourd'hui Tunis à l'Algérie, et des paquebots circulent régulièrement entre cette ville et plusieurs ports européens, entre autres Marseille. Il est permis de croire que la Tunisie retrouvera d'ici peu la prospérité qu'elle avait au temps où les Romains y élevaient ces aqueducs, ces temples, ces cirques, dont on retrouve aujourd'hui les ruines.

Tunis et Carthage.

L'Algérie. — L'Algérie se compose de trois régions longitudinales fort différentes d'aspect et de richesse. Le *Tell*, situé le long de la Méditerranée, a des plaines fertiles où croissent les céréales et la vigne, tandis que sur les flancs des montagnes s'étagent de riches forêts. Les *Hauts Plateaux*, élevés de plusieurs centaines de mètres au-dessus du niveau de la mer, possèdent des pâturages que paissent de nombreux troupeaux. Le *Sahara*, immense étendue de pierres arides ou de sables desséchés, n'est fertile que dans quelques coins arrosés, ou *oasis*; là prospèrent des champs et des arbres fruitiers.

L'Algérie n'a d'habitants assez denses que dans le Tell. Aussi ne compte-t-elle, sur une étendue plus considérable que la France, que 4 429 000 habitants. Les quatre cinquièmes de ces habitants sont indigènes, soit *Berbères* (ou *Kabyles*), descendants de l'antique race indigène, soit *Arabes* : ces derniers, arrivés en Algérie à l'époque de la conquête musulmane, c'est-à-dire au VIIIe siècle, ont imposé aux Berbères leur religion et leur langue.

Un cinquième des habitants de l'Algérie est formé d'Européens. Parmi ces derniers, les Français sont les plus nombreux : on en compte 360000 environ [1].

Les principales villes d'Algérie s'élèvent sur la côte ou dans le Tell. Ce sont : **Alger** (92000 hab., 110000 avec ses faubourgs), qui est devenue la capitale du pays ; *Oran* (80000 hab.), port très actif à l'ouest, et *Constantine* (46000 hab.), à l'est, sur un rocher presque inaccessible, entouré de précipices. On peut citer encore les ports de *Bône* et de *Bougie*, et *Tlemcen*, un des principaux centres religieux musulmans de l'Algérie.

Parmi les oasis, on remarque celles de *Biskra*, d'*Ouargla*, de *Laghouat* et de *Touggourt*.

L'Algérie, autrefois florissante, était retournée à la barbarie depuis plusieurs siècles et vivait des rapines de ses corsaires, quand la France fut forcée d'intervenir, en 1830,

1. **Les Musulmans et les Européens.** — Les Musulmans ont deux manières de faire la guerre aux Européens : par les armes et par la propagande religieuse ; la seconde est la plus redoutable. Les surprises, les assassinats, les embuscades, les razzias ne sont rien, comparés à la guerre occulte, prêchée par des milliers d'émissaires qui vont partout, d'un bout à l'autre de l'Afrique et jusqu'en Asie, surexciter le fanatisme. Les tribus vaincues fuient et se cachent dans les profondeurs inaccessibles du désert ; les oasis les plus reculées leur servent d'asile, et ils y préparent à loisir et impunément contre les *roumis* (chrétiens) insurrections sur insurrections. Tous les explorateurs africains, tous les administrateurs vigilants de notre colonie algérienne ont signalé ce péril sans cesse menaçant. La force de l'ennemi réside surtout dans l'immense développement de terrain où s'étendent ces propagandes et ces intrigues : châtiée ou étouffée sur un point, l'insurrection renaît sur un autre ; les vaincus se résignent, mais ne désarment pas : les prophètes prêchent la vengeance, et les tribus attendent le signal que donneront les *maîtres de l'heure*. L'une des plus redoutables confréries qui travaillent ainsi contre les Européens est celle d *Es-Snoussi*. Ce sont des musulmans fanatiques qui, en 1881, massacrèrent la mission française du colonel Flatters.

pour venger une offense faite à son représentant. Alors commença la conquête de l'Algérie, qui fut longue et pénible. Les Kabyles acceptèrent assez bien notre domination; mais les Arabes, que fanatisait l'esprit religieux, se montrèrent bien plus rebelles[1].

Maîtres de l'Algérie, les Français l'ont assainie par des dessèchements de marais et fertilisée par la construction de puits et de barrages d'irrigation. Ils y ont construit 13 000 kilomètres de routes, et 3 500 kilomètres de chemins de fer. Une grande voie ferrée relie Oran, Alger et Constantine à Tunis, avec des amorces dans la direction du Sahara. Des lignes de navigation établissent des communications journalières entre l'Algérie et Marseille.

L'Algérie, ainsi améliorée, produit aujourd'hui plus de céréales et de vin qu'elle n'en consomme; elle nourrit 1 200 000 bœufs, 200 000 chevaux, 250 000 chameaux et 7 millions de moutons, dont le nombre pourrait être décuplé.

Le Maroc. — Le Maroc a deux zones de climat, qui forment un contraste complet. Le versant maritime, qui reçoit assez de pluies, possède des cultures fertiles et des forêts. Le versant saharien est un désert coupé de quelques oasis.

1. **Arabes et Kabyles.** — Il faut se garder de confondre entre elles les deux races indigènes qui peuplent l'Algérie. Les Arabes n'y sont venus que, comme nous, à la suite d'une conquête, lors de la grande poussée d'expansion qui suivit la mort de Mahomet. L'Arabe est réfractaire à notre civilisation : digne, grave, impassible, attaché obstinément à ses anciennes institutions patriarcales, il préfère aux soucis de la vie agricole l'indépendance de la vie errante, il vit surtout à l'état nomade et affectionne les steppes des Hauts Plateaux, qu'il parcourt en poussant ses troupeaux devant lui.

Les Berbères ou Kabyles descendent de l'antique race indigène : vaincus par les Arabes, ils ont accepté leur religion et parlent presque exclusivement leur langue; mais la vie qu'ils mènent est toute différente. Cantonnés dans les hauts massifs de la côte et du Tell, ils vivent de la culture et de certaines industries locales. Curieux, causeur, âpre au travail, apte au changement, ayant conservé malgré la conquête arabe son état social démocratique, le Berbère s'accommode assez volontiers de notre civilisation, de nos écoles, de nos routes, de nos chemins de fer, où il entrevoit pour lui des profits immédiats.

Le Maroc renferme 8 à 9 millions d'habitants : les *Berbères*, anciens habitants du pays, et les *Arabes*, implantés au Maroc par la conquête musulmane, composent presque toute cette population.

Le Maroc a trois capitales, qu'habite tour à tour le sultan : *Maroc*, *Méquinez* et *Fez* : cette dernière est la plus importante. *Mogador*, *Tanger*, *Tétouan* sont les ports principaux du Maroc, pays très peu développé que désolent des guerres continuelles de tribu à tribu et où le brigandage s'exerce, par endroits, tout à fait impunément.

Les Espagnols possèdent plusieurs postes sur la côte marocaine, entre autres la ville de *Ceuta*.

RÉSUMÉ

L'Afrique méditerranéenne comprend six pays :

I. **L'Abyssinie.** — Grand plateau montagneux, tropical dans les plaines, froid sur les hauteurs, l'Abyssinie a 4 millions et demi d'habitants ; ville principale Addis-Abbaba. Les Italiens ont près de là la colonie Érythrée (Massaouah) ; la France a le territoire d'Obok.

II. **L'Égypte.** — Déserte, sauf le long du Nil, l'Égypte renferme 10 millions d'habitants, très pressés dans la vallée du fleuve. Les Fellahs forment la population dominante. La capitale est le Caire (576 000 hab.) ; la principale ville est le port d'Alexandrie (319 000 hab.).

Très florissante dans l'antiquité, en décadence depuis plusieurs siècles, l'Égypte renaît de nos jours, surtout depuis le percement du canal de Suez. L'Angleterre cherche à s'y établir.

III. **La Tripolitaine.** — Pays pauvre, la Tripolitaine est presque déserte ; elle n'a que 1 million d'habitants, Berbères et Arabes. Capitale Tripoli.

IV. **La Tunisie.** — Elle compte 1 500 000 habitants, Berbères, Arabes, Européens. La capitale est Tunis, les villes principales Bizerte et Kairouan. Prospère au temps des Carthaginois et des Romains, puis ruinée par les Arabes, la Tunisie est en voie de renaissance, depuis qu'elle se trouve placée sous le protectorat français (1883).

V. **L'Algérie.** — De ses trois régions, Tell, Hauts Plateaux, Sahara, une seule est prospère, une seule a des habitants pressés, c'est le Tell. Là vivent la presque totalité des 4 429 000 habitants de l'Algérie (Berbères, Arabes, Français, Européens divers). Là s'élèvent les grandes villes, Alger, Oran, Constantine, Bône, etc. Le Sahara a quelques oasis.

L'Algérie renaît, comme la Tunisie, depuis que les Français l'ont occupée, et y ont introduit leur civilisation et leurs chemins de fer.

VI. **Le Maroc.** — Fertile sur le versant maritime, désert sur l'autre, le Maroc renferme de 8 à 9 millions d'habitants. Les villes principales sont Maroc et Fez, capitales, Tanger et Tétouan ports. Les Espagnols y possèdent Ceuta.

§ 3. — L'AFRIQUE INTÉRIEURE

L'Afrique intérieure comprend deux zones humides flanquées au nord et au sud de deux zones sèches : ce sont, du nord au sud, les quatre pays qu'on nomme le *Sahara*, le *Soudan*, le *pays du Congo* et l'*Afrique australe*.

Le Sahara. — Étendu de l'Atlantique à l'Égypte, si sec que des années s'y passent sans une goutte d'eau, le Sahara est un des pays les plus pauvres du monde entier. Strabon le comparait à une peau de panthère tachetée : le fond, c'est l'immense étendue de la pierre aride ou du sable desséché ; les taches, ce sont les oasis, arrosées et verdoyantes, où poussent les céréales sous des dômes de palmiers.

Le Sahara n'est pas inhabité, comme on l'a cru longtemps, mais sa population est des plus restreintes : on l'évalue à 500 000 habitants. Ce sont des nomades pour la plupart. Quelques-uns de ces habitants résident dans les oasis ; ils s'y livrent à la culture ou pratiquent certaines industries spéciales, telles que la confection des étoffes en poils de chèvre ou de chameau, la fabrication des étriers, brides, selles, etc.

La plus connue des populations sahariennes est la tribu des *Touareg*.

Le Sahara fut plus prospère autrefois quand il était plus arrosé. L'effort principal des Français, depuis qu'ils s'y étendent, est d'y ramener la fertilité par le creusement de puits artésiens ; ils ont ainsi changé l'aspect de certaines régions sahariennes, entre autres celui de l'Oued Righ. Il est question de construire à travers le désert un transsaharien qui irait de l'Algérie vers le lac Tchad ou vers le Niger.

Le Soudan. — Le Soudan, qui borne le Sahara, a sur lui l'avantage d'être arrosé; l'humidité, rare au nord, devient de plus en plus abondante à mesure qu'on s'avance au sud. Aussi voit-on succéder au désert d'abord des steppes, puis des taillis, des cultures, et enfin les arbres énormes et pressés de la forêt vierge, où vivent les grands fauves de l'équateur.

Le Soudan a de nombreux habitants, qui appartiennent à des races très diverses. Les uns sont des nègres, d'autres sont Arabes, mais presque tous professent la religion mahométane. Le plus grand nombre de ces habitants vit de la culture du sol.

A l'est se trouve le Soudan égyptien, qui appartint à l'Égypte jusqu'en 1881, époque où un derviche musulman, surnommé Mahdi, ou Prophète, provoqua une insurrection qui aboutit au retrait de la domination égyptienne. Les Anglais l'ont rétablie. Les principales villes sont *Khartoum*, au confluent des deux Nils, et *El-Obéid*, dans le Kordofan.

Au centre, vers le lac Tchad, on trouve plusieurs États gouvernés par des autocrates : le *Ouadaï*, capitale Abechr, ville principale Massenya, ancienne capitale du Baghirmi, conquis, en 1871, par les sultans du Ouadaï; le *Bornou* (5 millions d'hab.), dont la capitale Kouka, située près de la rive occidentale du Tchad, aurait de 50 à 60000 habitants; le *Sokoto*, capitale Sokoto, grande ville commerciale; l'*Adamaoua*, capitale Yola. Les Anglais, les Allemands et les Français se partagent les rives du Tchad.

A l'ouest, le Soudan n'est peuplé, sur le Niger, que par des tribus toujours en luttes, Maures, Toucouleurs, Peuls, Sérères, Mandingues, etc. C'est dans cette partie du Soudan que s'élève, non loin du Niger, la ville, jadis importante de *Timbouctou*, aujourd'hui médiocre marché.

Le Soudan est trop riche et trop divisé pour ne pas exciter les convoitises des peuples européens. L'Angleterre par le bas Niger, les Allemands par le Cameroun, les Français par le Sénégal, le haut Niger, le Congo, ont réussi à étendre leurs colonies jusqu'au Tchad. Chaque année, pour ainsi dire, de nouvelles explorations font faire de nouveaux pas à l'influence européenne.

Le pays du Congo. — Le bassin du Congo, bien arrosé, est aussi fertile que le Soudan. Aussi, malgré les ravages qu'y exerce la traite des nègres, le pays est-il fort peuplé : on porte à 40 millions le nombre de ses habitants.

Ces habitants sont divisés en tribus de noms différents, qui n'ont point les mêmes dialectes. Néanmoins ils appartiennent presque tous à une même race, la *race bantou*[1]. Parmi eux sont disséminées des populations naines[2] qui descendent d'une race antérieure à l'arrivée des Bantou.

Quelques États, plus ou moins régulièrement constitués, s'étendent sur le haut Congo et dans la partie orientale du bassin. Ailleurs les tribus vivent isolées, en luttes constantes les unes contre les autres.

1. **La race bantou.** — Les peuples de race bantou appartiennent à la race nègre; ils en ont la peau foncée, la chevelure laineuse, le nez épaté, les pommettes saillantes. Leur religion est d'ordinaire le fétichisme le plus grossier. Leur principale préoccupation est d'assurer leur subsistance. Ce sont des agriculteurs. Mais, les produits du sol ne leur suffisant pas, ils chassent, prennent tous les gibiers qui se rencontrent, sauterelles, papillons, larves, rats, chenilles, crapauds, qu'ils fument comme nous le jambon, et comme cela même ne peut assouvir leur faim, ils sont anthropophages. Leur civilisation est rudimentaire. Ils ignorent l'art de confectionner les vêtements, et, pour supporter les froids parfois excessifs des nuits, ils sont réduits à se frotter le corps d'enduits de nature diverse, bouse de vache, huile de palme, graisse animale ou humaine. Leurs maisons, qu'ils élèvent sur les hauteurs ou sur pilotis dans les marais, sont des huttes carrées, faites de bois et d'argile, d'une saleté répugnante. Ces nègres n'ont qu'un luxe, celui de la chevelure : ils passent des journées entières, disent les voyageurs, à rouler leurs boucles, à friser leurs touffes, à polir leurs bandeaux.... Et cependant ces sauvages ont une remarquable faculté d'assimilation. Tous les explorateurs affirment qu'il serait facile de les assouplir peu à peu et de les conquérir à une civilisation moins grossière.

2. **Les peuples nains de l'Afrique centrale.** — L'existence de ces petits hommes, mentionnés par Hérodote, semblait naguère encore une légende comme celle des hommes à une seule jambe ou celle des hommes dont les oreilles égalaient la longueur du corps. Les voyages

Pour combattre la traite des esclaves, qui se faisait sur une grande échelle par Zanzibar, les Européens formèrent, il y a quelques années (1876), l'Association Internationale Africaine. Elle a abouti à la constitution de l'*État indépendant du Congo*, dont le roi des Belges est le souverain à titre personnel. Les principales stations en sont *Boma*, sur le Congo, *Léopoldville*, sur le Stanley-Pool, et le port de *Banana*, à l'entrée du fleuve.

L'Afrique australe. — L'Afrique australe intérieure rappelle en partie la désolation du Sahara : le désert du Kalahari n'a que des rangées de dunes et des plantes clairsemées au milieu des sables.

Les hommes y sont rares. Divisés en nombreuses tribus, ils appartiennent, comme ceux de l'Afrique équatoriale, à la *race bantou* : les Zoulous sont le peuple le plus remarquable de cette race. A côté vivent les *Hottentots*, qui sont d'une autre race, peut-être d'origine asiatique, et les *Boers*, descendants d'anciens colons hollandais et de Français huguenots qui s'y réfugièrent après la révocation de l'édit de Nantes.

Les Européens, établis sur les côtes, comme nous allons le voir, cherchent à pénétrer aussi dans l'Afrique australe intérieure : les Anglais s'y sont étendus, depuis 1890, sur le pays des Béchouana et des Matébélé et sur le royaume de Barotsé, jusqu'au delà du Zambèze.

récents ont attesté la véracité des informations d'Hérodote. Il existe de nombreuses peuplades naines, disséminées sur plusieurs points de l'Afrique équatoriale. L'un de ces peuples est celui des *Akka*, que nous ont décrit Schweinfurth et Stanley. Ce sont de petits hommes de 1 m. 30 à 1 m. 40, ayant une grosse tête sur un petit cou. Leur principale occupation est la chasse; ils excellent à poser des pièges, à surprendre et à poursuivre le gibier; leur adresse est telle qu'ils n'hésitent pas à attaquer l'éléphant, lui plantant une flèche droit dans l'œil ou se glissant sous l'animal pour lui percer le ventre d'un coup de lance. Ce sont eux qui fournissent d'ivoire et de viande les populations au milieu desquelles ils vivent dispersés.

RÉSUMÉ

L'Afrique intérieure comprend : le Sahara, le Soudan, le bassin du Congo, l'Afrique australe.

I. **Le Sahara.** — Sec et aride, le Sahara n'a que 500 000 habitants, en partie nomades. Il est placé dans la zone d'influence de la France, qui projette d'y construire un Transsaharien.

II. **Le Soudan.** — Le Soudan, bien arrosé, est fertile et compte une population assez dense, bien qu'on ne puisse l'évaluer exactement : ses habitants, nègres ou arabes, professent presque tous le mahométisme. A l'est, on trouve le Soudan égyptien (Khartoum); au centre, le Ouadaï, le Bornou (Kouka), le Sokoto, l'Adamaoua; à l'ouest, des tribus très divisées, des races diverses. Les Européens font effort pour atteindre le Tchad et imposer leur influence à ces régions fertiles.

III. **Pays du Congo.** — Bien arrosés, ils ont de nombreux habitants, qui appartiennent à la race des nègres bantou. Quelques États barbares existent à l'est. Tout l'ouest forme l'État indépendant du Congo, propriété du roi des Belges.

IV. **L'Afrique australe.** — Elle est entrecoupée de déserts et compte peu d'habitants : nègres de race bantou, Hottentots, Boers. Les Anglais y ont réalisé en ces derniers temps de vastes annexions.

§ 4. — LES CÔTES DE L'ATLANTIQUE ET DE L'OCÉAN INDIEN

Toutes les côtes de l'Atlantique et de l'océan Indien, ainsi que les principales îles africaines de ces deux mers, sont aujourd'hui entre les mains de quelque peuple européen. Ces établissements littoraux leur servent surtout comme points de départ vers l'intérieur.

Cinq peuples principaux se partagent ces côtes et ces îles : les Français, les Anglais, les Allemands, les Portugais et les Espagnols.

Colonies françaises. — Les Français possèdent sur les côtes d'Afrique : le Sénégal, des établissements sur la côte de Guinée, et les possessions du Soudan français; le Congo français; Madagascar et quelques îles voisines.

1° L'ancienne colonie du **Sénégal**, fondée vers 1635, s'était bornée, jusqu'en 1854, à quelques établissements sur la côte. Depuis lors, par annexions et protectorats, elle s'est grandement étendue et embrasse, outre le *bassin du fleuve Sénégal*, une notable partie de celui du *Niger*, jusqu'aux rapides de Boussa, et de nombreux points sur la côte de Guinée, tels que *Grand-Bassam* et *Assinie* sur la côte d'Ivoire, *Agoué, Grand Popo, Porto-Novo* et le *Dahomey* sur la côte des Esclaves.

Cette colonie, qui ressemble au Sahara dans le nord, a dans le sud la flore du Soudan; elle produit les arachides, les graines oléagineuses, la gomme, la noix de kola, l'huile de palme.

Sa population, qu'il est difficile d'évaluer, se compose de nègres et de races mélangées.

La capitale du Sénégal est *Saint-Louis*, sur le Sénégal; le port principal est *Dakar*, sur une rade magnifique. Sur le Niger, nous possédons *Bamakou*.

Le Dahomey a pour capitale *Abomey*.

2° Le **Congo français** a pour origine l'établissement du *Gabon*, fondé en 1844, et étendu, par le bassin de l'Ogooué, jusqu'au fleuve Congo.

Ses richesses sont encore peu connues : les principaux objets de commerce sont l'ivoire, le caoutchouc, le bois de teinture. Le Congo français nous ouvre, en outre, par l'Oubanghi, un chemin vers le lac Tchad et le Soudan central.

On évalue très approximativement sa population à 5 millions d'habitants. Les principaux établissements sont *Libreville* sur la mer, *Franceville* sur l'Ogooué, *Brazzaville* sur le Congo.

3° **Madagascar** forme une colonie française depuis 1895 seulement, mais, depuis 1642, la France y a eu des établissements. C'est une île un peu plus grande que la France, couverte de montagnes, ayant, grâce à son climat tropical, des forêts et des cultures luxuriantes (riz, coton, café, épices).

Madagascar est faiblement peuplée; sa population est d'environ 5 millions d'habitants, *Sakalaves* et *Hovas*.

La capitale est *Tananarive* (175000 hab.); les principales villes sont *Tamatave* sur l'océan Indien et *Majunga*.

Près de Madagascar, la France possède l'archipel des *Comores*, et l'une des Mascareignes, la **Réunion**, chef-lieu *Saint-Denis*.

Colonies anglaises. — L'Angleterre a, comme la France, trois grands centres de colonisation en Afrique : le golfe de Guinée, le Cap, l'Afrique orientale anglaise.

1° Vers le golfe de Guinée, elle possède l'embouchure de la *Gambie* et le pays de *Sierra-Leone*, voisins de nos établissements du Sénégal; des comptoirs sur la côte de l'Or et du Bénin, entre autres le port de *Lagos*, et les embouchures avec le cours inférieur du *Niger*. Par le Niger et son affluent, la Bénoué, l'Angleterre espère étendre sa domination jusqu'au lac Tchad.

2° Au sud, l'Angleterre possède la **colonie du Cap,** qui a de bons pâturages dans l'intérieur, de bonnes terres à céréales et des vignobles sur la côte. La capitale est la *Ville du Cap* (50 000 hab.), sur l'excellente baie de la Table.

L'Angleterre a accru, par des empiétements successifs, sa colonie du Cap. Elle comprend maintenant le *Natal* avec le port de Durban; le *Zoulouland* et le *Griqualand*, où s'étendent les champs diamantifères de Kimberley. Naguère, enfin, elle a prolongé ses possessions par delà le Zambèze, jusqu'au plateau des grands lacs africains.

3° A l'est, l'Angleterre, par une convention avec l'Allemagne, s'est fait attribuer une grande colonie, sans limites précises vers l'Égypte et l'Abyssinie : c'est l'**Afrique orientale anglaise**. La capitale en est *Mombaz*.

L'île de *Zanzibar*, voisine de cette colonie, est placée sous le protectorat anglais.

4° A ces possessions principales il faut en joindre d'autres moindres : les îles de l'*Ascension* et de *Sainte-Hélène*, dans l'océan Atlantique, îles pauvres et très médiocrement peuplées; les îles *Maurice* et *Diego-Rodriguez*, les *Amirantes*, les *Seychelles* et *Socotora*, dans l'océan Indien.

Maurice, notre ancienne île de France, a des cultures prospères de cannes à sucre, de maïs, de café, de vanille. Elle compte 380 000 habitants. Les autres îles ou archipels ne méritent aucune mention.

Colonies allemandes. — Les Allemands possèdent, sur les côtes d'Afrique, le Cameroun, le Sud-Ouest Africain, et l'Afrique orientale allemande.

Le *Cameroun*, ainsi nommé d'un grand volcan qui domine la colonie, est une médiocre colonie par laquelle l'Allemagne cherche à atteindre le lac Tchad.

Le *Sud-Ouest Africain* est presque un désert; il ne renferme pas une ville, mais seulement quelques stations de missionnaires.

L'*Afrique orientale allemande* est plus importante. Elle s'étend, au sud de l'Afrique orientale anglaise, depuis la côte par le plateau des Grands-Lacs jusqu'aux lacs Victoria, Tanganyika et Nyassa. La capitale en est Dar-es-Salam.

Colonies portugaises. — Les Portugais possèdent en Afrique : les *Açores* (270 000 hab.); *Madère* (133 000 hab.), enrichie par la culture de la canne à sucre et des céréales; les *îles du Cap-Vert*, sèches et peu productives; la *Guinée portugaise*, au sud de la Gambie anglaise; l'*île du Prince* et *San-Thomé*, dans le golfe de Guinée.

Naguère le Portugal possédait, en outre, une large bande de territoires allant sans interruption de l'Atlantique à l'océan Indien. Presque tout le cours du Zambèze était ainsi placé dans sa dépendance. Les Anglais, contestant les droits du Portugal, ont coupé cette suite ininterrompue de pays en s'emparant du royaume de Barotsé (1890).

Les possessions portugaises forment donc aujourd'hui deux tronçons littoraux : à l'ouest se trouve l'*Angola*, avec la ville de Loanda; à l'est, c'est le *Moçambique* avec les ports de Moçambique et de Quélimane, ce dernier sur une des embouchures du Zambèze.

Colonies espagnoles. — Les Espagnols ont des colonies bien moins importantes. Ils possèdent les *îles Canaries*, qui comptent près de 300 000 habitants, les îles *Fernando-Po* et *Annobom*, dans le golfe de Guinée, le Rio de Oro, en face des îles Canaries, et le Rio Mouni.

États indépendants. — Les États indépendants sont :

La *République de Libéria*, à l'angle nord-ouest du golfe de Guinée, fondée en faveur des nègres affranchis;

La *République du Transvaal* (875 000 hab.), capitale Prétoria, Johannesburg (mines d'or très abondantes), et l'*État libre d'Orange* (210 000 hab.), capitale Bloemfontein. Ces deux derniers États sont des Républiques fondées par les Boers, colons hollandais et français du Cap, pour échapper à la domination anglaise; mais leur pays actuel, qui est l'un des plus riches en or qu'il y ait au monde, du moins dans le Transvaal, ne cesse depuis vingt ans d'exciter leur convoitise.

RÉSUMÉ

I. **Colonies françaises.** — Ces colonies sont : 1° le Sénégal, accru jusqu'au bassin du Niger et à la cote de Guinée ; villes principales : Saint-Louis dans le Sénégal, Bamakou sur le Niger, Abomey dans le Dahomey ; 2° le Congo français qui se prolonge vers le Tchad ; 3° Madagascar, capitale Tananarive, la Réunion, et les Comores.

II. **Colonies anglaises.** — Ce sont : 1° les comptoirs de Guinée et du bas Niger; 2° la colonie du Cap, considérablement agrandie vers l'intérieur, capitale le Cap; 3° l'Afrique orientale anglaise avec Zanzibar. 4° quelques iles de l'Atlantique et de l'océan Indien, dont la principale est l'île Maurice.

III. **Colonies allemandes.** — Ce sont : 1° le Cameroun ; 2° le Sud-Ouest Africain ; 3° l'Afrique orientale allemande, capitale Dar-es-Salam

IV. **Colonies portugaises.** — Ce sont : 1° les Açores, Madère, les îles du Cap-Vert, la Guinée portugaise, l'île du Prince et San-Thomé ; 2° l'Angola, capitale Loanda ; 3° le Moçambique.

V. **Colonies espagnoles.** — Ce sont : les îles Canaries, les îles Fernando-Po et Annobon, le Rio de Oro et le Rio Mouni.

VI. **États indépendants.** — On en compte trois : la république de Libéria, et les deux républiques des Boers, république du Transvaal et État libre d'Orange.

LIVRE IV

L'AMÉRIQUE

LE NOUVEAU CONTINENT

§ I. — APERÇU GÉNÉRAL

Découverte et peuplement. — L'Amérique était inconnue avant la fin du xve siècle. Des hommes l'habitaient déjà, mais ils n'en étaient point sortis. Quant aux peuples européens, ils avaient, à diverses reprises, abordé à ce continent nouveau, mais sans soupçonner qu'il fût distinct de l'Ancien Monde. C'est ainsi qu'aux xe et xie siècles, les Normands avaient fait des incursions dans l'Amérique du Nord.

L'Amérique fut découverte définitivement par Christophe Colomb en 1492 : il aborda aux Antilles en cherchant une route occidentale vers les Indes; il crut du reste avoir trouvé l'Asie orientale et non un monde nouveau. C'est quelques années plus tard qu'on connut la vérité.

Dès lors, les différents peuples européens y ont envoyé des colons, aventuriers attirés en Amérique par l'espoir d'y faire une rapide fortune. Presque toutes les nations de la vieille Europe y sont représentées par des colonies plus ou moins nombreuses. Ces nouveaux venus se sont en général distribués suivant l'ordre qu'ils occupaient en Europe. A l'extrême nord, les Scandinaves, Danois, Islandais, Norvégiens, ont colonisé les côtes du Grœnland; les Français et les Anglais se sont établis dans la zone tempérée, bassins du Saint-Laurent et du Mississippi ; plus au sud, les Espagnols et les Portugais se sont partagé le reste du continent. Les Allemands, derniers venus en Amérique, se sont répandus, comme les Français et les Anglais, dans la partie moyenne de l'Amérique du Nord.

De tous ces peuples, les Anglais, les Espagnols et les Portugais sont ceux dont l'influence est la plus visible en Amérique. Ils y ont fait prédominer leurs langues, leurs religions, leurs mœurs.

Habitants de l'Amérique. — L'Amérique est peuplée par 131 millions d'habitants environ : 95 millions vivent dans l'Amérique du Nord, 36 dans l'Amérique du Sud. Dans ces conditions, le Nouveau Monde est presque un désert.

Ces habitants sont de deux sortes : indigènes ou blancs.

Les **indigènes** sont les descendants des hommes qui peuplaient l'Amérique au moment de l'arrivée des Européens. Ils ont en propre ce teint foncé, ocreux ou rougeâtre, qui leur a valu le nom de « Peaux-Rouges ». Peu civilisés, sauf sur les hauts plateaux du Mexique et du Pérou, ils n'ont pu soutenir ni la lutte des hommes blancs, qui les ont trop souvent décimés par des massacres cruels, ni la contagion de nos maladies et de nos vices. On estime qu'ils ne sont plus guère que 10 millions. Au Canada, aux États-Unis, ils ont presque disparu ; ils ont mieux résisté au Mexique, dans l'Amérique centrale et dans le nord de l'Amérique du Sud, où ils forment une portion notable de la population.

Les **Blancs** ou métis sont au nombre de 110 millions : une émigration considérable les renforce sans cesse.

Au nord, les *Anglais* ont le premier rang ; les Français et les Allemands qui y sont venus, ou se sont fondus dans la population anglaise, ou ne forment que des noyaux peu considérables de population, sauf dans le Canada français. Là s'étend l'Amérique anglo-saxonne, où se parle l'anglais, où le protestantisme domine.

Au centre et au sud, les *Espagnols* et les *Portugais*, purs ou mélangés de sang indien, forment la totalité de la population blanche. On n'y parle que l'espagnol et, au Brésil, le portugais. Une seule religion est professée, le catholicisme.

A côté de ces indigènes et de ces blancs vivent aussi des *nègres* d'Afrique, amenés par la traite pour la culture du sol, et des *Chinois*. On trouve les premiers au sud-est des États-Unis, dans les Antilles et le Brésil, les seconds dans les États-Unis de l'ouest et sur les côtes du Pacifique, dans l'Amérique du Sud.

Principales divisions. — Ce sont les Européens qui ont colonisé l'Amérique. Mais la plupart des colonies qu'ils y avaient fondées se sont affranchies de leur métropole, tout en gardant leurs langues et leurs religions. A la fin du XVIIIe siècle, ce furent les colonies anglo-saxonnes des États-Unis qui proclamèrent d'abord leur indépendance. Les colonies espagnoles et portugaises ont suivi leur exemple dans la première moitié du XIXe siècle.

Aujourd'hui les pays soumis à des peuples européens sont très peu nombreux. Les Anglais possèdent le Canada, quelques Antilles et la Guyane anglaise; les Français ont quelques îles près du Saint-Laurent et aux Antilles, ainsi que la Guyane française; les Hollandais, la Guyane hollandaise.

Le reste est indépendant. D'anciennes colonies anglaises ont constitué la république des États-Unis. Les colonies espagnoles ont donné naissance au Mexique, aux républiques de l'Amérique centrale, à la Colombie, au Venezuela, à l'Équateur, au Pérou, à la Bolivie, au Chili, à la république Argentine, à l'Uruguay et au Paraguay. Les colonies portugaises ont formé la république des États-Unis du Brésil.

RÉSUMÉ

I. **Peuplement de l'Amérique.** — L'Amérique a été découverte définitivement par Christophe Colomb en 1492 : dès lors les Européens des diverses nations y ont afflué : les peuples du Nord vers les régions septentrionales de l'Amérique, les peuples du centre vers les régions tempérées, les peuples du Sud vers les régions chaudes. Les Anglais et les Espagnols sont ceux qui ont le plus fait pour la colonisation de l'Amérique, bien que les Français les y aient précédés sur bien des points.

II. — **Habitants de l'Amérique.** — L'Amérique a 131 millions d'habitants, c'est-à-dire fort peu en raison de son étendue. Sur ce nombre on ne compte plus que 10 millions d'indigènes, ou Peaux-Rouges : le reste a péri victime de la conquête. Les Blancs forment la majorité et constituent, au nord l'Amérique anglo-saxonne, au centre et au sud l'Amérique latine. On compte aussi des nègres et quelques Chinois.

III. **Les principaux États.** — Le Canada, les Antilles, les Guyanes sont les seules parties de l'Amérique soumises aujourd'hui à des Européens. Les autres pays se sont révoltés contre leurs métropoles respectives et se sont affranchis.

AMÉRIQUE PHYSIQUE ET POLITIQUE

§ 2. — GÉOGRAPHIE PHYSIQUE DE L'AMÉRIQUE DU NORD.

Le **continent américain** porte parfois le nom de **Nouveau Continent**, à cause de l'époque relativement récente où il a été découvert par les Européens.

Il s'étend *du nord au sud*, depuis le voisinage du pôle nord jusqu'à celui des terres antarctiques. Il est, du reste, divisé en deux parties bien distinctes, aussi nettement séparées l'une de l'autre que l'Asie et l'Europe le sont de l'Afrique.

L'**Amérique du Nord** s'étend depuis les terres polaires arctiques jusqu'à la zone tropicale.

L'**Amérique du Sud** va du voisinage de l'équateur usqu'à l'océan Antarctique.

Entre les deux s'allongent une suite d'isthmes, l'*Amérique centrale*, et une série d'îles, les *Antilles*.

Le continent américain est nettement borné au nord par l'**océan Glacial Arctique,** à l'ouest par l'**océan Pacifique,** à l'est par l'**océan Atlantique.** Il ne touche à l'**océan Glacial Antarctique** que par sa pointe méridionale. Entre les deux Amériques s'étend une sorte de Méditerranée, formée du golfe du Mexique et de la mer des Antilles.

Structure. — L'*Amérique du Nord* a la forme d'un triangle dont la pointe est dirigée vers le sud, et dont le côté nord se mêle aux glaces polaires. Dans cette partie septentrionale, un enchevêtrement confus de mers et de détroits s'étend entre l'océan Glacial et l'océan Atlantique.

Les plus importants de ces détroits sont : la *mer de Baffin* et le *détroit de Davis*, qui séparent le continent proprement dit de la longue terre glacée du *Grœnland*; le *détroit* et la **baie de Hudson**, qui pénètre fort loin dans l'intérieur des terres.

Sur l'**océan Atlantique**, le *détroit de Danemark* s'ouvre entre le *Grœnland* et l'*Islande*; le *cap Farewell* termine au sud le Grœnland. Plus au sud, se suivent la *presqu'île du Labrador*, entre la baie de Hudson et l'Océan, l'île de **Terre-Neuve**, entourée de grands bancs de sable que les flots rongent et où l'Océan n'a que peu de profondeur, la presqu'île de la *Nouvelle-Écosse*, la profonde *baie de Fundy*, les baies *Delaware* et *Chesapeake*, le cap *Hatteras*.

Tout au sud-est, la péninsule de la **Floride**, terminée par le *cap Sable* et les *récifs de la Floride*, sépare l'océan Atlantique du golfe du Mexique.

Vers l'ouest, l'**océan Pacifique** forme, en allant du sud au nord, le long *golfe* et la longue *presqu'île de Californie*, la *baie de San Francisco*, admirablement protégée, les îles *Vancouver* et de la *Reine Charlotte*, entourées de détroits et d'archipels; enfin la *presqu'île d'Alaska*, prolongée par la rangée des **îles Aléoutiennes**, qui vont rejoindre l'Asie. Entre ces îles et le détroit de Bering qui sépare l'Asie de l'Amérique, s'étend la mer presque fermée de *Bering*.

Sur le littoral de l'**océan Glacial du Nord** s'avance la *pointe Barrow* qui porte un observatoire météorologique. Plus à l'est, la mer, presque toujours glacée, entoure un grand nombre d'îles ou de vastes terres neigeuses et incomplètement connues, dont la plus grande est la **Terre de Baffin**. Les navires pourraient passer de l'océan Atlantique à l'océan Pacifique sans faire le long contour de l'Amérique ou de l'Asie, si ce *passage du Nord-Ouest* n'était rendu impraticable par les glaces qui recouvrent la mer.

Relief du sol. — Le **relief** de l'Amérique septentrionale correspond à sa forme extérieure. Une série d'énormes chaînes de montagnes suit le *rivage du Pacifique*. Un autre pli de terrain, beaucoup moins élevé, s'allonge à peu de distance de l'*Atlantique*.

Entre les deux, une vaste plaine, plus large au nord

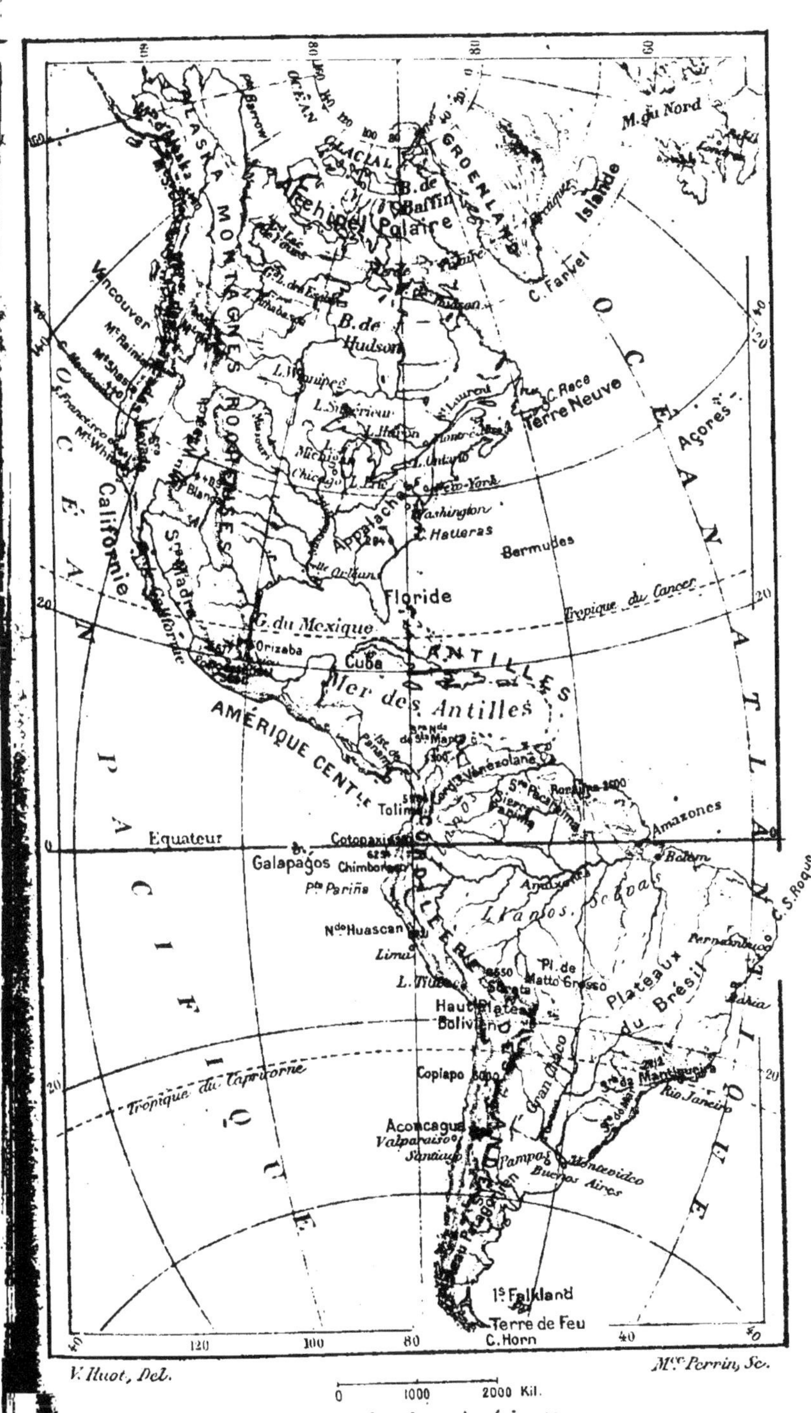

Relief des deux Amériques.

qu'au sud, s'étend *de l'océan Glacial* au *golfe du Mexique.*

Les montagnes de l'ouest forment, pour ainsi dire, la charpente du continent. Elles font partie d'une bande ininterrompue de montagnes qui parcourent dans toute leur longueur l'Amérique du Nord, l'Amérique centrale et l'Amérique du Sud.

Dans l'Amérique du Nord, les deux plus grands soulèvements sont : les **montagnes Rocheuses** et la **Sierra Nevada**.

Les *montagnes Rocheuses* sont les plus avancées vers l'intérieur des terres. Elles dépassent sur bien des points 4000 mètres, et portent, vers le nord, des neiges et des glaciers.

La *Sierra Nevada* (Crête neigeuse) se dresse plus près de l'océan Pacifique. Elle atteint 4540 mètres à son point culminant, le *mont Whitney*.

Plus au nord, plus au sud, des sommets isolés montent plus haut encore. Tout au nord, le mont **Saint-Élie** s'élève à 5000 mètres ; au sud, les volcans du Mexique, le **Popocatepetl**, le **volcan d'Orizaba** ou *Citlaltepetl*, atteignent 5400 mètres.

Entre les montagnes Rocheuses et la Sierra Nevada, et plus au sud entre les volcans mexicains, s'étend un **plateau** aride et sauvage, parsemé de déserts et de redressements montagneux. Dans l'épaisseur de ce plateau, les eaux descendues des montagnes ont ouvert des crevasses d'une profondeur extraordinaire. La plus remarquable est la gorge ou **canon du Colorado**.

Tout l'ouest de l'Amérique septentrionale est ainsi composé d'une double série de montagnes, renfermant une suite de plateaux.

Dans l'est, se présentent d'autres hauteurs. Ce sont les **Alleghanys**, ou plutôt les **Appalaches**, montagnes de hauteur médiocre qui s'allongent parallèlement à l'Atlantique. Leur point culminant, le *Black Dome*, n'a que 2044 mètres.

Entre ces deux rangées de hauteur, la partie centrale du continent forme une **plaine** très étendue, prolongée du nord au sud, et dont les différents versants ne sont séparés.

depuis l'océan Glacial jusqu'au golfe du Mexique, que par des pentes insensibles. Dans ses parties les plus creuses, cette plaine enferme une série d'immenses lacs[1].

Climat[2]. — A latitude égale, le climat de l'Amérique du Nord est *plus froid* et *plus rude* que celui de l'Europe. C'est seulement sur les côtes occidentales, où se portent les eaux tièdes venues des régions du Pacifique, que l'Amérique du Nord jouit d'un climat vraiment tempéré.

Comme le continent est surtout prolongé *du nord au sud*, il présente de grandes différences de température. Le nord touche aux glaces polaires, le sud est soumis au climat des tropiques. La côte orientale, sous les mêmes latitudes, est plus froide et a un climat moins égal que la côte occidentale. Cette différence provient de ce que les vents soufflent plutôt du continent vers l'Atlantique, tandis que sur le versant du Pacifique les vents viennent de la mer. En outre, la côte de l'Atlantique reçoit sur presque toute son étendue les courants froids venus du pôle. Aussi New-York, par exemple, a-t-il des hivers beaucoup plus rudes que les

1. **La caverne du Mammouth.** — Les Alleghanys ou Appalaches sont, comme toutes les montagnes calcaires, très perméables; les eaux, en s'y infiltrant, y ont creusé des grottes remarquables. La plus fameuse de ces excavations est la caverne du Mammouth, dans l'État américain du Kentucky : en 225 couloirs, elle mesure un développement total de 240 kilomètres. C'est une succession de salles, aux parois cristallisées, où dorment des lacs, où coulent des rivières de cascade en cascade, où vivent des animaux étranges, sans yeux, l'organe de la vue s'étant atrophié faute d'usage. La France possède des grottes du même genre, mais moins étendues, dans la région des Causses, le long du cours supérieur du Tarn.

2. **Climat des États-Unis du Sud.** — Malgré une latitude très basse (celle de l'Égypte et de l'Inde), les provinces méridionales des États-Unis sont sujettes à des froidures excessives. C'est qu'à travers les grandes plaines du continent américain, les vents du nord soufflent sans rencontrer d'obstacles, produisant ce qu'on appelle les *cold waves* (vagues froides). Leur vitesse égale celle d'un train rapide, et elles déterminent une chute soudaine de 15 à 20 degrés dans la température. Dès que le vent du nord souffle, les bœufs et les chevaux quittent les pâturages de la prairie et vont chercher un abri dans les forêts des bords des rivières.

villes du littoral européen situées bien plus au nord, comme Brest ou Liverpool.

La grande plaine est également *plus froide* que l'Europe sous les mêmes latitudes. C'est que rien n'y arrête les vents du pôle, qui descendent sans obstacle vers le foyer d'appel du golfe du Mexique et de la mer des Antilles.

En somme, le climat de l'Amérique du Nord est plus rude, plus continental que celui de l'Europe, excepté sur les côtes occidentales, où il se rapproche du nôtre.

Dans les montagnes Rocheuses et sur le plateau, les températures sont plus extrêmes et les variations plus grandes que dans les plaines. On retrouve là un climat analogue à celui de l'Asie continentale.

Hydrographie. — L'Amérique du Nord, environnée par trois océans, reçoit des pluies abondantes. La plus grande partie de ces pluies, tombées sur les montagnes Rocheuses et les Appalaches, se déverse dans la grande plaine centrale, d'où les cours d'eau divergent ensuite[1].

Quatre versants se partagent le continent ; ce sont ceux : 1° de l'*océan Pacifique*; 2° de l'*océan Glacial* ; 3° de l'*océan Atlantique*; 4° du *golfe du Mexique*.

Versant du Pacifique. — Les plus grands fleuves sont le **Columbia** ou *Orégon*, le **Rio Sacramento**, le **Rio Colorado.** Ces trois fleuves ont un caractère commun : leur cours supérieur traverse de hautes montagnes désertes et des plateaux où ils serpentent au fond de vallées étroites. Le rio Colorado présente une série de *cañons* (prononcez cagnons) ou de crevasses profondes, sans égale sur la terre. Le *Rio Sacramento* s'unit près de son embouchure au *Rio San Francisco* et forme avec lui la vaste baie de ce nom.

1. **Fleuves canadiens et portages.** — Larges, assez profondes, coulant de lac en lac, quelquefois coupées par des rapides ou des chutes, les rivières canadiennes, tributaires de l'océan Glacial et du Saint-Laurent, sont les meilleures voies pour traverser le pays. Elles sont d'autant plus utiles qu'elles se suivent et ne laissent entre elles que des portages courts et facilement surmontables. Arrivés aux confins de l'eau navigable, les trappeurs chargent leur canot sur leurs épaules et le portent à la prochaine voie fluviale ou lacustre.

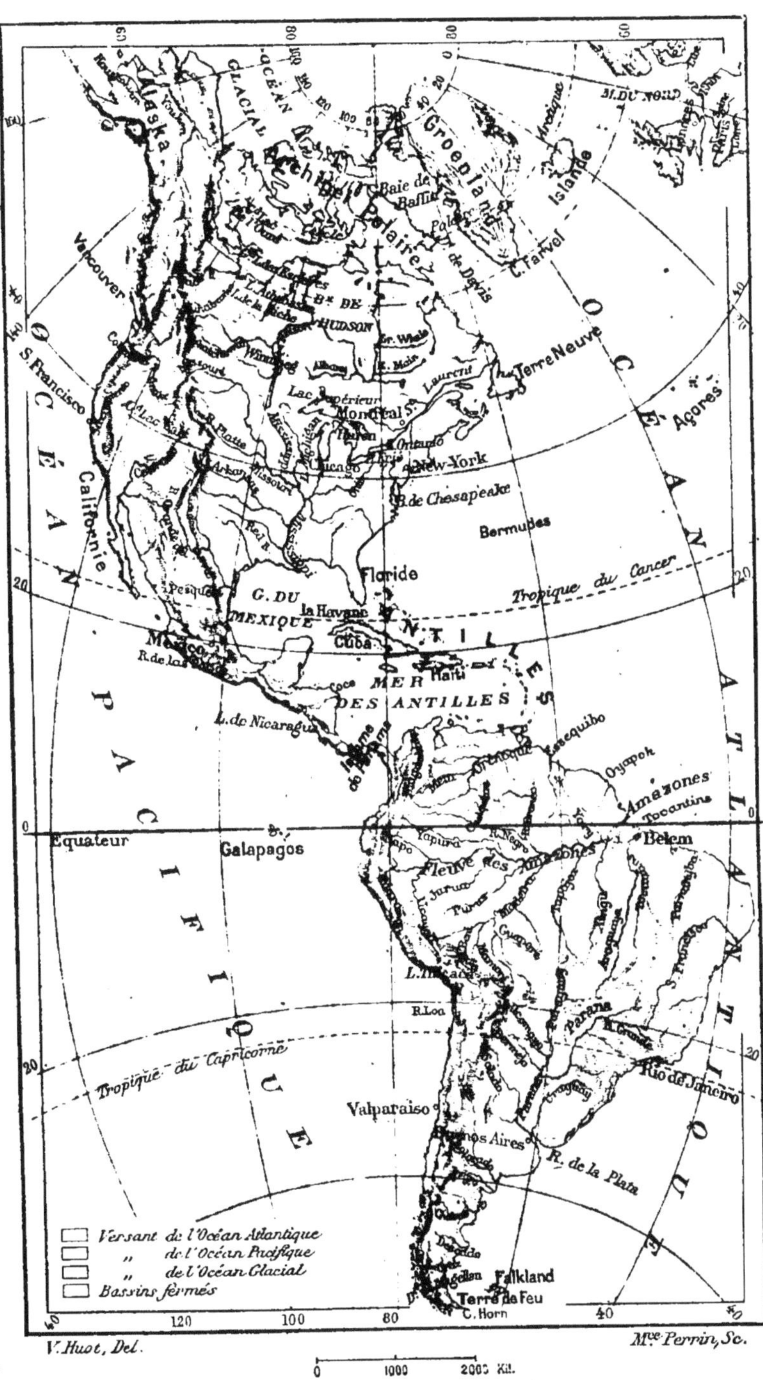

Fleuves et versants de l'Amérique.

Les trois autres versants communiquent entre eux par la vaste plaine centrale, où leurs grands fleuves prennent leur source sur des points peu éloignés les uns des autres.

Versant de l'océan Glacial. — Le principal cours d'eau est le **Mackensie.** C'est un immense et superbe fleuve, qui malheureusement ne traverse que des forêts et des solitudes. Il reçoit le trop-plein des *lacs des Esclaves* et *de l'Ours*.

Versant de l'océan Atlantique. — Un très grand fleuve descend de la plaine à l'Atlantique : c'est le **Saint-Laurent.** Il ne naît point d'une source, comme la plupart des autres fleuves, mais sort tout formé d'un groupe de cinq grands lacs, les lacs **Supérieur, Michigan, Huron, Erié** et **Ontario.** Entre ces deux derniers, le fleuve, qui dans cette partie de son cours se nomme *Niagara*, se précipite en une admirable cataracte[1].

Sorti du dernier lac, le lac Ontario, le Saint-Laurent descend vers le nord-est, semblable à un bras de mer parsemé d'îles. Les navires le remontent sur plus de 600 kilomètres. A son embouchure, il est fréquemment embarrassé par les brumes ou par les glaces.

Plusieurs autres fleuves moins considérables, le *Potomac*, l'*Hudson*, le *Delaware*, descendent également à l'Atlantique. Bien modestes auprès des grands fleuves américains, ils sont cependant égaux à la plupart de nos fleuves d'Europe.

Versant du golfe du Mexique. — Les deux plus grands fleuves sont le **Mississipi** et le **Rio Grande del Norte.**

Le *Mississipi* est un des plus grands fleuves du monde. Il coule du nord au sud, au milieu de la grande plaine. Il serait mieux nommé **Missouri,** du nom de son principal affluent, beaucoup plus long que lui. Le *Missouri* arrive obliquement des montagnes Rocheuses, à travers une contrée

1. **Le Niagara.** — C'est une des chutes les plus imposantes du monde. Le Saint-Laurent s'y abat en deux bras séparés par une île. L'un de ces bras a 600 mètres, l'autre 270 mètres de largeur, et tous deux forment une espèce de fer à cheval dont la paroi calcaire, lentement rongée, recule insensiblement vers le sud ainsi que la cascade. Des villes et des hôtels s'élèvent sur les deux rives du fleuve, qui, en cet endroit, sépare les États-Unis du Canada.

sauvage; il est moins navigable que le Mississipi. Les autres grands affluents sont l'*Arkansas* (rive droite) et l'*Ohio* (rive gauche). L'Ohio est un cours d'eau tranquille et navigable, qui traverse des contrées peuplées et riches. A son embouchure dans le golfe, le Mississipi, chargé de boues, d'herbes flottantes, d'arbres arrachés, dépose tous ces débris et en forme un long delta, qui ne cesse de s'agrandir.

Productions. — L'Amérique du Nord produit surtout, dans le nord, des *pelleteries*, des **bois**, du **bétail**, puis, en avançant vers le sud, des **céréales**, et, dans la partie la plus méridionale, le **coton**, la *canne à sucre*. Le sol y renferme du **pétrole**, de la **houille**, du **fer**, de l'**or**, de l'**argent**.

L'Amérique du Nord a presque tous les animaux de l'Europe. Ils y ont été importés et ont fait à peu près disparaître les animaux indigènes, comme le **bison**. Dans le nord seulement on trouve encore des animaux à fourrures et de rares *castors*. Les **morues** vivent autour des bancs de Terre-Neuve, les *baleines* dans les mers froides qui avoisinent l'océan Glacial.

RÉSUMÉ

Le continent américain, étendu du nord au sud, se compose de deux grandes parties que relient l'Amérique centrale et les Antilles.

I. **Structure** — L'Amérique du Nord est triangulaire; elle a pour limites le Pacifique, l'Atlantique et l'océan Glacial Arctique. Peu de golfes entament ses contours et peu d'îles les bordent, sauf au nord, où se trouvent la baie de Hudson, la presqu'île du Labrador, Terre-Neuve et la Terre de Baffin.

II. **Relief du sol.** — 1° Il comprend : à l'ouest, une série d'énormes chaînes, montagnes Rocheuses, Sierra Nevada, (4540 mèt.), volcans du Mexique (Popocatepetl, Orizaba, 5400 mèt.), enfermant de hauts plateaux déserts; 2° à l'est, des hauteurs bien moins considérables, les Alleghanys ou Appalaches (Black Dome, 2044 mèt.); 3° au centre, une plaine très étendue, et, par endroits, sans relief sensible.

III. **Climat.** — Climat plus rude et plus froid que celui de l'Europe, à latitude égale : la seule région qui jouisse d'un climat vraiment tempéré est la côte occidentale, baignée par les eaux tièdes du Pacifique.

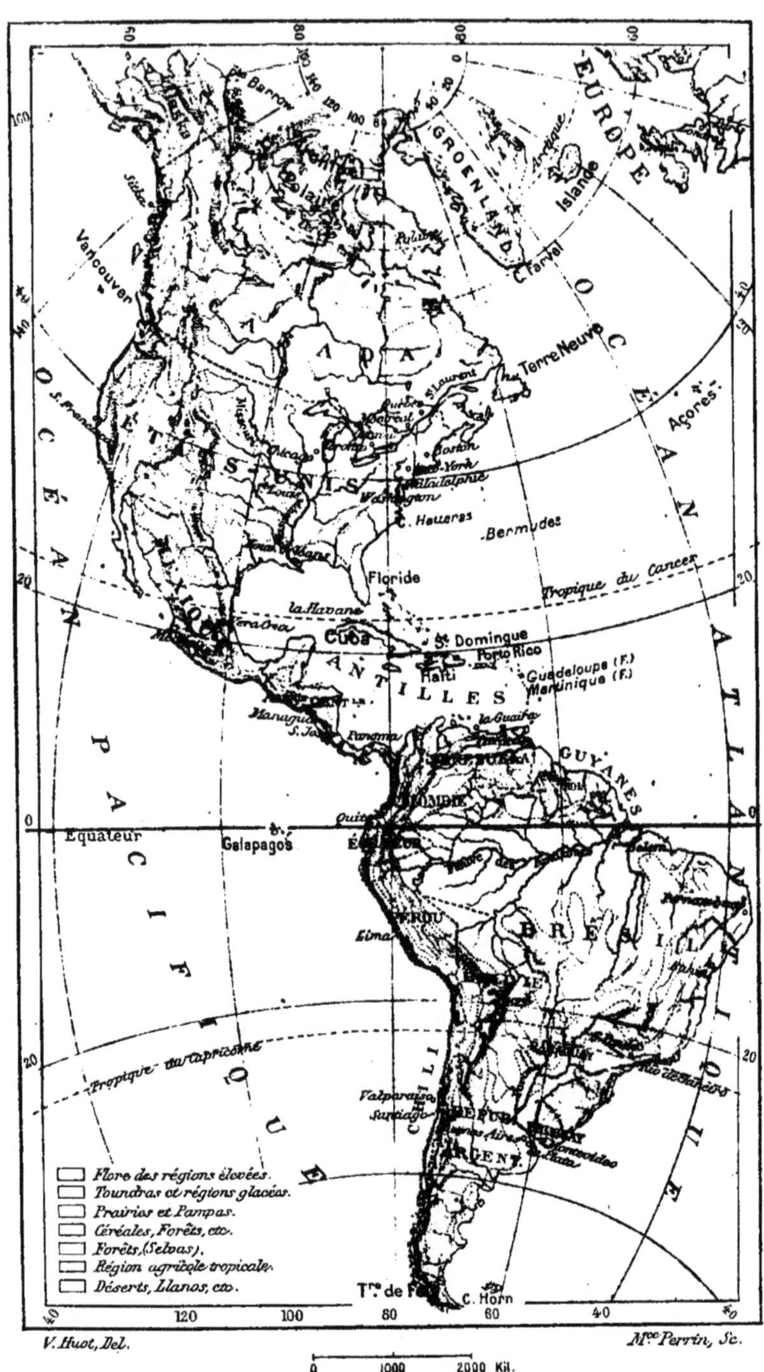

V. Huot, Del. — Mme Perrin, Sc.

Zones de végétation de l'Amérique.

IV. **Hydrographie.** — Les fleuves de l'Amérique du Nord appartiennent à quatre versants : 1° versant du Pacifique (Columbia, Rio Sacramento, Rio Colorado) ; 2° versant de l'océan Glacial (Mackenzie); 3° versant de l'océan Atlantique (Saint-Laurent, Potomac, Hudson, Delaware); 4° versant du golfe du Mexique (Mississipi et Rio Grande del Norte); le Mississipi, fleuve énorme, reçoit le Missouri, plus long que lui-même, et l'Ohio ; il se termine par un énorme delta.

V. **Productions.** — Couvert de forêts et de prairies, le sol de l'Amérique du Nord produit des céréales et porte des plantes tropicales (coton, canne à sucre). Il renferme d'abondants gisements miniers (pétrole, houille, etc.).

AMERIQUE DU NORD POLITIQUE

§ 3. — L'AMÉRIQUE DU NORD ANGLO-SAXONNE

Elle comprend un certain nombre de terres polaires, la Puissance du Canada et les États-Unis.

Terres polaires. — Parmi les terres polaires qui font partie de l'Amérique se trouvent le Grœnland et le territoire d'Alaska.

Le **Grœnland** a presque quatre fois l'étendue de la France. Mais cette « terre verte » mériterait plus justement le nom de « terre de glace ». Une immense couche de glace recouvre toute la surface du sol, sauf le long de la côte méridionale de l'ouest. Aussi très peu d'hommes vivent-ils dans cette désolation : on n'en compte pas plus de 10 000, Esquimaux et Danois.

Le Grœnland est placé, depuis 1723, sous la domination du Danemark. La capitale est le pauvre bourg de *Julianehaab*, sur la côte du sud-ouest.

L'**Alaska** est presque aussi étendu que le Grœnland. C'est un pays montagneux et glacé, mais qui doit aux eaux du Pacifique une tiédeur relative : il y pousse quelques forêts, où l'on trouve des animaux à fourrures et de l'or. 70 000 habitants y vivent.

Les Russes, installés dans l'Alaska au XVIIIe siècle, l'ont vendu récemment aux États-Unis. La capitale est *Sitka*; près de *Juneau* existent des mines.

La Puissance du Canada. — La Puissance du Canada, qui a les 9/10 de la superficie de l'Europe, relève du climat polaire sur la majeure partie de son étendue. Il faut descendre sur les rives du Saint-Laurent et des grands lacs pour y trouver une nature plus clémente et plus généreuse. Aussi d'immenses étendues restent-elles désertes. Seules les rives du Saint-Laurent, ou Canada proprement dit, sont assez peuplées.

Le Canada possède 4 830 000 habitants. Dans ce nombre, il n'y a que peu d'Indiens ; les Anglais y entrent pour 3 millions environ ; les Français, les premiers colonisateurs du Canada, qu'ils gardèrent jusqu'au milieu du XVIIIe siècle, sont plus d'un million et demi, professant la religion catholique et parlant toujours notre langue[1].

Le Canada n'a que quatre grandes villes, toutes avoisinant le Saint-Laurent. Ce sont *Montréal*, ville française, la grande cité commerçante du Canada ; sa population se monte, y compris ses faubourgs, à 240 000 habitants ; *Ottawa*, siège du parlement fédéral ; *Québec* (63 000 hab.), ville française, où réside le parlement du Bas-Canada ; *Toronto* (180 000 hab.), capitale du Haut-Canada.

1. **Les Canadiens français.** — Etablis au Canada dès 1535, avec le Breton Jacques Cartier, les Français ne commencèrent à s'implanter qu'en 1608 avec le Saintongeais Champlain. Il en vint environ 10 000 de 1608 à 1759, Percherons, Normands, Parisiens, Bretons, Poitevins surtout et Saintongeais. Peu soutenus par la mère patrie, ils avaient cependant crû jusqu'au nombre de 65 000 quand les Anglais mirent la main sur cette belle colonie. Ces premiers colons devaient, en dépit de la conquête, rester Français en ce pays qu'ils avaient nommé Nouvelle-France. Leur puissante vitalité a résisté à tous les efforts. Race rustique, préférant au commerce la culture, le défrichement, le bûcheronage, ils se sont raidis contre la langue anglaise, la religion et les mœurs d'Angleterre : ils sont restés catholiques et toujours français, applaudissant à nos succès, compatissant à nos malheurs, parlant notre langage, ne cessant de nous témoigner dans les occasions solennelles la plus chaude sympathie.

Non seulement ils sont restés français, mais ils se sont développés d'une manière incroyable. Presque resserrés il y a cinquante ou soixante ans entre Québec et Montréal, les Franco-Canadiens, peuple vivace, aux familles nombreuses, ont repris, sans recul désormais possible, tout le Bas-Canada, ils ont franchi l'Ottawa, conquis des comtés où jadis ne se parlait que l'anglais, envahi par des colonies agricoles les terres rudes et boisées du nord de l'Ontario, assis les fondements d'une autre jeune France dans les prairies orientales du Manitoba. Ainsi, « Jean-Baptiste », comme on appelle le Franco-Canadien, tient une belle place au soleil dans la grande puissance du nord de l'Amérique septentrionale.

La colonisation s'avance insensiblement vers le Pacifique; l'État du Manitoba commence à se peupler de fermiers; il s'en faut encore de beaucoup qu'on y trouve une population importante.

Découvert par un Français, Jacques Cartier (XVIe s.), et colonisé par Champlain, le Canada resta colonie française jusqu'au traité de 1763 qui le donna aux Anglais. De nos jours, le Canada accru s'est formé en confédération sous le nom de *Dominion* ou *Puissance du Canada*, tout en restant sous la suzeraineté de l'Angleterre.

Le Dominion a des chemins de fer, dont un transcontinental, le *Canadian-Pacific*, long de 4 932 kilomètres, entre Québec et Halifax. Ces voies ferrées lui permettent de se défricher peu à peu et d'exploiter ses ressources agricoles et minières, qui sont très grandes. Le commerce extérieur atteint déjà près d'un milliard.

Les États-Unis. — Les États-Unis d'Amérique, accrus au XIXe siècle de la Louisiane (1803), de la Floride (1821) et de toute la région occidentale des montagnes Rocheuses enlevée à l'Espagne (1846-1847), couvrent actuellement une superficie presque aussi considérable que l'Europe entière, plus de 9 millions de kilomètres carrés.

Toute l'étendue n'en est pas également riche. Les pays de l'Atlantique portent au nord des moissons abondantes et des prairies; au sud, des champs où prospèrent les cultures tropicales, tandis que des gisements de toute sorte, houille, pétrole, mercure, y ont favorisé la naissance d'industries puissantes. Le centre, déjà moins arrosé, se termine à l'ouest par des terres infertiles. L'ouest, humide et fertile dans les parties qui avoisinent la côte, est désolé dans toute la région élevée qu'enclosent les montagnes Rocheuses.

Les États-Unis étaient peuplés avant la découverte de l'Amérique, mais peu d'habitants y vivaient, et pour la plupart sauvages.

C'est au XVIIe siècle que les Européens s'y établirent : les *Anglais* dans la Virginie et le pays de Boston; les *Hollandais* à l'embouchure du Hudson, où ils fondèrent Nouvelle-Amsterdam (New-York); les *Espagnols* dans les Rocheuses et sur le Pacifique; les *Français* en Louisiane. Les colons anglais ont fini par dominer sur tous les autres Européens, mais ils se sont affranchis de la métropole, à la fin du XVIIIe siècle.

Les Européens de tous pays continuent cependant à s'y porter en grand nombre. Depuis 1820, plus de 14 millions d'immigrants sont venus renforcer la population des États-Unis.

Les États-Unis avaient en 1890 62 à 63 millions d'habitants, dont 250 000 Indiens[1], 7 500 000 Nègres et environ 100 000 Chinois. Les Indiens sont parqués dans des territoires nommés « Réserves indiennes », et ces territoires sont graduellement envahis par les blancs. Les Nègres se trouvent surtout dans les chaudes provinces du sud-est. Les Chinois sont cantonnés le long du Pacifique, où leur concurrence a provoqué de telles agressions qu'on a dû interdire l'immigration chinoise aux États-Unis. Cette population totale est médiocre en raison de l'étendue du pays.

1. **Les Indiens aux États-Unis.** — On ignore combien d'Indiens vivaient à la fin du XVIe siècle sur l'étendue du territoire actuel des États-Unis. On sait seulement qu'ils appartenaient à des tribus nombreuses. Les uns chassaient dans les prairies le bison, dont ils boucanaient la chair; ceux de Californie pêchaient le saumon; à l'est du Missouri, les Iroquois, les Séminoles, les Alibamons, cultivaient la terre, récoltaient le maïs. Tous ou presque tous étaient nomades et possédaient, pour se diriger, une foule de signes et de dessins qui leur indiquaient les routes. La colonisation européenne les refoula peu à peu dans les régions improductives des Rocheuses : en 1830, une loi les parqua dans quatre-vingt-dix réserves dont l'accès fut interdit aux blancs. Là, quelques tribus, se civilisant au contact des Européens, ont appris la culture et se livrent à l'élevage : l'une d'elles, celle des Chirokis, possède même un journal hebdomadaire imprimé dans sa langue. Mais, même dans ces réserves, les Indiens ne sont pas en complète sûreté : de temps en temps l'impatience des colons force le gouvernement fédéral à ouvrir à la colonisation l'un des territoires réservés. Ainsi pourchassés, assaillis par des ennemis de toute sorte, misère, faim, rage d'être dépouillés, désespoir, fusils des spoliateurs, eau-de-vie, petite vérole, les Indiens diminuent rapidement : de 332 000 qu'ils étaient en 1880, ils étaient tombés, dix ans après, à 250 000. Aussi parfois se vengent-ils contre les envahisseurs par des explosions soudaines; ils tombent sur les villages, les fermes, les convois, enlèvent les troupeaux, et s'enfuient avec les chevelures qu'ils ont scalpées.

Les Européens sont en majorité des Anglais; mais à côté d'eux se trouvent des Allemands, des Français (en Louisiane), des Italiens, etc. Presque tous ces peuples oublient vite aux États-Unis leur langue originelle pour parler la langue anglaise.

Toutes les religions sont représentées et admises aux États-Unis. Toutefois le protestantisme y domine. Il comprend une foule de sectes : l'une des plus étranges est la secte des *Mormons*.

Les États-Unis forment une République fédérative comprenant 46 États semi-indépendants, 1 district fédéral où est bâtie la capitale, Washington, et 4 territoires organisés. Chaque État a son organisation politique particulière et envoie, en outre, des députés à un congrès fédéral, chargé du pouvoir législatif. Le pouvoir exécutif est exercé par un président nommé pour 4 ans.

Les principales villes des États-Unis sont situées sur le littoral de l'Atlantique[1]. Ce sont *Boston* (450 000 hab.), grand port d'exportation pour le bétail et le blé; **New-York**

1. **Les villes aux États-Unis.** — En aucun autre pays du monde, les villes n'ont une existence plus mobile : une circonstance fortuite les fait jaillir du sol en un clin d'œil; une autre circonstance du même genre peut en amener le non moins rapide évanouissement.

Un pays vient de s'ouvrir à la culture; un gisement minier a été découvert. Aussitôt les spéculateurs se précipitent : au cordeau, on trace dans la prairie une large voie qu'on ne prend pas la peine de paver; un hôtel, une banque, des magasins, des boutiques, une église, des maisons d'habitation s'alignent le long d'un trottoir en planches; six semaines après, les premiers rails couvrent la prairie de leurs lignes rigides, les gares surgissent, de hauts réverbères s'allument sur la plaine : et ainsi, en quelques jours, sur la terre primitive dont on vient d'arracher l'herbe, se dresse une ville qu'on décore d'un nom pompeux, qu'on travaille à peupler à grand renfort de réclames, et qui, si elle prend, si elle réussit à *boomer*, sera peut-être demain une ville comparable en population, en industrie, en richesse, à telle de nos vieilles capitales européennes.

Parfois, en revanche, la cité improvisée, morte avant d'être née, saute en l'air, suivant l'expression américaine, c'est-à-dire se vide et disparaît l'année même de sa fondation. Elle s'était formée près d'un dépôt provisoire, à côté d'un chantier de chemin de fer, sur un sol aurifère ou

3 millions avec ses faubourgs, Brooklyn, Hoboken, etc., premier port de l'Union, admirablement placé pour communi-

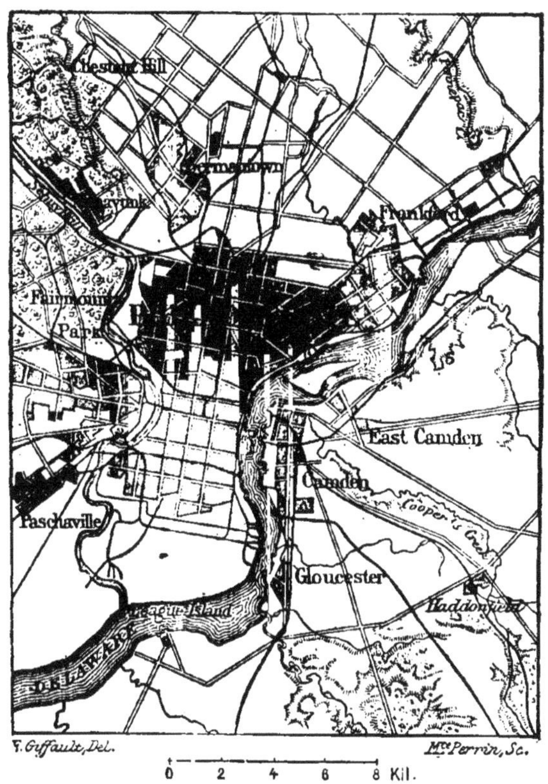

Une ville américaine : Philadelphie.

quer avec l'intérieur par la percée de l'Hudson; *Philadelphie* (1 050 000 hab.), ville manufacturière; le port de *Baltimore* (440 000 hab.); *Washington* (230 000 hab.), la capitale fédé-

supposé tel, sur un terrain vanté sans cause par un spéculateur. Soudain le chemin de fer a porté plus loin ses escouades, son dépôt, sa station terminale; la mine d'or ou d'argent s'est épuisée, si toutefois elle existait; d'autres terrains plus fertiles ont été signalés plus loin. Les maisons en planches ou *logs* sont démontés, emballés, transportés ailleurs, et la solitude recommence à régner sur la prairie, un instant troublée par le mouvement de cette ville mort-née.

rale, et *Nouvelle-Orléans* (242 000 hab.), qui sert de débouché aux cotons de la Louisiane.

D'autres villes importantes se sont également fondées dans le centre, où la colonisation s'avance peu à peu. Dans la région des lacs canadiens se trouve **Chicago**[1] (1 500 000 hab.) qui ne tardera probablement pas à dépasser New-York elle-même. Dans le bassin de l'Ohio on remarque *Pittsburg* et *Cincinnati*, l'une ville de forges, l'autre ville de saleries. La grande ville du Mississipi est *Saint-Louis* (450 000 hab.), bâtie en aval du confluent du Missouri.

Le versant du Pacifique, où la colonisation ne fait que commencer, compte une seule grande ville, *San Francisco* (300 000 hab.), située sur une admirable baie du Pacifique.

Les États-Unis se sont développés en notre siècle d'une prodigieuse manière. Ils ont mis tous leurs soins à perfectionner l'outillage indispensable au progrès économique.

Ils ont peu de routes, mais ils y suppléent par un admirable réseau de voies fluviales, 8 000 kilomètres de canaux et surtout une extrême abondance de chemins de fer. Les États-Unis comptaient, en 1891, plus de chemins de fer que tous les États de l'Europe réunis, soit 295 000 kilomètres. Quatre grandes lignes transcontinentales vont de l'Atlantique au Pacifique : celle qui réunit New-York à San Francisco, ou *Central Pacific*, a 5 412 kilomètres de développement.

Les communications avec l'Europe, l'Amérique du Sud, la Chine et le Japon sont assurées par une flotte considérable.

Aussi les États-Unis sont-ils devenus une des puissances

1. **Chicago.** — Chicago est le plus bel exemple d'une ville qui a *boomé*. En 1830, c'était un simple fort, perdu dans les prairies. Mais elle était située à l'entrée des grands États producteurs de maïs, c'est-à-dire des pays d'élevage et d'engraissement. Bâtie sur le lac Michigan, qui par le Saint-Laurent communique avec l'Atlantique, elle avait en outre l'avantage d'être voisine du Mississipi, la grande artère fluviale des États-Unis. Aussi est-elle devenue successivement un des greniers du monde et la ville de la viande. Cette ville-champignon a grandi à vue d'œil : elle comptait 30 000 habitants en 1850, 503 000 en 1880, 1 100 000 en 1890 ; 1 100 000 en 1891 ; elle en a environ 1 500 000 aujourd'hui. Cinquante et une ligne ferrées la desservent.

les plus colossales du monde. Longtemps tributaires de l'Europe, ils apprennent de plus en plus à se passer d'elle, en produisant et en fabriquant tout ce dont ils ont besoin. Ils n'ont du reste que dédain pour la vieille Europe, qu'ils appellent un monde usé et qu'ils cherchent à supplanter sur certains marchés, en particulier dans l'Amérique du Sud.

On peut reprocher à ce développement des États-Unis d'avoir un idéal trop exclusivement utilitaire.

RÉSUMÉ

L'Amérique anglo-saxonne comprend quelques terres polaires, le Canada, les États-Unis.

I. **Terres polaires.** — Les terres polaires sont le Grœnland et l'Alaska. 1° Le Grœnland, grand quatre fois comme la France, mais couvert de glaces, n'a que 10 000 habitants; il appartient au Danemark; 2° l'Alaska, moins étendu mais moins froid, compte 70 000 habitants; il appartient aux États-Unis, qui l'ont acheté à la Russie.

II. **La Puissance du Canada.** — Grande comme les 9/10 de l'Europe, mais glacée dans sa partie nord et tempérée seulement vers le Saint-Laurent et les lacs, la Puissance du Canada renferme 4 850 000 habitants (peu d'Indiens, 3 millions d'Anglais, 1 million et demi de Franco-Canadiens, 2 millions en comptant ceux qui sont établis aux Etats-Unis). Les principales villes sont Montréal (240 000 hab.), Toronto, Québec et Ottawa, toutes situées non loin du Saint-Laurent.

Le Canada appartient aux Anglais, qui l'ont conquis sur la France en 1763. On y a construit un grand transcontinental, le *Canadian Pacific.*

III. **Les États-Unis.** — Ils couvrent plus de 9 millions de kilomètres carrés, un peu plus que la Puissance du Canada. Les différentes régions sont inégalement fertiles : certaines parties peu arrosées du centre et les plateaux montagneux de l'ouest ne valent pas la côte de l'Atlantique.

Habités primitivement par les Peaux-Rouges, ils ont été colonisés par les Européens depuis le XVIIe siècle; les Anglais chassèrent les colons des autres nations; mais eux-mêmes s'affranchirent de l'Angleterre (1783). Il y vient encore de nombreux immigrants. La population totale, qui est relativement médiocre, monte à 62 millions d'habitants, pour la plupart Européens plus ou moins anglicisés (recensement de 1890).

Les États-Unis forment une république fédérale de quarante-six États. Les principales villes sont : à l'est, Boston, New-York (3 000 000 hab.), Philadelphie, Baltimore, Washington, Nouvelle-Orléans ; au centre, Chicago (1 500 000 hab.), Pittsburg, Cincinnati, Saint-Louis ; à l'ouest, San Francisco.

Les États-Unis se développent merveilleusement : ils ont d'innombrables voies ferrées, de gros paquebots, une agriculture et une industrie très florissantes. Ils aspirent à se passer de l'Europe et même à la supplanter sur les grands marchés du monde.

§ 4. — L'AMÉRIQUE CENTRALE

L'Amérique centrale, colonisée par des peuples latins, comprend le Mexique, l'Amérique centrale proprement dite, et les Antilles.

Le Mexique. — Le Mexique, amputé de ses provinces septentrionales par les États-Unis en 1848, occupe encore une superficie de près de 2 millions de kilomètres carrés.

C'est un haut plateau, enserré par deux soulèvements montagneux gigantesques. L'intérieur, qui reçoit peu de pluies, est souvent désert, sauf au sud; les pentes occidentales et orientales présentent une succession de terres froides, tempérées et chaudes, où s'échelonnent les productions les plus variées. Les montagnes renferment en outre d'abondants gisements miniers, entre autres des dépôts d'argent.

Le Mexique compte 12 millions d'habitants : la région haute et fertile du plateau méridional est la plus populeuse. Les Indiens forment à peu près 2/5 de la population totale; les blancs et les créoles à peine 1/5. Les métis et les nègres en composent la majorité.

La capitale est **Mexico** (339 000 hab.) : elle est bâtie au sud du plateau central, à près de 2 300 mètres d'altitude. On peut citer encore la ville industrielle de *Puebla* (110 000 hab.), sur le plateau, et le port de la *Vera Cruz*, au climat chaud et malsain, où abordent les paquebots européens et américains.

Le Mexique, conquis en 1519 par les Espagnols, qui y firent dominer leur religion, leur langue et leurs mœurs, s'est affranchi de leur domination dans le premier quart du

XIXe siècle. Longtemps déchiré par des guerres intestines, il forme aujourd'hui une République fédérative composée de 27 États. La langue est l'espagnol, la religion le catholicisme.

Le Mexique a 11 400 kilomètres de chemins de fer. Deux grandes voies le relient aux États-Unis.

L'Amérique centrale. — On appelle proprement Amérique centrale la suite des cinq isthmes qui relient l'Amérique du Nord à l'Amérique du Sud. Cette région, qui nulle part n'est large, est partout montagneuse, et sur les pentes s'étagent, comme au Mexique, des productions diverses.

3 200 000 habitants y vivent, en majorité Indiens ou métis; les blancs purs sont très peu nombreux. On y parle l'espagnol, et la religion catholique y domine.

Ces populations, unies autrefois sous la domination espagnole, se sont formées, après leur affranchissement, en cinq États autonomes, souvent divisés par des rivalités et des guerres. Ils ont tenté, à plusieurs reprises, de se réunir en une fédération, mais jusqu'à présent ces tentatives d'unité n'ont jamais eu longue durée.

Le **Guatemala**, qui compte 1 364 000 habitants, a pour capitale *Guatemala* la Nouvelle (66 000 hab.), bâtie non loin de la Vieille-Guatemala, que plusieurs tremblements de terre avaient détruite. Le Guatemala, qui possède de riches plantations de café, est en voie de progrès.

Le **Salvador**, la plus petite des républiques de l'Amérique centrale, est relativement la plus peuplée : elle a 803 000 habitants. La capitale *San Salvador* (28 000 hab.) a été renversée à plusieurs reprises par des tremblements de terre. C'est le café qui fait la richesse du pays.

Le **Honduras**, qui est grand comme le Guatemala, n'a que 382 000 habitants. Les ressources n'y manquent pas, mais la population est dépourvue d'activité et la situation financière est déplorable. La capitale est *Tegucigalpa*. — Sous le nom de *Honduras Britannique*, les Anglais possèdent, sur la côte orientale du Yucatan, une pauvre colonie qui, sur une superficie de 21 000 kilomètres carrés, renferme 28 000 habitants : la capitale en est *Belize*.

Le **Nicaragua**, le plus étendu des cinq États de l'Amérique centrale, n'a que fort peu d'habitants, 321 000 environ; mais il se développe avec régularité. La capitale est *Managua* (18 000 hab.), la principale ville *Léon* (31 000 hab.) : la culture du cacao en constitue la principale ressource.

La **Costa Rica** compte 243 000 habitants. Sa capitale est *San José* (19 000 hab.).

On devait naturellement chercher à établir des relations commodes entre les deux océans qui, dans ces parages, sont si rapprochés. On a construit d'abord une voie ferrée qui, depuis 1855, relie Colon, sur l'Atlantique, à Panama, sur le Pacifique.

Pour éviter des transbordements, on parle de percer l'un des isthmes par un canal interocéanique. Des travaux ont été entrepris sur deux points : d'une part, pour percer l'isthme de Panama, de l'autre, pour réunir les deux océans par le lac et l'isthme de Nicaragua.

Le percement d'un de ces deux isthmes aurait sans doute pour le développement de l'Amérique centrale les plus heureuses conséquences.

Les Antilles. — On nomme Antilles les rangées d'îles qui séparent la Méditerranée américaine de l'océan Atlantique et qui la partagent en deux bassins. Ces îles sont de diverses grandeurs : on en compte quatre grandes, *Cuba*, *Haïti*, la *Jamaïque*, *Porto-Rico*, et une infinité de petites, qu'on divise en *îles du Vent* et en *îles Sous le Vent.*

C'est dans une des Lucayes ou Bahama qu'aborda Christophe Colomb en 1492.

Plusieurs races d'Indiens peuplaient les Antilles à la fin du xve siècle. Elles ont été décimées par les Européens.

Les Européens les ont remplacés, Espagnols, Français, Anglais, Hollandais, Danois. Pour les besoins de la culture, ils y ont fait venir d'abord des nègres esclaves et, depuis la suppression de l'esclavage, des Chinois.

Les Antilles renferment 5 800 000 habitants, pour la plupart Européens, nègres et métis. La langue espagnole et la langue française y sont les plus parlées; la plupart des habitants sont catholiques.

Les Antilles appartiennent toutes aux Européens, à l'exception de l'île d'Haïti, où se sont constituées deux républiques indépendantes; de Cuba, qui est également indépendante, et de Porto-Rico, qui appartient aux États-Unis.

La *République d'Haïti*, capitale *Port-au-Prince*, compte 1 210 000 habitants. La *République de Saint-Domingue*, capitale *Saint-Domingue*, n'en compte que 417 000.

Cuba, ancienne colonie espagnole affranchie en 1898, est surnommée la Perle des Antilles. Elle renferme de magnifiques plantations de café, de cacao, de coton et surtout de tabac. Sa population s'élève à 1 650 000 habitants. Sa capitale est *La Havane* (200 000 hab.), port sur la côte septentrionale.

L'**Angleterre** possède : 1° la *Jamaïque*, grande île où prospère surtout la canne à sucre et où vivent 681 000 habitants; la capitale en est *Kingston* (57 000 hab.); 2° de nombreuses petites Antilles, entre autres la *Dominique*, *Sainte-Lucie*, *Saint-Vincent*, la *Grenade*, la *Trinité*, etc. Beaucoup de ces îles avaient été colonisées d'abord par la France.

La **France** n'occupe plus que deux petites Antilles : la *Guadeloupe* (190 000 hab.) avec Basse-Terre et Pointe-à-Pitre, et la *Martinique* (189 000 hab.), villes principales *Fort-de-France* et *Saint-Pierre*. Les ressources de ces deux îles consistent surtout dans la canne à sucre et le café.

La **Hollande** et le **Danemark** possèdent quelques petites îles, dont la principale est *Curaçao*, à la Hollande.

Les **États-Unis** possèdent, depuis 1898, l'île de *Porto-Rico* (820 000 hab.), capitale San Juan, enlevée à l'Espagne.

RÉSUMÉ

L'Amérique centrale comprend le Mexique, l'Amérique centrale proprement dite et les Antilles.

I. **Le Mexique.** — Étendu de 2 millions de kilomètres carrés, haut plateau désert, à l'intérieur très riche sur le pourtour, le Mexique compte 12 millions d'habitants, parlant espagnol et catholiques. La capitale est Mexico (330 000 hab.); villes principales Puebla et la Vera Cruz. Le Mexique est une république fédérative.

II. **L'Amérique centrale** — C'est la région des isthmes, région montagneuse que peuplent 3 200 000 habitants. Unies sous la domination espagnole, ces populations se sont fractionnées en cinq États indépendants: Guatemala (1 364 000 hab.), cap. Guatemala; Salvador (803 000 hab.), cap. San Salvador; Honduras (382 000 hab.), cap. Tegucigalpa; Nicaragua (321 000 hab.), cap. Managua; Costa-Rica (243 000 hab.), cap. San José. — Les Anglais possèdent en outre le Honduras Britannique (28 000 hab.), cap. Belize.

Nul doute que l'Amérique centrale ne prenne un grand développement quand sera ouvert un canal interocéanique reliant l'Atlantique au Pacifique.

III. **Les Antilles.** — Cette longue rangée d'îles, grandes et petites, renferme 5 800 000 habitants, pour la plupart nègres ou mulâtres, mais catholiques et parlant l'espagnol ou le français.

L'île d'Haïti, divisée en deux république (Haïti, cap. Port-au-Prince, et Saint-Domingue, cap. Saint-Domingue), est indépendante. De même Cuba, capitale La Havane. Tout le reste de l'archipel appartient aux Européens. Les Anglais possèdent la Jamaïque (cap. Kingston) et la majeure partie des Petites Antilles; les Français, la Guadeloupe (Basse-Terre) et la Martinique (Fort-de-France); la Hollande et le Danemark, quelques petites îles sans importance; les États-Unis, Porto-Rico.

§ 5. — GÉOGRAPHIE PHYSIQUE DE L'AMÉRIQUE DU SUD

La forme de l'**Amérique du Sud**, analogue à celle de l'*Amérique du Nord*, est celle d'un triangle dont la pointe est prolongée vers le sud. On se rappelle du reste que l'Afrique offre la même disposition, et que la plupart des grandes péninsules ont également leur pointe dirigée au sud.

L'Amérique méridionale est traversée par l'Équateur et bornée par trois **mers** ou **océans**: au nord, la **mer des Antilles**; à l'est, l'**océan Atlantique**; à l'ouest, l'**océan Pacifique**. La pointe la plus avancée du continent, qui sépare au sud l'Atlantique du Pacifique, peut être regardée comme la limite de l'*océan Glacial Antarctique*.

Aucun **golfe** profond ne découpe les rivages de l'Amérique du Sud : la *baie de Maracaïbo*, sur la mer des Antilles, et le *golfe de Guayaquil*, sur le Pacifique, sont les deux principaux enfoncements du littoral, en dehors des embouchures de fleuves.

On trouve également peu d'**îles** sur le pourtour du continent. Les **Antilles** s'y rattachent au nord, les *îles Malouines* ou *Falkland*, la *Géorgie du Sud* et les *Orcades méridionales* au sud-est, les îles *Juan-Fernandez* au sud-ouest, les îles *Gallapagos* à l'ouest.

La pointe méridionale du continent, en revanche, se termine par une longue suite d'**îles** et d'**archipels**, l'*île de Chiloé*, l'*archipel de Chonos*, la **Terre de Feu**, séparée de la terre ferme par le **détroit de Magellan**; mais ces îles, ces archipels et ces détroits ne sont que la terminaison de la chaîne montagneuse qui parcourt toute la longueur du continent, et qui, à son extrémité, enfonce sa base sous les eaux.

Les **caps** qui marquent les points les plus avancés du continent sont : vers l'est le **cap San Roque**, vers l'ouest la **pointe Parina**, vers le sud le **cap Froward**.

Le **cap Horn**, situé dans l'*île* du même nom, marque la fin des terres américaines vers l'océan Glacial Antarctique.

Relief du sol. — L'Amérique méridionale est parcourue dans toute sa longueur par une énorme chaîne de montagnes, la **Cordillère des Andes**, qui longe du nord au sud l'océan Pacifique. D'autres montagnes, beaucoup moins importantes, s'élèvent, comme dans l'Amérique septentrionale, non loin de l'Atlantique, et y forment des *plateaux*. Entre la grande chaîne et les hauteurs médiocres s'étend du nord au sud une immense *plaine*, à travers presque toute la longueur du continent.

Les **Andes** sont, après l'Himalaya, la plus haute chaîne de montagnes du globe; mais elles le dépassent pour la longueur. Elles se divisent sur plusieurs points en deux ou trois chaînes parallèles, entre lesquelles s'étendent des *hautes vallées* ou de *grands plateaux*. Vers la moitié de leur longueur se trouve leur plus grand écartement; elles renferment en ce point le **plateau de Bolivie**, presque aussi haut que le Pamir ou le Thibet en Asie. C'est une contrée froide, peu habitable, peu productive.

Un grand nombre de sommets de cette puissante chaîne sont des *volcans*. Parmi les pics plus élevés se trouvent le *Chimborazo* au nord, le *pic de Sorata* au centre, l'*Aconcagua* au sud. Ce dernier, haut de 7 320 mètres, paraît être le point culminant des deux Amériques.

Les **cols** des Andes sont presque tous ouverts à une grande hauteur et d'autant plus difficiles à franchir qu'ils s'élèvent en majorité à peu de distance de la mer. Un grand nombre d'entre eux sont voisins de la haute région des neiges, et exposés à des ouragans violents.

Les **montagnes de l'est** sont groupées en deux massifs distincts. Aucune d'elles n'atteint la hauteur de 3 000 mètres. Ces deux *massifs* sont ceux *du Brésil et des Guyanes*. On leur donne souvent le nom de *plateaux*, quoiqu'ils soient coupés de vallées profondes.

Le **plateau du Brésil** comprend la partie du continent qui s'avance en pointe dans l'Atlantique. Il est parcouru par de belles vallées et en partie couvert de forêts épaisses.

Le **plateau des Guyanes**, situé plus au nord, est moins important et incomplètement connu.

Les **plaines** s'étendent au pied oriental de la Cordillère des Andes. Elles descendent en pente douce, l'une vers le rivage du nord-est, l'autre vers celui du sud-est, des deux côtés des massifs du Brésil et des Guyanes. Bien qu'aucune barrière ne les divise dans le sens de leur longueur, elles sont différenciées par le climat et portent divers noms dans leurs différentes parties. Entre les *Andes* et les *Guyanes*, elles s'appellent **Llanos**[1], et sont couvertes d'herbes ou de marécages dans la saison pluvieuse, arides, durcies et crevassées dans la saison sèche.

1. **Les llanos.** — Les llanos sont des plaines basses, élevées de moins de 200 mètres, où l'alternance très tranchée d'une saison sèche et d'une saison humide ne permet point aux arbres de croître avec force et en abondance. Au temps des pluies, les llanos se couvrent d'une vaste mer d'eau trouble, d'où émergent seuls des bancs rocheux, nommés *mesas* : c'est là que se réfugient devant l'inondation les troupeaux

Plus au sud, *sous l'Équateur*, où il pleut presque toute l'année, elles se couvrent de forêts vierges encore impénétrables, et prennent le nom de **Selvas**.

Enfin, *au sud du plateau du Brésil*, elles redeviennent herbeuses et forment la région des **Pampas**[1], qui s'étend des Andes à l'Atlantique.

A la pointe méridionale du continent, la plaine s'élève à mesure qu'elle se rétrécit. C'est le *plateau de Patagonie.*

Climat. — L'Amérique du Sud, traversée par l'Équateur, a un *climat chaud et humide*, excepté sur les hautes montagnes, et dans sa partie sud, où le voisinage du pôle amène des vents et des courants froids.

Sous l'Équateur, les **pluies** chaudes durent presque toute l'année. Aussi est-ce la région des plus sombres forêts et des plus grands fleuves. Plus au nord ou plus au sud, les *saisons pluvieuses* alternent avec les *périodes de sécheresse.*

La *Cordillère des Andes* présente plusieurs climats bien tranchés. Tout son *versant oriental*, qui reçoit les nuages venus de l'Atlantique, est largement arrosé, couvert de forêts qui s'élèvent sur les bases des montagnes, tandis que les *plateaux* et le *versant du Pacifique*, où il pleut très rarement, sont stériles et pierreux.

La situation des Andes en travers de l'Équateur fait que, dans leur région centrale, il faut monter à plus de

de bœufs, de chevaux, de mulets, en même temps que les jaguars et autres bêtes fauves. Quand l'inondation s'écoule, les herbes, rafraîchies par l'humidité, reverdissent et les llanos forment de savoureux pâturages Puis, à mesure que s'établit la saison sèche, les herbes jaunissent, les jeunes arbres meurent, le sol durcit et se fendille, les vents y soulèvent des torrents de poussière.

1. **La pampa.** — « La surface herbeuse se prolonge à perte de vue, les routes n'existent pas; des ornières de chars, serpentant, indiquent la direction au voyageur; le gazon, usé par les animaux, le lieu coutumier de leur passage. Peu de ruisseaux l'arrosent, quelques dépressions du sol y retiennent l'eau des pluies et forment des mares qui servent d'abreuvoirs pour le bétail. Nulle part trace d'habitation : chaumières, *ranchos*, disparaissent au milieu des herbages; pour le bétail, ni hangars, ni bergeries, quelques parcs à air libre. » (E. Daireaux, *la Vie et les Mœurs à la Plata.*)

4500 mètres pour trouver les premières *neiges persistantes.*

C'est seulement au sud, vers l'extrémité du continent, que le rivage du Pacifique, mieux arrosé, porte des *glaciers* semblables à ceux des Alpes.

En outre, cette immense chaîne présente, avec plus d'ampleur qu'aucune autre, la succession des *climats* causés par les différences d'altitude. En la gravissant, on rencontre tous les climats du monde, échelonnés les uns au-dessus des autres : au pied, celui de la zone torride, à mi-hauteur la température et les productions de la zone tempérée, vers le sommet le froid et la neige des régions polaires.

Dans l'ensemble, ce sont les **climats chauds et humides** qui dominent dans l'Amérique du Sud; aussi cette partie du monde est-elle la mieux arrosée de toutes et la plus riche en productions végétales.

Hydrographie. — Les pluies équatoriales qui ruissellent sur toute la partie centrale de l'Amérique du Sud lui donnent un réseau de fleuves admirables, dont l'un, le **fleuve des Amazones**, est le plus abondant de la terre entière.

L'Amérique du Sud n'a, pour ainsi dire, qu'*un seul versant.* Les Andes longent de si près le Pacifique, qu'elles ne lui envoient que des torrents de peu d'importance. *Tous les grands cours d'eau descendent à l'est de la Cordillère* vers la mer des Antilles et l'océan Atlantique.

Les plus considérables sont :

Au nord, le **Magdalena**, l'**Orénoque**, le **fleuve des Amazones**. Au centre et au sud, le **Rio San Francisco** et le **Rio de la Plata**.

Le Rio **Magdalena** coule entre deux rameaux des Andes et va se jeter dans la mer des Antilles.

L'**Orénoque** traverse les grandes plaines des llanos, et décrit les trois quarts d'un cercle avant de se diriger vers l'Atlantique, où il se jette par un large delta. Un de ses affluents, le *Casiquiare*, se partage en deux courants et envoie une partie de ses eaux au *Rio Negro*, affluent du fleuve des Amazones. Il fait ainsi communiquer les deux grands fleuves par un canal, praticable aux bateaux.

Le **fleuve des Amazones**, ou **Marañon**, est la masse d'eaux courantes la plus considérable du globe. Il reçoit, par un éventail de larges rivières, les pluies tombées sur le versant oriental des Andes équatoriales. Le *Rio Negro*, le *Yapura*, le *Napo*, l'*Ucayali*, le *Madeira* et un grand nombre d'autres cours d'eau viennent ainsi le grossir à mesure qu'il avance dans la plaine. Comme le Marañon est situé presque sous l'Équateur, ce sont tantôt ses affluents du nord, tantôt ceux du sud, qui, d'après la saison des pluies, lui donnent la plus grande masse d'eau : mais de la sorte il est toujours largement alimenté. Ses rives sont distantes sur certains points de vingt ou vingt-cinq kilomètres; d'une rive on n'aperçoit pas l'autre, et le vent y soulève des tempêtes comme en pleine mer[1].

Presque tout le bassin du fleuve des Amazones étant couvert de forêts vierges, les eaux détachent parfois des lambeaux de rivage avec les enchevêtrements de racines, d'arbres et de lianes qui y sont attachés, et ces îles flottantes descendent vers la mer en suivant le courant.

Le bassin de ce magnifique fleuve est encore peu habité; le climat, chaud et humide comme une serre, l'a protégé jusqu'ici contre l'envahissement des Européens.

Le dernier affluent du Marañon, le *Tocantins*, a fini par apporter tant d'alluvions dans la partie de l'embouchure où il se jetait, qu'il arrive aujourd'hui à la mer par une embouchure séparée.

Le **Rio de la Plata** parcourt la partie sud-est de l'Amérique méridionale. Il est formé de trois grands cours d'eau,

1. **Rivières amazoniennes.** — Alimentées par des pluies extraordinairement abondantes, les rivières du bassin amazonien deviennent de petites mers au moment de la saison humide. Sur le Purus, l'eau s'élève en moyenne de 15 à 20 mètres au-dessus de l'étiage. Ces cours d'eau géants roulent naturellement d'énormes masses de débris, arrachées à la terre ferme des rives élevées; ces débris, accumulés en dépôts, finissent par détourner les rivières de leur chenal et l'obligent à de nouvelles sinuosités. Ainsi naît un labyrinthe de canaux, ou *igarapés*, qui accompagnent chaque rivière dans tout son parcours. Au temps de la saison des pluies, ces chenaux communiquent et les rivières se trouvent unies entre elles par des canaux à ramifications multiples.

le **Paraguay**, le **Parana** et l'**Uruguay**, dont aucun ne descend des Andes. Ils se forment dans le plateau du Brésil et dans la plaine centrale : la Cordillère des Andes n'envoie au Paraguay et au Parana que des rivières sans importance, nées dans une région de faibles pluies. Le Rio de la Plata, formé de la réunion de ces divers cours d'eau, n'est pour ainsi dire qu'un estuaire, long de 400 kilomètres, large de 100, et s'enfonçant dans les terres comme un véritable golfe.

L'Amérique du Sud n'a pas d'aussi grands **lacs** que l'Afrique ou l'Amérique du Nord. Le plus grand de tous est le **lac Titicaca**, situé sur un plateau des Andes, à plus de 3 000 mètres d'altitude.

Productions. — Aucune partie du monde n'a de productions plus abondantes et plus variées que l'Amérique du Sud.

Les principales *richesses agricoles* sont : le **café**, le **sucre**, le **cacao**, le **tabac**, le **coton**, le **quinquina**, les **bois de teinture** et **d'ébénisterie**, entre autres l'*acajou* et le *palissandre*. C'est de là aussi qu'est venu le **caoutchouc**.

Les *richesses minérales* sont : l'**or**, l'**argent**, le **cuivre**, dans les Andes ; le **salpêtre**, sur les plateaux des Andes tropicales ; les **diamants** au Brésil.

RÉSUMÉ

L'Amérique du Sud est un triangle dont la pointe est tournée vers le sud. Ses bornes sont la mer des Antilles, l'océan Atlantique, l'océan Pacifique. Peu d'îles la bordent.

I. Relief. — Il comprend : 1° à l'ouest, une série de hautes chaînes, ou Cordillère des Andes, qui enferme des plateaux énormes (plateau de Bolivie) et que dominent des sommets considérables (Chimborazo, pic de Sorata, Aconcagua, 7 320 mèt.) ; 2° à l'est, des massifs médiocrement élevés, ou plateaux (du Brésil, des Guyanes) : 3° au centre, des plaines nommées llanos, selvas ou pampas, suivant leur végétation et leur aspect physique.

II. Climat. — L'Amérique du Sud a un climat chaud et humide au nord, plus froid dans les parties méridionales exposées aux vents glacés du pôle ; les Andes présentent sur leurs flancs un étagement de tous les climats.

III. **Hydrographie**. — Très arrosée, l'Amérique du Sud possède beaucoup de fleuves ; par suite de la disposition du relief, ces fleuves coulent pour la plupart en plaine et vont à l'océan Atlantique. Les plus considérables sont la Magdalena, l'Orénoque, le fleuve des Amazones, le Rio de la Plata, formé par la réunion du Paraguay, du Parana et de l'Uruguay. Le fleuve des Amazones, qui coule sous l'équateur, est grossi d'affluents énormes (Rio Negro, Yapura, Napo, Ucayali, Madeira) : on pourrait l'appeler une mer d'eau douce.

IV. **Productions**. — Abondantes et variées : café, sucre, cacao, forêts au nord, au sud, céréales ; — richesses minérales dans les Andes et au Brésil.

§ 6. — L'AMÉRIQUE DU SUD

Partage. — L'Amérique du Sud, dont la superficie est de peu inférieure à celle de l'Amérique du Nord, est incomparablement moins peuplée. Plus éloignée de l'Europe, séparée d'elle par les climats équatoriaux, elle a été moins visitée par le flot des émigrants qui vont chercher fortune dans le Nouveau Monde.

L'Amérique du Sud compte environ 36 millions d'habitants. On trouve dans ce nombre des *Indiens*, descendants des anciens possesseurs du pays, des *blancs* qui l'ont colonisée, des *nègres* et des *Chinois* qu'on y a fait venir pour l'exploitation. Les blancs qui ont colonisé l'Amérique du Sud sont exclusivement des Espagnols et des Portugais : ceux-ci se sont établis au Brésil, ceux-là dans le reste du continent. Ils y ont fait prédominer leurs langues et la religion catholique. L'Amérique du Sud est donc entièrement une Amérique latine.

La domination étrangère, établie dès le XVIe siècle, se maintint jusqu'au commencement du XIXe. Elle était lourde et oppressive; les Européens ne songeaient qu'à exploiter ces pays pour eux; ils ne se souciaient nullement des intérêts des pays eux-mêmes. Fatiguées d'une exploitation à outrance, les colonies espagnoles commencèrent à secouer le joug de la métropole en 1809, et triomphèrent après quinze ans de luttes. Le Brésil rompit à leur exemple le lien qui l'unissait au Portugal.

L'unité politique de l'Amérique du Sud s'est dès lors trouvée brisée. Après de longues luttes, dix États, dont les frontières sont encore mal fixées, se sont formés des débris des anciens empires coloniaux. Deux regardent vers la mer des Antilles, *Venezuela* et *Colombie*; quatre vers le Pacifique, *Équateur*, *Pérou*, *Bolivie*, *Chili*; quatre appartiennent au bassin de l'Atlantique, *Brésil*, *Paraguay*, *Uruguay*, *République Argentine*. A ces derniers il faut joindre les *Guyanes*, qui obéissent encore à des peuples européens.

Tous ces États indépendants sont aujourd'hui organisés en républiques.

États de la mer des Antilles. — 1° Le **Venezuela**, qui a plus d'un million de kilomètres carrés, comprend une zone côtière où prospèrent les cultures tropicales, une région de llanos consacrée à l'élevage, et une zone forestière étendue, au delà des frontières, vers le Brésil. Il renferme sur cette étendue 2 323 000 habitants, dont 500 000 à 600 000 blancs espagnols. La plus grande partie des habitants réside près de la mer.

La capitale est *Caracas* (75 000 hab.), qui a pour port *la Guaira*.

Le Venezuela est une république fédérative, composée de huit États autonomes. Il possède quelques amorces de voies ferrées reliant les ports de la côte aux villes de l'intérieur.

2° La **Colombie** est plus grande et plus peuplée que le Venezuela. Sur 1 330 000 kilomètres carrés, elle nourrit 3 320 000 habitants. Elle a les mêmes ressources.

La capitale est *Santa Fé de Bogota* (110 000 hab.); la principale ville est *Medellin*, bâtie près de mines d'or très exploitées. De la Colombie dépend l'isthme de Panama, dont on a commencé le percement. Un chemin de fer unit depuis longtemps *Colon* ou *Aspinwall*, sur l'Atlantique, à *Panama* (25 000 hab.), sur le Pacifique.

Après avoir été longtemps constituée en république fédérale, la Colombie forme, depuis 1886, une république unitaire.

États du Pacifique. — 1° L'**Équateur** (299 000 kilom. carrés) comprend une zone côtière excessivement chaude et humide, une région andine tempérée, et, vers l'Amazone, une autre zone humide et chaude. Son sol se prête donc à des cultures variées. Les montagnes renferment, en outre, des mines d'or, d'argent, de platine, de houille.

On y compte 1 204 000 habitants. La capitale est *Quito* (80 000 hab.), sur un haut plateau qu'environne une ceinture de volcans; le port principal est *Guayaquil*.

2° Le **Pérou** (1 137 000 kilom. carrés) a, comme l'Équateur, trois régions naturelles longitudinales : la *Costa*, sèche et aride, coupée de ravins fertiles; la *Sierra*, formée alternativement de vallées riantes et chaudes, et de plateaux mornes et froids que dominent des volcans et de hautes cimes neigeuses; la *Montaña*, toute en forêts et en llanos. Les Andes péruviennes recèlent d'abondants gisements de minerais divers, en particulier d'argent. Il compte 3 millions d'habitants, dont 360 000 blancs et 55 000 Chinois. C'est une république unitaire[1].

1. **Les Indiens du Pérou.** — La population dominante des plateaux andins est encore aujourd'hui la race indigène, formée surtout de *Quichuas*, dans le Pérou, et d'*Aymaras*, en Bolivie. Ces hommes, à peau généralement olivâtre, aux traits fortement accentués, étaient parvenus à un état de civilisation avancé plusieurs siècles avant l'arrivée des Européens. Ils savaient l'art de la culture et des irrigations, travaillaient les métaux, confectionnaient des étoffes qu'ils teignaient de couleurs éclatantes et solides. Architectes et ingénieurs remarquables, ils élevaient au Soleil, leur père et leur dieu, des temples ruisselant d'or, à leurs princes de magnifiques palais, à leurs morts des *huacas* ou tombeaux, où l'on a trouvé des merveilles de céramique, de peinture, de sculpture et d'orfèvrerie. Quatre grandes routes pavées partaient de Cuzco, leur capitale, vers les quatre points cardinaux. Ils avaient étendu au loin leur puissance, et leurs empereurs, ou *incas*, commandèrent un temps à la moitié de l'Amérique du Sud. Cette brillante civilisation n'a pas survécu aux cruautés de la conquête espagnole. Traqués par des envahisseurs fanatiques, ils furent décimés et se soumirent : ils vivent aujourd'hui à peu près ignorants de leur glorieux passé. De loin en loin cependant ils se révoltent contre les blancs et les massacrent alors sans pitié

La capitale du Pérou est *Lima* (103000 hab.), bâtie sur la zone littorale; son port est *Callao*. Les principales mines d'argent s'exploitent à *Cerro de Pasco* et à *Puno*.

Le Pérou possède 1425 kilomètres de voies ferrées, dont la principale unit Callao à Lima et à Cerro de Pasco. Mais le gouvernement manque de stabilité, les bras ne sont pas assez nombreux; une guerre malheureuse contre le Chili, qui lui a fait perdre ses provinces méridionales, a prouvé la faiblesse du Pérou (1879-1883).

3° La **Bolivie** (1334000 kilom. carrés), depuis sa dernière guerre avec le Chili, ne touche plus à aucune mer; elle ne comprend qu'une zone de hautes terres, et, vers l'est, des plaines basses inclinées vers l'Amazone et vers le Rio de la Plata. Aussi, malgré l'abondance de ses mines d'or, d'argent et de cuivre, et malgré la fertilité de la majeure étendue de son territoire, la Bolivie n'est-elle pas très prospère, parce qu'elle manque de débouchés directs.

Elle est peuplée de 2019000 habitants, dont 500000 blancs environ. La capitale actuelle est *la Paz* (56000 hab.), sur le haut plateau qui borde, au sud-est, le lac Titicaca; l'ancienne capitale est *Sucre* ou *Chuquisaca*; de riches mines d'argent sont encore exploitées à *Potosi*.

4° Le **Chili** (776000 kil. carrés) est une longue bande de terre, chaude, sèche et infertile au nord, chaude et médiocrement humide dans le centre, qui rappelle l'Italie, très humide et déjà froide dans le sud, dont les hivers sont plus froids que ceux d'Écosse. Au nord règne le désert, mais des mines d'or, d'argent et de cuivre s'y trouvent; au centre prospèrent les vignes, les céréales et les arbres fruitiers, c'est le « grenier du Pacifique » ; au sud s'élèvent des forêts coupées de marécages et de pâturages.

Le Chili compte 3 millions d'habitants, presque tous cantonnés dans la région centrale. Le fond de la population est formé par des métis d'Espagnols et d'Indiens. La population n'augmente guère, car peu d'étrangers viennent la grossir et les Chiliens émigrent en si grand nombre qu'on a surnommé le Chili « le Piémont de l'Amérique latine ».

Le Chili a deux grandes villes : sa capitale, *Santiago*

(336 000 hab.), bâtie dans l'intérieur, et le port de cette capitale, *Valparaiso* (105 000 hab.), un des ports les plus fréquentés du Pacifique; on peut citer encore, plus au sud, le port de *la Concepcion*.

Le peuple chilien, actif et dur au travail, a su tirer parti des richesses de son sol. Il s'est construit 3000 kilomètres de chemins de fer et projette une grande ligne transandine qui relierait Valparaiso à Buenos Aires : il n'en reste plus à construire qu'un tronçon. Le Chili est un des États les plus prospères de l'Amérique du Sud.

États de l'Atlantique. — 1° Le **Brésil** (8 330 000 kil. carrés) occupe environ la moitié de l'Amérique du Sud; il a 16 fois la superficie de la France. Il comprend deux parties distinctes : au nord et au nord-ouest, une grande plaine où coulent l'Amazone et ses affluents et où s'étend une immense forêt qui serait impénétrable sans les chemins naturels qu'y tracent les rivières; à l'est, un plateau de médiocre hauteur, au climat humide et relativement tempéré, propre suivant l'altitude aux cultures variées des pays chauds, café, riz, coton, canne à sucre, tabac, céréales. Le plateau renferme, en outre, d'abondants gisements de diamants, d'or, de fer, de houille.

On compte au Brésil environ 16 millions d'habitants. Presque tous résident sur le plateau; les forêts des plaines gênent le développement humain. Des blancs, des Indiens, des nègres et surtout des métis et des mulâtres composent cette population, qui s'augmente assez vite par suite d'une forte immigration (Italiens, Portugais, Allemands).

Le Brésil, colonie portugaise émancipée en 1822, fut un empire jusqu'en 1889. A cette époque, une révolution chassa la famille régnante et fit du Brésil une république fédérative, composée de 20 États autonomes. Depuis lors, la paix ne s'est pas rétablie, et divers États, principalement ceux du sud, ont fomenté des troubles pour se rendre complètement indépendants ou pour modifier le gouvernement.

La capitale est **Rio de Janeiro** (522 000 hab.) : c'est un grand port, situé sur une des plus belles baies du monde entier. Les autres principales villes sont : au nord, les ports de *Bahia* et de *Pernambouc* ou *Récife*; au sud, la ville de *San Paulo*, au centre d'un groupe de colonisation européenne. Dans l'Amazonie se trouvent *Manaos* et *Belem* ou *Para*.

Un grand avenir est réservé à ce magnifique pays, si les germes de division, qu'explique la diversité des climats, des cultures et des intérêts, ne finissent pas par le morceler en plusieurs tronçons.

2° Le **Paraguay** (253 100 kil. carrés) comprend une région inculte, le Chaco, et le Paraguay proprement dit, très fertile et propre aux cultures des pays chauds. Dévasté par une guerre avec ses voisins, il a vu sa population tomber de 1 million (1857) à moins de 200 000. Elle est actuellement de 449 000.

La capitale est l'*Assomption* (45 000 hab.), sur le Paraguay.

3° L'**Uruguay** (178 700 kil. carrés) jouit d'un climat tempéré et salubre, qui le rend propre aux cultures, principalement à celle de la vigne, et à l'élevage. Accrue par une immigration assez forte, sa population s'élève à 787 000 habitants.

La capitale est *Montevideo* (175 000 hab.), sur la rive septentrionale du Rio de la Plata.

4° La **République Argentine** (2 877 000 kil. carrés) possède des terrains de valeur inégale et des climats très divers. Au nord s'étend une région favorable aux cultures tropicales; au centre sont de grandes plaines dont s'est emparé l'élevage et que la culture des céréales commence à conquérir; le sud, froid sur le plateau de Patagonie, renferme encore des vallées humides et fraîches.

Le pays est encore insuffisamment peuplé : il ne compte que 4 043 000 habitants; mais cette population s'accroît par une immigration qui parfois a dépassé annuellement 260 000 âmes.

La capitale est **Buenos Aires**, sur le Rio de la Plata; elle s'est développée aussi vite que les cités américaines du nord, puisque, au lieu des 92 000 habitants qu'elle possédait en 1851, elle en compte actuellement 663 000. Les autres grandes villes sont *la Plata*, fondée en 1882 et déjà riche de 66 000 habitants; *Rosario*, *Cordoba* et *Tucuman*.

La République Argentine est, avec le Brésil et le Chili, une des trois puissances d'avenir de l'Amérique du Sud.

Colonies européennes. — Trois peuples européens se partagent le pays des Guyanes, dont le climat, chaud et humide, entretient d'immenses forêts et serait propre aux cultures tropicales si les bras ne faisaient défaut.

La *Guyane française* (30 000 hab.) a pour capitale *Cayenne*.

La *Guyane hollandaise* (66 000 hab.) a pour chef-lieu *Paramaribo*.

La *Guyane anglaise*, la plus prospère, compte 280 000 habitants; sa capitale est *Georgetown* (56 000 hab.). Les Anglais possèdent en outre les îles *Malouines* ou *Falkland*, à 500 kilomètres à l'est de la côte de Patagonie.

RÉSUMÉ

I. **Partage.** — L'Amérique du Sud, plus éloignée de l'Europe, a reçu moins d'immigrants que l'Amérique du Nord; elle ne possède que 36 millions d'habitants. Longtemps vassale de l'Espagne et du Portugal, elle s'est affranchie au commencement du XIXe siècle et comprend aujourd'hui dix républiques d'inégale importance.

II. **États de la mer des Antilles.** — 1° Le Venezuela (2 323 000 hab.) est habité surtout sur les côtes; capitale Caracas; 2° la Colombie, plus grande et plus peuplée (3 320 000 habitants), a pour capitale Santa Fé de Bogota; ville principale Panama.

III. **États du Pacifique.** — 1° L'Équateur (1 204 000 hab.) a pour capitale Quito; 2° le Pérou (3 millions d'hab.), qui possède de riches mines d'argent, a pour capitale Lima (103 000 hab.) dont le port est le Callao; 3° la Bolivie, qui ne touche plus à la mer depuis 1883, compte 2 019 000 habitants: sa capitale est la Paz; 4° le Chili (3 millions d'hab.) a pour capitale Santiago (336 000 hab.), pour ville principale Valparaiso (105 000 hab.) : c'est un des États les plus prospères de l'Amérique du Sud.

IV. **États de l'Atlantique.** — Le Brésil, dont l'étendue est considérable, n'est peuplé que sur le plateau qui borde l'Atlantique à l'est. Il compte 16 millions d'habitants : c'est une ancienne colonie portugaise.

La capitale est Rio de Janeiro (522 000 hab.) ; villes principales Bahia, Pernambouc, San Paulo, Manaos, Para. C'est un pays de grand avenir ; 2° le Paraguay (449 000 hab.), capitale l'Assomption ; 3° l'Uruguay 787 000 hab.), capitale Montevideo (175 000 hab.) ; 4° la République Argentine, une des trois grandes puissances de l'Amérique du Sud, renferme 4 043 000 habitants, qu'accroît une immigration nombreuse : capitale Buenos Aires (663 000 hab.) ; villes principales la Plata, Rosario, Cordoba, Tucuman.

V. **Colonies européennes.** — Les trois Guyanes : française (30 000 hab.), hollandaise (66 000 hab.), anglaise (280 000 hab.). Les Anglais possèdent en outre les îles Malouines ou Falkland.

LIVRE V

L'OCÉANIE

OCÉANIE PHYSIQUE

GÉNÉRALITÉS SUR L'OCÉANIE

La découverte des terres de l'Océanie est toute moderne, postérieure même à celle du Nouveau Monde. Au XVIe siècle,

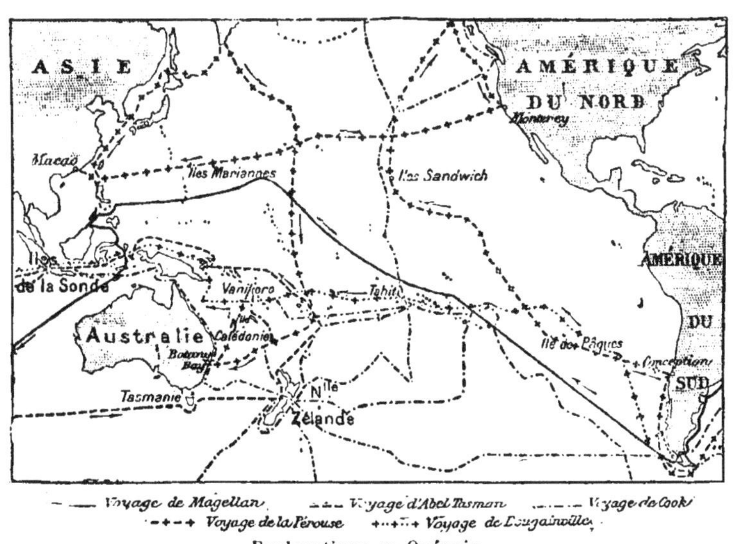

Explorations en Océanie.

Magellan aborda pour la première fois dans une île du Pacifique après l'avoir traversée ; la connaissance s'étendit insensiblement au siècle suivant. Au XVIIIe siècle vinrent les explorations scientifiques de l'Anglais *Cook* et du Français *La Pérouse*. Il a fallu encore de nombreux voyages pour compléter, au XIXe siècle, la connaissance de cette partie du monde.

Distribution des terres océaniennes. — On comprend sous le nom d'*Océanie* l'ensemble des terres de toute étendue qu'embrasse le Grand Océan ou océan Pacifique.

Le **Grand Océan** mérite son nom. Il est immense. Il mesure une largeur de 20 000 kilomètres, la moitié du méridien terrestre, entre la péninsule asiatique de Malacca et la côte américaine de Colombie. On évalue sa superficie à 180 millions de kilomètres carrés, soit plus d'un tiers de la surface totale du globe. Il renferme enfin la plus grande profondeur sous-marine actuellement reconnue, 8 606 mètres, près des îles Kouriles, au nord-est du Japon.

Les terres océaniennes ne couvrent qu'une infime portion de cette vaste étendue marine, 11 500 000 kilomètres carrés, un dixième environ de plus que l'Europe. Relativement grandes et nombreuses dans la partie occidentale de l'océan Pacifique, les îles de l'Océanie sont petites et rares dans toute sa partie orientale.

On divise les terres océaniennes en cinq régions distinctes : la **Malaisie** (Sumatra, Java, Bornéo, Célèbès, Philippines et petites îles de la Sonde); l'**Australasie** (Australie, Tasmanie, Nouvelle-Zélande); la **Mélanésie** (Nouvelle-Guinée, Salomon, Nouvelles-Hébrides, Nouvelle-Calédonie); la **Micronésie** (Mariannes, Carolines, Palaos, Marshall, Gilbert); la **Polynésie** (archipels de Samoa, Cook ou Hervey, de la Société, Gambier, des Marquises, archipel Havaï ou Sandwich).

On remarquera que ces terres forment de grandes rangées parallèles dirigées du nord-ouest au sud-est. Les îles de la Sonde peuvent se rattacher à l'Asie aussi bien qu'à l'Océanie.

Relief des terres océaniennes. — Les terres océaniennes ont des étendues fort diverses. Quelques-unes comptent parmi les plus grandes îles du monde. Les autres ne forment que des points épars à la surface du grand Océan. Elles y sont si disséminées que Magellan a pu traverser le Pacifique depuis le détroit qui porte son nom, au sud du continent américain, jusqu'aux îles Mariannes, sans en apercevoir une seule.

Les plus grandes sont : l'**Australie**, véritable continent

Relief de l'Océanie.

avec ses 7 600 000 kilomètres carrés, qui la font égale aux trois quarts de l'Europe ; la **Nouvelle-Guinée** (785 000 kil. carrés), grande une fois et demie comme la France ; **Bornéo** (740 000 kil. carrés), à peine inférieure à la Nouvelle-Guinée; **Sumatra** (440 000 kil. carrés) ; la **Nouvelle-Zélande** (268 000 kil. carrés) ; **Java** (132 000 kil. carrés), quinze fois plus grande que la Corse. On voit ce qui reste pour les milliers de petites îles qui forment le reste de l'Océanie.

Les grandes îles de l'Océanie sont les seules qui aient un relief digne d'attention. L'*archipel Malais* est sillonné par plusieurs soulèvements montagneux qui s'entre-croisent d'une façon assez confuse, mais sont dirigés, comme les montagnes japonaises, en forme de courbes : les plus hauts sommets, situés dans Sumatra et Java, dépassent 3600 mètres ; on y trouve de nombreux volcans[1]. La *Nouvelle-Guinée* possède aussi des arêtes rocheuses, jusqu'à présent mal reconnues, mais encore plus élevées. La *Nouvelle-Zélande* a de hautes montagnes, couronnées de neiges persistantes ; le point culminant est le *mont Cook* (3765 m.) : ces montagnes sont d'origine volcanique.

Le relief de l'**Australie** comprend deux plateaux séparés, au sud du golfe de Carpentarie, par une longue dépression basse et marécageuse. Le plateau occidental, mal reconnu, semble peu élevé : des lagunes s'y étendent dans les parties les plus creuses, telles que la *lagune Amadeus*, les lacs *Eyre*, *Torrens*. Le plateau oriental, moins compact, est beaucoup plus élevé ; il se redresse, à l'est, pour former un long bourrelet qui domine la mer. Ce bourrelet porte le nom d'*Alpes Australiennes* : il a son point culminant au sud-est, dans le *mont Townsend* (2241 m.).

Quant aux petites îles océaniennes, on peut les ramener toutes à deux types différents. Les unes sont hautes, d'origine *volcanique* : telles apparaissent les îles de la Mélanésie et des grands archipels polynésiens. Les autres sont basses et dues au travail des coraux ; on les nomme **atolls** : à ce

1. **Les volcans de la Malaisie.** — La Malaisie est un des centres volcaniques les plus actifs du globe. En 1883, l'explosion du Krakatau, situé dans le détroit qui sépare Sumatra de Java, coûta la vie à 16000 individus ; le bruit s'entendit jusqu'à Ceylan et dans l'Australie occidentale ; des navires furent projetés jusqu'à 3 kilomètres dans l'intérieur. A la suite d'un tremblement de terre qui avait, quelques années auparavant, secoué l'île de Luçon, l'une des Philippines, le sol fut sillonné de crevasses qui s'étendirent à 2 ou 3 lieues sur une largeur allant jusqu'à 6 et 8 mètres. Quelques enfants qui jouaient ensemble, voyant la terre s'entr'ouvrir, se sauvèrent au village ; l'un d'eux manquait : il avait été englouti et la terre s'était refermée sur lui.

groupe appartiennent presque toutes les îles de la Micronésie et les petites îles polynésiennes[1].

Climat. — Les terres océaniennes, à peu d'exceptions près, sont toutes situées dans la zone tropicale. La température y est par suite élevée, mais sans être pénible : presque toujours des brises marines régulières tempèrent l'ardeur du soleil dans les îles océaniennes.

Le trait le plus remarquable du climat océanien, c'est la constance des vents. En l'absence de masses continentales à reliefs très accidentés, qui les feraient dévier, ils soufflent avec une régularité admirable, du nord-est au sud-ouest dans l'hémisphère septentrional, du sud-est au nord-ouest dans l'hémisphère méridional. Les orages y sont donc plus rares que partout ailleurs : de là le nom de *Pacifique* donné au Grand Océan.

Ces vents constants venant de la mer sont chargés de pluie. Ils la déversent continuellement sur la partie de l'île qu'ils visitent la première. L'autre versant est beaucoup moins arrosé Il faut donc distinguer dans les terres océaniennes le versant *au vent*, humide et couvert d'une végétation puissante, du versant *sous le vent*, sec et peu luxuriant. La plus grande partie de la massive Australie ne reçoit qu'une quantité de pluie insignifiante et forme par suite un désert des plus difficiles à traverser.

Hydrographie. — La plupart des îles de l'Océanie sont trop peu étendues pour posséder des cours d'eau notables. Quelques-unes parmi les plus grandes sont encore trop mal

1. **Les atolls.** — 290 grandes îles du Pacifique, ayant une superficie de plus de 50000 kilomètres carrés, et une quantité innombrable de petites îles, doivent leur origine au travail des polypes qui produisent le corail. Ces polypes ne construisent leurs coraux que dans les mers de la zone torride. Partout où le fond de la mer n'est pas à plus de 50 mètres au-dessous de la surface, ces animaux microscopiques commencent leurs constructions. Si le sol où ils bâtissent s'exhausse, elles atteignent la surface; la vague y amasse des débris qui émergent bientôt; il s'y forme une mince couche de terre végétale, sur laquelle germent les graines de plantes apportées par le vent.

reconnues pour qu'on possède des renseignements bien précis sur leur système fluvial. On peut dire seulement que Sumatra, Bornéo et la Nouvelle-Guinée, situés dans la zone des pluies équatoriales, sont sillonnés par des fleuves comparables pour l'importance aux fleuves de l'Europe occidentale.

Les cours d'eau de l'Australie sont mieux connus. Le

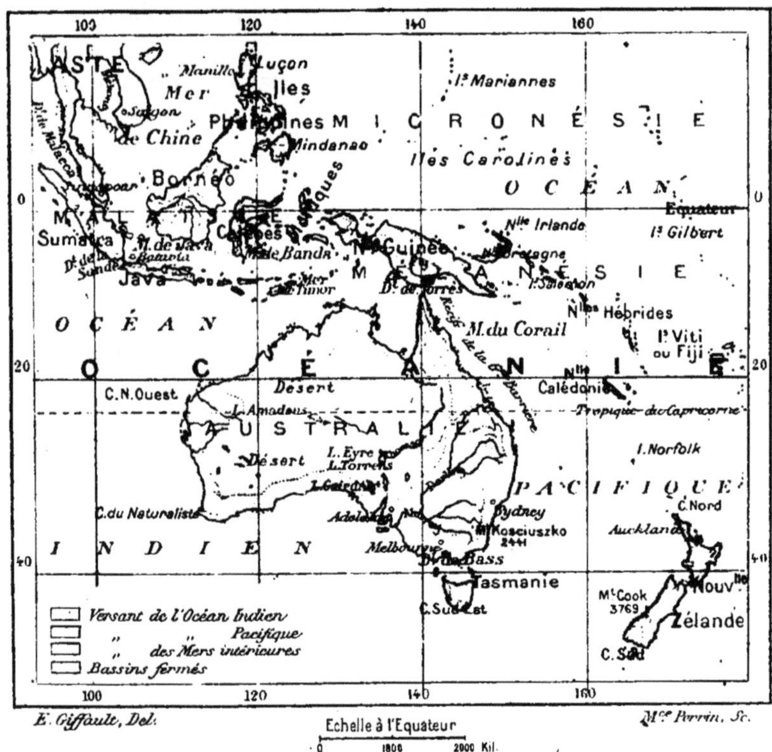

Hydrographie de l'Océanie.

plus long est le *Murray* (1 800 kil.), dont les deux affluents principaux sont le *Murrumbidgee*, grossi du *Lachlan*, et le *Darling*, supérieur au fleuve principal par la longueur de son cours (2 000 kil.). Malgré leur longueur, ces rivières, qui coulent dans des régions très sèches, ont un débit très médiocre ; une seule, le Murray, est navigable.

Productions. — Les grandes îles bien arrosées de l'archipel Malais et de la Mélanésie sont riches en produits végétaux : on y trouve, avec d'immenses forêts vierges, les cultures tropicales les plus variées, *café*, *canne à sucre*, *arbres à épices*, etc. Il faut ajouter à ces ressources des gisements miniers abondants [1].

L'Australie, située à une latitude plus méridionale, se prête à la culture des *céréales* et à l'établissement des *pâturages* dans les parties arrosées. Mais les régions sans eau de l'Australie occidentale et centrale ne présentent qu'une suite de savanes sablonneuses couvertes de buissons. L'Australie et les îles avoisinantes renferment des mines nombreuses et riches, *or*, *argent*, *houille*. La chaîne montagneuse de l'Australie orientale est particulièrement favorisée. Les pâturages qui s'y étendent servent à l'élevage des *moutons mérinos*; les mines sont exploitées par de nombreux ouvriers.

Les archipels, moins grands et moins arrosés, de la Micronésie et de la Polynésie ne portent que quelques espèces d'arbres, telles que le cocotier et le pandanus, quelques plantes comestibles, entre autres l'igname et le taro.

RÉSUMÉ

Reconnue au XVIe siècle, explorée au XVIIIe, par Cook et La Pérouse, l'Océanie comprend l'ensemble des terres qu'embrasse le Grand Océan.

I. **Distribution des terres océaniennes.** — Le Grand Océan couvrant 180 millions de kilomètres carrés (plus d'un tiers de la terre), les terres océaniennes n'ont que 11 300 000 kilomètres carrés de superficie. On les divise en cinq groupes: Malaisie, Australasie, Mélanésie, Micronésie, Polynésie. Les terres océaniennes forment des rangées parallèles dirigées du nord-ouest au sud-est.

1. **Le désert australien.** — L'Australie occidentale n'est, dans presque toute son étendue, qu'un vaste désert au sol gréseux et sablonneux. Pas d'arbres, mais seulement la brousse, le *scrub*, épais fourré d'acacias, d'eucalyptus nains, de spinifex, haut de 2 à 3 mètres à peine, mais si enchevêtré que, quand le voyageur s'y fraye un sentier avec un couteau ou une hache, la tranchée est aussi nette que celle d'un chemin bordé de murs. La boussole est nécessaire pour s'y aventurer, comme sur la mer.

II. **Relief des terres océaniennes.** — Les grandes îles océaniennes sont l'Australie, la Nouvelle-Guinée, Bornéo, Sumatra, la Nouvelle-Zélande, Java; elles sont montagneuses. L'Australie forme deux plateaux séparés par une dépression : le plateau oriental se termine, à l'est, par le bourrelet montagneux des Alpes Australiennes. Les petites îles océaniennes sont tantôt hautes et volcaniques, tantôt basses et d'origine corallienne.

III. **Climat.** — Chaud, sans être excessif, par suite de l'existence des brises marines, il est caractérisé dans la plupart des archipels par la régularité de ses vents et de ses pluies. Il faut distinguer dans les îles océaniennes le versant au vent et le versant sous le vent. L'Australie, à l'inverse des archipels et des îles équatoriales, est très peu arrosée.

IV. **Hydrographie.** — Petits fleuves ou fleuves mal reconnus. Le principal coule en Australie : c'est le Murray (1800 kil.), qui a pour affluents le Murrumbidgee et le Darling.

V. **Productions.** — Très abondantes et variées dans l'archipel Malais qui est très humide et chaud (café, canne à sucre, épices); céréales et pâturages dans la portion arrosée de l'Australie et dans la Nouvelle-Zélande; arbres rares dans les petites îles du reste de l'Océanie.

OCÉANIE POLITIQUE

§ 1. — LES PETITES COLONIES

Populations océaniennes et Européens. — Il est difficile d'évaluer exactement la population de l'Océanie : trop de parties en sont encore mal connues. On ne se trompe sans doute pas beaucoup en l'estimant à 40 millions, dont 35 millions habitent les archipels voisins de l'Asie.

Les populations océaniennes appartiennent à deux races distinctes, quoique sans doute de même origine : les *Mélanésiens* et les *Polynésiens*.

Les **Mélanésiens** ont la peau noire, les cheveux crépus et laineux; ils ont gardé, dans la plupart des archipels qu'ils habitent, des coutumes féroces, l'habitude des guerres, l'anthropophagie. Ils se montrent peu abordables aux blancs et n'ont subi que très peu leur influence. On les rencontre surtout dans l'ouest de l'Océanie.

Les **Polynésiens**[1] ont la peau claire, les cheveux lisses

1. **Les Polynésiens.** — Les Polynésiens sont dépeints par tous les voyageurs comme une race sympathique. Ils pratiquent pourtant quelques coutumes barbares, comme le cannibalisme; mais c'est la nécessité qui les a rendus anthropophages. L'espace leur manque pour la culture du sol; l'élevage n'est praticable que dans quelques îles étendues : la pêche et la chasse... au rat fournissent quelques ressources, ainsi que le cocotier, l'arbre à pain, le taro, l'igname : quand tout cela est insuffisant pour subsister, le Polynésien demande le reste à l'anthropophagie.

Les voyageurs s'accordent pour attribuer aux Polynésiens une grande douceur en même temps qu'une vive intelligence. Montés sur leurs pirogues à balancier, se guidant sur les étoiles et sur des cartes qu'ils confectionnaient eux-mêmes, ils parcoururent autrefois toute l'étendue du Pacifique. Ils ont une littérature populaire, des légendes, des poèmes d'un goût remarquable, et les voyageurs ont trouvé dans quelques-unes de leurs îles des temples, des statues humaines (celles de l'île de Pâques) qui témoignent d'un véritable sens artistique

et ondulés. Au moral, ce sont des hommes doux qui, dès l'abord, ont reçu les Européens en amis. Ils sont entrés dans les voies de la civilisation européenne, et ont changé de mœurs et de religion. Mais ils payeront sans doute cette

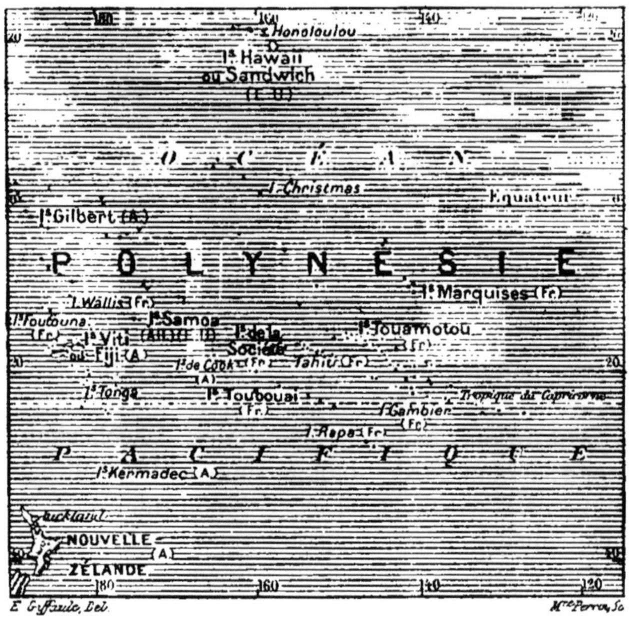

Archipels de la Polynésie.

transformation de l'existence même de leur race ; ils s'étiolent au contact de nos vices et de nos genres de vie ; partout ils diminuent rapidement.

Les Européens les remplacent. Le premier voyageur qui traversa l'Océanie fut *Magellan*, dans son célèbre voyage autour du monde (1521). Pendant les trois siècles suivants, le Hollandais *Abel Tasman*, l'Anglais *Cook*, les Français *La Pérouse*, *Bougainville*, *Dumont d'Urville* l'ont explorée. A la suite de ces voyages, de nombreux peuples européens y ont établi des colonies.

L'*Angleterre* occupe le premier rang en Océanie pour l'étendue des territoires colonisés (Australie, Tasmanie, Nouvelle-Zélande, etc.).

La *Hollande* vient ensuite avec l'archipel Asiatique.

La *France* a plusieurs petits archipels, entre autres la Nouvelle-Calédonie.

L'*Allemagne* a les Samoa et a acheté à l'Espagne (juin 1899) les îles Carolines, Palaos et Mariannes; les *États-Unis* ont pris les Philippines à l'Espagne (1898) ainsi que Guam ou Guajan, dans l'archipel des Mariannes.

L'établissement de ces colonies a eu pour conséquence de transformer l'Océanie. La culture s'y est étendue. Diverses lignes de paquebots mettent en communication les principaux ports, Melbourne, Sydney, Auckland, Batavia, Manille, avec l'Europe, l'Asie et l'Amérique.

Colonies hollandaises. — Les Hollandais possèdent, en Océanie, la partie occidentale de la *Nouvelle-Guinée* et, dans l'archipel Asiatique, les îles de *Sumatra*, *Java*, les *petites îles Malaises*, *Célèbès*, les *Moluques*, enfin les trois quarts de *Bornéo*.

Ils y ont créé des chemins de fer, des télégraphes, et ils en exploitent les richesses végétales, qui sont considérables. Le café, le tabac, la canne à sucre, les arbres à épices y réussissent à merveille. Les arbres se couvrent de fruits mûrs en toute saison sans être jamais atteints de maladies résultant des cultures forcées. L'archipel Asiatique possède, en outre, les riches mines d'étain de Banka et de Billiton.

28 millions d'habitants vivent dans les colonies hollandaises de l'Océanie : à elle seule, Java en possède 21 millions; Sumatra et Bornéo, qui sont beaucoup plus étendues que Java, n'ont qu'une population assez rare, dispersée au milieu des forêts qui couvrent le sol.

Le gouverneur général hollandais réside à *Batavia*, ville de 99000 habitants, située dans la partie occidentale de Java. Dans la même île sont les grands ports de *Semarang* et de *Soerabaja*, ainsi que la ville de *Soerakarta*.

Les Mariannes, les Carolines et les Palaos, qui font partie de la Micronésie, sont des archipels de petites îles volcaniques ou coralligènes, sur lesquelles ne poussent guère que des cocotiers et qui ne renferment pas en tout 50000 habitants. En 1885, les Allemands disputèrent aux Espagnols le droit d'occuper les Carolines : le pape Léon XIII, choisi comme arbitre, se prononça en faveur de l'Espagne.

Colonies françaises. — La France ne possède en Océanie que des colonies pour la plupart peu importantes. Ce sont la *Nouvelle-Calédonie*, l'*archipel de la Société*, les îles *Toubouaï*, les *Marquises*, les *Touamotou* ou *Gambier*, les îles *Wallis* et *Foutouna*. Toutes sont situées, à l'est du Pacifique, dans la Polynésie.

La *Nouvelle-Calédonie* (63000 hab.), dont la capitale est *Noumea*, est surtout une colonie pénitentiaire. Le climat en est favorable, le sol se prête à diverses cultures, et l'on y a reconnu un grand nombre de gisements miniers de toutes sortes, qu'on commence à exploiter, entre autres de nickel.

Autres colonies. — Quelques autres puissances possèdent encore en Océanie des archipels qui leur servent principalement de dépôts de charbon et de points de relâche.

L'*Allemagne* s'est établie récemment dans la partie nord-est de la Nouvelle-Guinée, dans l'archipel Bismarck, dans les îles Salomon et les îles Marshall en Mélanésie ; elle possède les îles Samoa en Polynésie ; les Carolines, Palaos et Mariannes en Micronésie.

Les *États-Unis* possèdent : 1° les *îles Hawaii*, îles volcaniques, en pleine prospérité, enrichies par la culture de la canne à sucre ; elles ont 109 000 habitants, leur capitale est Honoloulou ; 2° l'*archipel des Philippines*, pris aux Espagnols, en 1898 : cet archipel, dont le produit principal est le tabac de Manille, renferme 5 700 000 habitants ; sa capitale est Manille (182 000 hab.), dans l'île de Luçon.

Le *Japon* possède le petit groupe de Bonin-Sima, dans l'archipel Magellan. Enfin le *Chili* s'est emparé, en 1888, de l'île de Pâques, la plus orientale des terres océaniennes.

RÉSUMÉ

I. **Populations océaniennes et européennes.** — L'Océanie a 40 millions environ d'habitants : presque tous résident dans l'archipel Asiatique. Les indigènes appartiennent à deux races : les Mélanésiens sont beaucoup plus féroces et moins faciles à civiliser que les Polynésiens. Du reste le nombre des indigènes diminue rapidement.

Les Européens prennent la place de ces derniers depuis trois siècles qu'ils explorent et découvrent l'Océanie. Chacun des principaux peuples européens y a établi des colonies. Au premier rang vient l'Angleterre ; derrière elle viennent la Hollande, la France, l'Allemagne, les États-Unis, etc. De nombreux paquebots relient aujourd'hui ces colonies au reste du monde.

II. **Colonies hollandaises.** — Les Hollandais possèdent une partie de l'archipel Asiatique (Sumatra, Java, les Moluques), pays très riche en productions agricoles. 28 millions d'habitants y vivent, dont **21** à Java : la capitale est Batavia, dans cette dernière île.

III. **Colonies françaises.** — La France possède, dans la Polynésie, de petits archipels et la Nouvelle-Calédonie (63 000 hab.), capitale Nouméa.

IV. **Autres colonies.** — L'Allemagne est établie dans une partie de la Nouvelle-Guinée, aux Salomon, à Samoa, aux Carolines, Palaos et Mariannes. Les États-Unis occupent l'archipel des îles Hawaii (109 000 hab.), capitale Honoloulou, et le grand archipel des îles Philippines (5 700 000 hab.), capitale Manille (182 000 hab.). Le Japon et le Chili enfin possèdent de petites îles.

§ 2. — LES COLONIES ANGLAISES

L'Angleterre possède sans contredit en Océanie plus de colonies que n'importe quel autre pays européen. Elle y occupe, en effet : dans l'Océanie occidentale, une partie de *Bornéo* et de la *Nouvelle-Guinée* ; au sud, l'*Australie* avec la *Tasmanie* et la *Nouvelle-Zélande* ; au centre et à l'est, les *Viti* ou *Fiji*, et les îles *Cook* ou *Hervey*.

L'Australie. — L'Australie, avec ses 7 600 000 kilomètres carrés, est la plus importante des colonies anglaises de l'Océanie.

Malheureusement elle est loin d'être aussi riche qu'elle est grande. Tout le centre, encore incomplètement connu, n'est qu'un immense désert. Dans une seule région, au sud-est, le sol, mieux arrosé, porte des moissons abondantes, nourrit de gras troupeaux, ou recèle, dans ses profondeurs, de riches gisements miniers. Le cuivre, la houille, l'argent, le plomb, le fer, l'étain, existent en quantités considérables dans les montagnes du sud-est australien; l'or y est plus abondant encore que tous les autres métaux : on estime que, dans les trente dernières années, l'Australie a produit pour 7 milliards et demi d'or.

Inculte sur une grande partie de son étendue[1], l'Australie ne comptait que 150000 à 200000 indigènes[2] quand les Européens y arrivèrent : c'étaient des hommes laids, peu intel-

1. **Le climat de l'Australie centrale.** — Nul climat au monde n'est plus défavorable au développement de l'homme que celui de l'Australie centrale. Parfois, après plusieurs années de sécheresse absolue dans un district, les pluies s'y portent pendant une autre série d'années. Des rivières se forment, indécises, ramifiées dans le désert poussiéreux en courants vagabonds ou en larges flaques d'eau sans profondeur. Si plusieurs de ces courants se rassemblent dans une dépression, la terre s'y humecte, puis une mince nappe d'eau apparaît, s'élargit d'année en année, devient un lac dont on n'aperçoit plus les bords. Dix ans après, peut-être, ce lac (comme il est arrivé au lac George) recommencera à se transformer en marais, les rivières ne lui apporteront plus leurs eaux, et le désert se desséchera graduellement sur toute son étendue. Aussi l'Australie est-elle en transformation incessante.

2. **La race australienne.** — Les indigènes de l'Australie se rattachent à la race mélanésienne. Ils ont la peau cuivrée et de couleur foncée, le crâne petit et fuyant, les mâchoires et le ventre proéminents, les cheveux noirs légèrement onduleux sans être laineux. L'intelligence de ces indigènes est peu développée. On ne trouve chez eux ni religion, ni organisation sociale, ni industrie; ils ne pratiquent ni l'agriculture, ni l'élevage. Ils vivent par petits groupes de quinze à vingt individus, abrités dans des huttes grossières ou derrière des buissons; beaucoup n'ont point de vêtements; ils possèdent pour tout bien quelques armes et des canots; ils ont toutefois une arme spéciale, qui est une des plus étonnantes inventions humaines, le *boumerang* : c'est une sorte de palette courbe qui, lancée à plat contre l'air, se dirige vers le but en tourbillonnant avec un mouvement d'hélice, puis, après avoir frappé, revient vers celui qui l'a lancée, parcourant parfois plusieurs centaines de mètres.

Dans l'ensemble, les Australiens paraissent relégués par leur état intellectuel au degré le plus arriéré de l'humanité.

ligents, fort arriérés. Ils ont beaucoup diminué en un siècle : on n'en compte plus que 55000.

Les Anglais ont commencé à coloniser l'Australie à la fin du XVIIIe siècle. Ils y déportèrent leurs forçats. La colonisation resta stationnaire jusqu'au moment de la découverte des mines d'or, en 1851. Des aventuriers vinrent alors en Australie de tous les pays dans l'espoir d'y trouver fortune. Néanmoins l'Australie ne compte encore qu'environ 4 millions d'habitants, qui forment cinq États d'importance inégale. C'est dans les contrées du sud-est que les habitants sont les plus nombreux.

Les principales villes sont : *Sydney*, capitale de la Nouvelle-Galles du Sud ; douée d'un excellent port, elle s'accroît très rapidement et a déjà 425000 habitants ; *Melbourne*, capitale de l'État de Victoria, compte, avec ses faubourgs, 438000 habitants ; — *Adélaïde* (135000 hab.), capitale de l'Australie du Sud.

Toute la partie occidentale et centrale de l'Australie, sur une superficie égale à celle de l'Inde, n'a pas même 100000 habitants.

Les Anglais ont transformé sensiblement l'Australie depuis qu'ils l'occupent. Ils y ont construit deux grandes lignes qui sillonnent l'est et le sud-est australien : l'une de Brisbane à Newcastle ; l'autre de Sydney à Adélaïde par Melbourne. Ils projettent même d'y établir un transcontinental ; mais jusqu'à présent on n'a pu établir, à travers le continent australien, que deux lignes télégraphiques.

Des services réguliers de paquebots unissent les principaux ports d'Australie, Adélaïde, Melbourne, Sydney, Brisbane, avec l'Europe, l'Asie et l'Amérique.

Grâce à ces travaux, l'Australie a réalisé d'énormes progrès. L'élevage est aujourd'hui l'industrie la plus prospère d'Australie : c'est de là que nous vient la laine des moutons mérinos. Déjà même des manufactures et des usines ont commencé de s'y établir. Ces progrès auraient été plus sensibles sans les jalousies qui ont trop longtemps divisé les différents États australiens.

Aujourd'hui ces divisions tendent à disparaître, et les cinq États se rapprochent de plus en plus pour combattre la métropole, qu'ils accusent de vouloir les exploiter.

La Tasmanie. — La Tasmanie, séparée de l'Australie par le détroit de Bass, est grande comme l'Irlande. C'est une île montueuse et accidentée, mais baignée d'un climat qui doit à la proximité de la mer une remarquable douceur. L'humidité y entretient une verdure perpétuelle et des prairies excellentes pour l'élevage.

On y compte 157 000 habitants environ; la capitale en est *Hobart* (39 000 hab.).

La Nouvelle-Zélande. — Cet archipel, situé à l'est de l'Australie, comprend principalement deux grandes îles, séparées par un étroit couloir : l'île du Nord et l'île du Sud.

Toutes deux sont sillonnées par une arête montagneuse, d'origine volcanique, dont les ramifications couvrent la plus grande partie de leur surface. Le climat en est humide et doux. Aussi, comme en Tasmanie, les pâturages y ont-ils une grande importance. Les cultures de céréales et l'exploitation des mines d'or et d'argent ne viennent qu'après.

La Nouvelle-Zélande a plus de 700 000 habitants. Les indigènes, les *Maori*, appartiennent à la race polynésienne; ils diminuent rapidement. Les Blancs, presque tous Anglais, y sont au nombre de 650 000 environ.

Les principales villes sont *Auckland* (28 000 hab.) et *Wellington*; toutes les deux sont bâties dans l'île du Nord, la dernière sur le détroit qui sépare cette île de celle du Sud. *Dunedin* est la principale ville de l'île du Sud.

Autres colonies anglaises. — Les autres colonies sont loin d'avoir la même importance que les précédentes.

Les *îles Cook* sont des îles volcaniques, entourées de polypiers, du reste à peu près incultes. Les îles *Viti* ou *Fiji* sont plus fertiles : on y a introduit avec succès les cultures du café et de la canne à sucre. La *Nouvelle-Guinée* n'est que très imparfaitement reconnue.

A *Bornéo*, les Anglais, attirés par les mines de charbon qui s'y trouvaient, se sont établis sur la côte du nord-ouest, tournée vers l'Indo-Chine. C'est pour eux un poste excellent, en même temps qu'un marché d'approvisionnement pour la houille.

RÉSUMÉ

L'Angleterre possède en Océanie : une partie de Bornéo et de la Nouvelle-Guinée ; l'Australie avec la Tasmanie et la Nouvelle-Zélande ; les îles Viti et Cook.

I. **L'Australie**. — L'Australie a 7 600 000 kilomètres carrés (les trois quarts de l'Europe) ; mais ce n'est qu'un désert, sauf au sud-est, où l'on trouve des prairies, des cultures, des mines, surtout des mines d'or. Aussi n'avait-elle, quand arrivèrent les Européens, que moins de 200 000 indigènes, réduits aujourd'hui à 55 000. Les Anglais y sont venus en assez grand nombre depuis 1851. La population australienne se monte aujourd'hui à plus de 4 millions d'habitants. Les principales villes sont Sydney, Melbourne et Adélaïde.
L'Australie a maintenant des chemins de fer, des services réguliers de paquebots, une agriculture prospère (moutons mérinos).

II. **La Tasmanie**. — Humide et propre à l'élevage, la Tasmanie compte 157 000 habitants : capitale, Hobart.

III. **La Nouvelle-Zélande**. — Cet archipel montagneux, dont le climat humide favorise l'élevage, compte 700 000 habitants (50 000 Maoris, 650 000 Blancs) : deux grandes villes, Auckland et Wellington.

IV. **Autres colonies anglaises**. — Les îles Cook, les îles Viti, la Nouvelle-Guinée, sont peu importantes. A Bornéo, les Anglais exploitent des mines de houille.

TROISIÈME PARTIE

LE MONDE MÉDITERRANÉEN

§ 1. — DESCRIPTION PHYSIQUE

Situation. — Le nom seul de la Méditerranée suffit à en indiquer la situation : c'est une mer que des terres environnent de tous les côtés. Elle ne communique avec les autres océans que par d'étroits passages : à l'ouest, par la fente du détroit de Gibraltar, qui ne mesure pas plus de 14 kilomètres en sa partie la moins large ; au sud-est, par l'ouverture artificielle du canal de Suez.

Les terres qui font à la Méditerranée une ceinture ainsi continue sont : au nord l'Europe, à l'est l'Asie, au sud l'Afrique. La Méditerranée forme donc le centre de l'ancien continent, dont les trois grandes parties sont baignées par ses eaux.

Disposition générale. — La Méditerranée se prolonge surtout dans le sens de la latitude. C'est un fait si apparent dès le premier abord que les anciens exagéraient de plus d'un quart sa longueur de l'ouest à l'est : les géographes du XVIIe siècle ont les premiers donné à la Méditerranée ses dimensions véritables.

Légèrement inclinée sur le 37e degré de latitude qui la traverse à peu près dans toute sa longueur, un peu plus méridionale à l'est qu'à l'ouest, elle présente un développement longitudinal d'environ 3 750 kilomètres, avec une largeur variable, mais toujours bien inférieure. Elle mesure 742 kilomètres de large sur le méridien d'Alger, 800 sur celui de Gênes, 600 en moyenne dans sa partie orientale. La partie la plus étranglée du bassin, entre la Sicile et la côte de Tunisie, n'a que 138 kilomètres environ.

D'après les estimations les plus vraisemblables, la Médi-

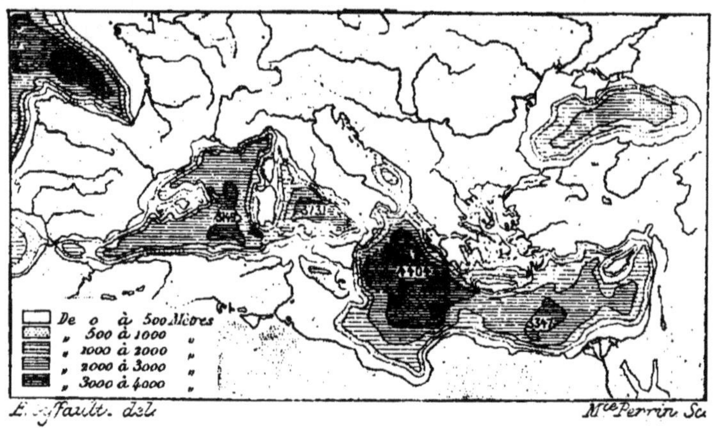

Profondeurs de la Méditerranée.

terranée, avec les mers qui en dépendent, couvrirait une superficie de près de 3 millions de kilomètres carrés. Dans ce chiffre, la Méditerranée compterait pour 2 371 000 kilomètres carrés, l'Adriatique pour 132 000, la mer Noire pour 424 000. La superficie des îles ne dépasserait pas la vingt-cinquième partie de la surface de cette mer.

Cette masse d'eau si étendue forme d'ailleurs un volume considérable. Presque partout la Méditerranée est très profonde; on y a trouvé jusqu'à 4 404 mètres de profondeur au sud-ouest du cap Matapan.

Par suite de son isolement, la Méditerranée ne participe pas au mouvement général des marées. On constate bien sur certains points, comme dans le fond du golfe de Gabès ou au nord de la mer Adriatique, des marées de 1 ou 2 mètres, et les tourbillons, si redoutés jadis, de Charybde et de Scylla, n'avaient d'autre cause que le passage alternatif des eaux à travers le détroit de Messine. En dépit de ces exceptions locales, on peut dire que la Méditerranée n'est pas soumise au balancement du flux et du reflux; la vague s'y brise perpétuellement sur le même point de la côte.

Divisions de la Méditerranée. — Au centre de la Méditerranée il existe un resserrement très marqué entre la Sicile et la Tunisie : 138 kilomètres seulement séparent le cap Boco du cap Bon. En outre, dans ce détroit le fond de la mer se relève : la sonde le touche à moins de 250 mètres; des îles comme Pantellaria, des îlots et des bancs peu profondément immergés, forment comme des jalons semés entre les deux terres.

Il était donc naturel de diviser la Méditerranée en deux bassins. Le bassin occidental a reçu le nom de *bassin latin*; le bassin oriental forme le *bassin grec*.

Méditerranée latine. — La Méditerranée latine s'étend depuis le détroit de Gibraltar jusqu'au détroit qui sépare la Sicile de l'Afrique. Elle a la forme d'un grand trapèze dont les côtes africaine et sicilienne forment la grande base, et la côte comprise entre le cap de Creus et Gênes la petite base. La côte orientale d'Espagne et la côte occidentale d'Italie en sont les côtés.

Cette Méditerranée latine est peu découpée. Le long de la côte d'Espagne ne s'ouvrent que quelques golfes largement échancrés dont le principal, est le *golfe de Valence*. Le long de la France se dessine de même le *golfe du Lion*. L'Italie a le large *golfe de Gênes* et la *baie de Naples*, faible indentation, mais ravissant spectacle. La côte africaine de la Méditerranée est toute rectiligne et les seuls enfoncements qu'elle présente mordent peu dans l'intérieur des terres : ils restent toujours largement ouverts aux vents et à la houle du large. La partie de la Méditerranée qu'enceignent l'Italie, la Sicile, la Sardaigne et la Corse porte le nom de *mer Tyrrhénienne*.

La Méditerranée latine ne compte que peu d'îles, dont quelques-unes, il est vrai, sont très étendues. En avant de la côte d'Espagne s'allonge l'archipel des **îles Baléares** qui comprend les îles *Formentera*, *Iviça*, *Majorque* et *Minorque*; elles sont disposées de l'ouest à l'est. Au centre s'étendent, du nord au sud, la grande **île de Corse**, et la plus grande **île de Sardaigne**, toutes deux couvertes de montagnes qui atteignent, en Corse, 2 710 mètres au Monte Cinto, et, en Sardaigne, 1 795 mètres au Monte del Gennargentu; la Corse et la Sardaigne sont séparées par un détroit d'accès difficile nommé les *Bouches de Bonifacio*. Quelques îles, d'une importance bien moindre, sont situées le long de la côte occidentale de l'Italie : par exemple, l'île d'*Elbe* s'étend entre la Corse et la Toscane; *Ischia* et *Capri*, à l'entrée du golfe de Naples; les **îles Lipari**, qui renferment le volcan du Stromboli, au nord de la Sicile. A l'ouest de la Sicile s'avancent les îles *Ægades*. Quant aux îles qui s'étendent le long de la côte méditerranéenne de l'Afrique, ce sont des îlots rocheux peu nombreux, peu étendus et d'une importance nulle.

Méditerranée grecque. — La Méditerranée grecque, au contraire de la Méditerranée latine, est profondément découpée. Elle se prolonge dans les terres par des golfes nombreux ou même de véritables mers que séparent des presqu'îles découpées et qu'ouvrent des passages d'une étroitesse parfois extrême.

Les principales mers secondaires que forme la Méditerranée grecque sont la mer Ionienne, la mer Adriatique, l'Archipel ou mer Égée, la mer de Marmara et la mer Noire.

La **mer Ionienne**, qui s'étend entre la Sicile, l'Italie méridionale et la péninsule des Balkans, communique avec la Méditerranée latine par le *détroit de Messine* qui mesure moins de 4 kilomètres en sa partie la plus resserrée, à la hauteur du fameux rocher de Scylla et du tourbillon de Charybde. Elle forme le *golfe de Tarente* en Italie, et le *golfe de Lépante* en Grèce. Quelques îles s'y élèvent le long de la côte de la péninsule Balkanique; on les appelle les **îles Ioniennes**; les principales sont, du nord au sud, *Corfou*,

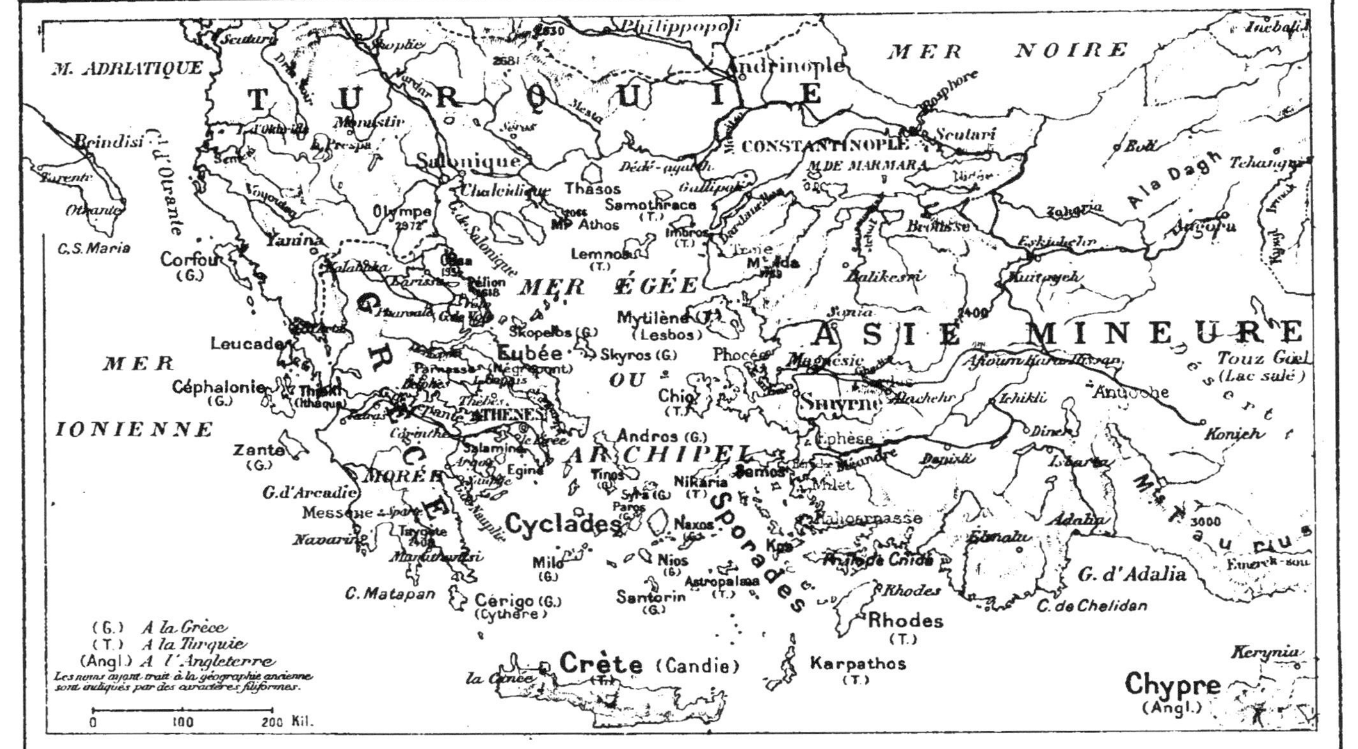

E. Giffault, Del. — M.ce Perrin, Sc.

La Grèce et la mer Égée.

Leucade, *Céphalonie* et *Zante*; à l'est de Céphalonie, dont un étroit bras de mer la sépare, se trouve la petite île *Thiaki*, célèbre dans l'antiquité sous le nom d'*Ithaque*.

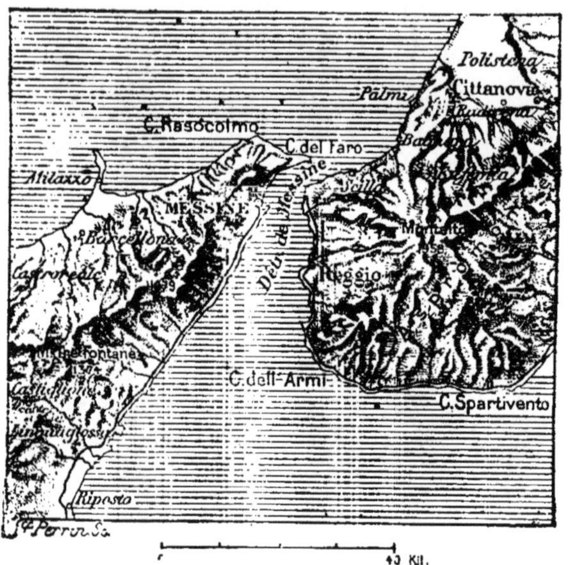

Détroit de Messine.

La **mer Adriatique** s'ouvre, au sud, sur la mer Ionienne par le *canal d'Otrante*, large de 80 kilomètres, entre la Pouille et l'Épire. Elle s'enfonce jusqu'au pied des Alpes, où elle forme le *golfe de Venise* et le *golfe de Quarnero*, séparés par la péninsule d'*Istrie*. De nombreuses îles, étroites et longues, s'allongent en traînées en avant de la côte de Dalmatie.

La **mer Égée**, ou **Archipel**, est limitée au sud par l'île de Cérigo, prolongement du cap Malée, l'une des pointes de la péninsile de Morée, par l'île de Crète ou Candie, allongée sur une longueur très étendue de l'ouest à l'est, et par quelques îles comme Karpathos et Rhodes, qui se continuent jusqu'à la presqu'île de Cnide, à l'extrémité sud-ouest de l'Asie Mineure. C'est une mer peu profonde; rarement la sonde y descend plus bas que 1000 mètres. Les tremblements de terre et les convulsions volcaniques de tout genre y sont fréquents. Mais aucune autre partie de la Mediterranée n'est éclairée par un ciel plus lumineux, baigné d'une atmosphère plus pure. Nulle part les forces naturelles n'ont façonné des rivages plus nobles, des golfes plus doucement arrondis, des promontoires plus hardiment découpés, des traînées d'îles disposées avec une plus parfaite harmonie. On dirait que les rives et les îles de l'Archipel ont été sculptées par une main intelligente, consciente de leur beauté.

A l'ouest, la côte grecque est découpée d'innombrables golfes : le *golfe de Nauplie*, le *golfe d'Égine* ou d'*Athènes*, semé d'îles harmonieuses et séparé du golfe de Lépante par un isthme étroit que l'antiquité projeta de percer à diverses reprises et qui l'a été de nos jours (1893) ; le *golfe de Lamia* au nord de la Phocide ; le *golfe de Volo*, que ferme la *presqu'île de Magnésie*, où le Pélion se dresse en face du mont Ossa (aujourd'hui Kissovo), situé plus au nord, au-dessus de la fameuse vallée de Tempé.

Au nord, la côte turque n'est pas moins remarquablement articulée avec son *golfe de Salonique* qui pénètre si avant dans la Macédoine, et la *péninsule de Chalcidique* que prolongent, à 60 kilomètres dans les flots, trois étroites presqu'îles, semblables à trois doigts aux fines attaches : la plus orientale présente, à son extrémité méridionale, le *mont Athos* (2066 m.). Pour les fidèles du rite grec, l'Athos est une espèce de Rome ou de la Mecque ; il porte plus de 900 églises et chapelles, des monastères, des skytes ou villages d'ermites; sur ses hardis promontoires, dans ses charmants ravins, dans des cavernes percées dans la roche à de vertigineuses hauteurs, vit une énorme population de 6000 moines.

A l'est enfin, la côte de l'Asie Mineure présente une succession de dentelures que ferment des îles et des presqu'iles découpées. Le *golfe d'Edremid*, le *golfe de Smyrne*, fermé au sud et à l'ouest par la *presqu'île de Tchesmeh*, le *golfe de Scala Nova*, le *golfe de Kos* et le *golfe de Symi*, limité par la longue *presqu'île de Cnide*, et la *presqu'île de Phœnix*, si bizarrement découpée, en sont les principales.

Quant aux îles,elles sont nombreuses dans toutes les parties de la mer Égée. En général petites, plus longues que larges,

E. Giffault, Del.

Mme Perrin, Sc.

couvertes de montagnes élevées qui se prolongent d'une île vers l'autre, elles forment comme des cordons jetés, pour les réunir, entre les deux continents d'Europe et d'Asie. La plupart d'entre elles appartiennent à deux groupes importants, qu'on a nommés les *Sporades*, c'est-à-dire les *semées*, les dispersées, et les *Cyclades*, qui sont disposées en *cercle* (un cercle bien irrégulier) autour de Délos, l'île du Dieu du jour. Calcaires ou volcaniques, incendiées de soleil, en pleine nudité, presque sans sources, elles sont belles par l'éclat de leurs roches sous un ciel lumineux.

Dans le groupe des **Cyclades** se trouvent : la volcanique *Milo*, échancrée d'une grande baie qui est un ancien cratère; *Santorin*, que des convulsions, dont quelques-unes sont toutes récentes (1866-1870), n'ont cessé de modifier dans le cours des derniers siècles; *Amorgos*, la fertile *Naxos*, *Paros* aux marbres renommés, l'île de *Syra*, enfin *Tinos* et *Andros*. Ces deux dernières îles forment le prolongement de la montagneuse **Eubée** ou **Négrepont**, qu'un étroit chenal sépare à l'ouest et au nord du continent grec; longue de 175 kilomètres, Eubée a une largeur qui varie de 8 à 40 kilomètres; une arête montagneuse y court du nord au sud, et atteint 1745 mètres au centre, au mont Delphi. Le détroit étonnamment resserré qui sépare l'Eubée de la Grèce continentale s'appelle le *canal de l'Euripe* : devant la capitale de l'Eubée, l'antique Chalcis, l'Euripe est deux fois moins large que la Seine entre les quais de Paris.

Dans le groupe des **Sporades**, voisin de l'Asie Mineure, se trouvent : au sud, *Karpathos* et *Rhodes*, « l'île des roses » ; plus au nord, *Kos*, *Samos*, à 2 000 mètres du littoral où brilla jadis Éphèse; *Chio*, trop souvent dévastée par les tremblements de terre. Plus au nord encore se montre *Lesbos* ou *Mytilène*, qui commande le golfe de Smyrne et le rivage où s'éleva Phocée. Plus au nord enfin, le long de la côte turque, montent au-dessus des flots *Thasos*, *Samothrace*, *Imbros*, *Lemnos*. Cette dernière fumait au temps des Grecs : de ses fourneaux, éteints maintenant, ils firent la forge de Vulcain, dieu de la fonte et du fer, père des arts et de toute science.

La **mer de Marmara** n'est que le vestibule de la mer

Noire, obstrué vers le centre par la presqu'île de Cyzique et l'île de Marmara. Elle communique avec l'Archipel au sud-ouest par le *détroit des Dardanelles*, long de 68 kilomètres, large au maximum de 7 000 mètres, au minimum de 1 800. Elle communique au nord-est avec la mer Noire par le *détroit du Bosphore* qui n'a pas plus de 27 kilomètres de longueur, et dont la largeur, qui ne dépasse nulle part 4 500 mètres, est de 550 mètres seulement en sa partie la plus resserrée. Le détroit qui sépare l'Europe de l'Asie n'a donc que l'ampleur de la Garonne devant les quais de Bordeaux. Les bords en sont enchanteurs : sur ses deux rives s'élèvent des palais au milieu des térébinthes, des platanes, et des bosquets de cyprès ou des cimetières aussi gais que de riants jardins

Le Bosphore.

La **mer Noire** n'appartient que par accident au bassin méditerranéen. C'est une convulsion relativement récente de l'écorce terrestre qui, disjoignant brutalement l'Europe de l'Asie, ouvrit le Bosphore et permit aux flots des deux mers de communiquer. La mer Noire ne dessine point de golfes pittoresques; elle n'a pas d'île, une seule péninsule s'y enfonce, la *péninsule de Crimée*, à l'est de laquelle, communiquant avec la mer Noire par le resserré *détroit de Kertch*, s'étend la *mer d'Azov* : celle-ci est plutôt un marais qu'une mer véritable; la profondeur ne dépasse nulle part plusieurs mètres, et telle est l'abondance des eaux que lui jettent ses nombreux tributaires que l'eau en est saumâtre plus que salée. Les anciens ne l'appelaient point du nom de mer : c'était, pour eux, le *palus Mæotide*.

Bien qu'elle communique aujourd'hui avec l'Archipel par l'ouverture du Bosphore, la mer Noire ne fait point vraiment partie du bassin méditerranéen. Elle en diffère surtout par son climat, âpre, inégal, aux hivers déjà rudes; souvent une dalle de glace recouvre une partie de son étendue; chaque hiver, les deux golfes qui avoisinent la Crimée restent glacés de longues semaines. Les Anciens, quand ils franchirent pour la première fois le Bosphore, furent frappés de ce changement de climat. En entrant dans la mer Noire, ils crurent pénétrer dans un pays tout nouveau qu'ils s'imaginaient bien plus rapproché du pôle qu'il ne l'est en réalité, comme l'attestent leurs cartes. Virgile parle des glaces hyperboréennes du Tanaïs, c'est-à-dire du Don. Lorsqu'ils allèrent dans la Colchide, au fond de la mer Noire, à la recherche de la Toison d'or, les Grecs pensèrent avoir atteint l'extrémité du monde.

Côtes de la Méditerranée. — La Méditerranée offre un développement considérable de côtes, tant elle est découpée de grands golfes et même de mers véritables qui la prolongent à l'intérieur des terres continentales. Les côtes septentrionales en particulier sont riches en indentations de toute sorte. Les côtes méridionales ont beaucoup plus de simplicité; elles forment une étendue rectiligne dont l'enfoncement des Syrtes rompt seul l'uniformité.

Cette longue étendue de côtes peut se ramener à deux types principaux : d'une part, la côte plate, bordée de lagunes, marécageuse, partant ingrate, fiévreuse, peu favorable à l'établissement de grands centres commerciaux et au développement de la civilisation; d'autre part, la côte rocheuse, haute, bordée de falaises, découpée en golfes, baies, anses, calanques, riche en ports qui s'y abritent contre les vents du large, derrière des promontoires élevés, ramifiés à l'infini.

Au sud, le type dominant est la côte plate, formée de sables amoncelés en dunes, ou bordée de marais et de lagunes que des cordons littoraux séparent de la haute mer. Presque tout le pourtour de la mer des Syrtes, ainsi que le littoral compris entre la Cyrénaïque et l'Asie, est bas, enfiévré, et répugne à l'établissement humain. Les seules montagnes qui s'élèvent en face de l'Europe, l'Atlas d'Algérie et du Maroc, le bombement de la Cyrénaïque, s'allongent en bourrelets parallèles au rivage, formant ainsi de longues barrières rocheuses, au lieu de s'ouvrir en baies, en détroits, en abris naturels.

Au nord domine au contraire le type rocheux. Aucune cordillère ne se déroule, il est vrai, le long de la Méditerranée, semblable à celle qui borde le Pacifique; mais la plupart des chaînes de l'Europe méridionale avoisinent la Méditerranée ou s'en écartent peu. Elles en sont séparées quelquefois, comme le long du golfe de Valence, du golfe du Lion, et aux embouchures du Pô, par des plaines alluviales, généralement peu larges, formées par le travail des rivières. Les chaînes méditerranéennes sont du reste séparées les unes des autres par les trouées des fleuves, véritables couloirs par lesquels la civilisation méditerranéenne a pu pénétrer à l'intérieur des terres; tels l'Èbre, le Rhône, le Nil. Le long de ces côtes rocheuses (côtes d'Espagne, de Provence, d'Italie, de Dalmatie, de Grèce, d'Asie Mineure) devait forcément se développer une vie maritime intense : « La Provence se jette à la mer », disait Michelet; le même mot s'applique à toutes les côtes septentrionales de la Méditerranée; les populations y étaient vouées à la vie maritime par la nature elle-même.

RÉSUMÉ

I. **Situation**. — La Méditerranée forme comme un lac fermé au centre de l'Ancien Monde, entre l'Europe, l'Asie et l'Afrique; elle ne communique qu'avec l'Atlantique par le détroit de Gibraltar (14 kil.), et avec l'océan Indien par le canal de Suez.

II. **Disposition générale.** — La Méditerranée, plus longue que large, s'étend de l'ouest à l'est, avec une légère inclinaison au sud-est. Sa superficie, y compris les mers annexes, égale près de 3 millions de kilomètres carrés. La Méditerranée n'a point de marées véritables.

III. **Divisions de la Méditerranée.** — Au centre, la Méditerranée est resserrée (138 kil.) entre la Sicile et la Tunisie, qu'unit un fond médiocrement immergé : à l'ouest de cet étranglement s'étend la Méditerranée latine; à l'est, la Méditerranée grecque.

La Méditerranée latine, disposée en forme de trapèze, est médiocrement découpée (golfes de Valence, du Lion, de Gênes, de Naples); elle renferme peu d'îles (Baléares, Corse, Sardaigne, îles Lipari).

La Méditerranée grecque envoie dans les terres de nombreux golfes et d'immenses mers, les îles y sont fort nombreuses. Parmi les mers que forme la Méditerranée grecque, on remarque : la mer Ionienne (golfes de Tarente et de Lépante, îles Ioniennes); la mer Adriatique (canal d'Otrante, golfe de Venise), la mer Égée ou Archipel, admirablement découpée et riche en îles (golfes d'Athènes, de Salonique, presqu'île de Chalcidique, golfe de Smyrne, Cyclades, Sporades, Eubée, Samos, Chio, Lesbos, Lemnos, etc.); la mer de Marmara, entre les Dardanelles et le Bosphore; la mer Noire et la mer d'Azov, devenues méditerranéennes à la suite d'une convulsion relativement récente du globe, et baignées d'un climat tout différent.

IV. **Côtes.** — Les côtes méditerranéennes peuvent se rattacher à deux types principaux : le type plat, marécageux et malsain, qui domine au sud; le type rocheux, bien découpé, prédisposé au développement de la vie maritime, qui domine au nord. Sur la côte septentrionale, les montagnes s'écartent parfois du rivage pour donner passage à quelques fleuves dont les vallées sont naturellement devenues des voies commerciales fort suivies.

§ 2. — LA VIE MÉDITERRANÉENNE

Malgré d'incontestables différences, dues surtout à l'influence de la latitude, l'ensemble du bassin méditerranéen présente une remarquable unité de conditions physiques. Au nord comme au sud, à l'ouest comme à l'est, le climat, les productions, les hommes se ressemblent : on s'y meut dans un milieu identique, on s'aperçoit à peine qu'on change de pays.

Climat. — Dans l'ensemble, le bassin méditerranéen jouit d'un des climats les plus agréables de la terre; il a des étés chauds et des hivers tièdes.

Ce climat est réglé par le voisinage, au sud, des déserts sahariens. Ces vastes étendues de pierres nues et de sables qu'échauffe rapidement un soleil tropical constituent un puissant foyer d'appel qui attire au sud l'air plus froid de l'Europe méridionale. En toute saison, mais principalement en été, dominent donc sur la Méditerranée des vents du nord. Leur constance est si remarquable qu'ils ont incliné vers le

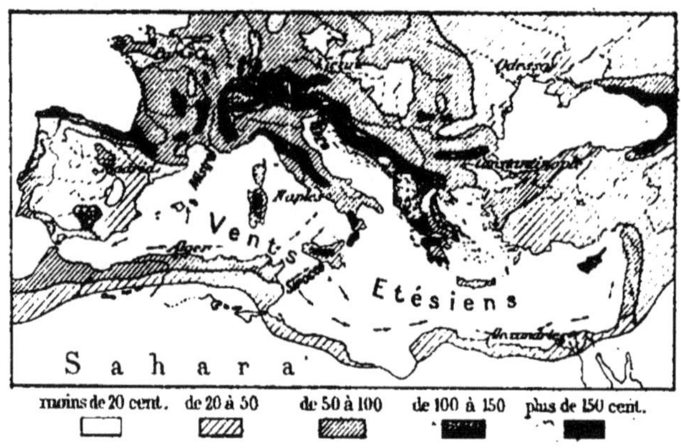

Pluies et vents.

sud tous les arbres des Baléares. Les Grecs, qui avaient remarqué de bonne heure la fréquence de ces vents, qu'ils utilisaient pour le besoin de leurs relations maritimes, les nommaient *vents étésiens*, c'est-à-dire vents annuels. Quelquefois, mais bien plus rarement, le vent du sud souffle sur la Méditerranée; on ne le constate guère qu'en été; c'est le *sirocco*, vent du désert, brûlant et étouffant, qui obscurcit l'air, ternit les objets, dessèche les poumons, déprime l'énergie humaine. A Athènes, les jours de sirocco, on émigre dans le sous-sol, ou *hypogée*, creusé dans le roc : c'est le seul endroit de la maison où l'on peut respirer.

A côté de ces vents généraux, il convient de citer des vents locaux dont la renommée n'est pas moindre : le *mistral* de

Provence, la *bora* de l'Adriatique du Nord, l'*euraquilon* de la Méditerranée orientale. Tous s'expliquent par la même cause, par le contraste que présente la chaleur des plaines bordières

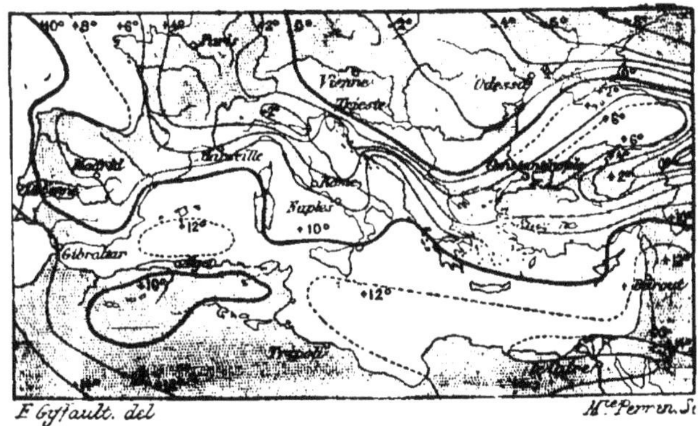

E. Gyffault. del — Mce Perrin. Sc

Isothermes d'hiver.

avec la froidure des montagnes voisines. Attiré violemment par l'échauffement du littoral, l'air des hauteurs tombe avec

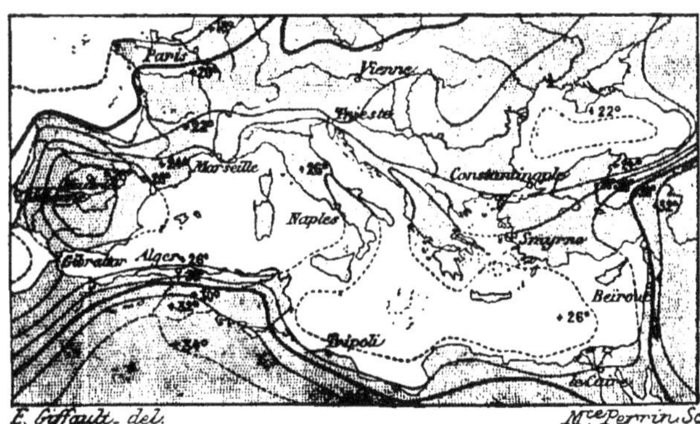

E. Gyffault. del. — Mce Perrin. Sc

Isothermes d'été.

force sur la plaine, qu'il dévaste, et sur la mer, qu'il creuse de lames courtes et dangereuses, et, comme il s'est refroidi au contact des neiges pyrénéennes, cévenoles, alpestres, ou à celles des neiges de la Phthiotide ou de la Thrace, il apporte des bouffées glaciales qui abaissent subitement la température, parfois de 15 ou de 20 degrés en quelques instants. C'est le terrible *Borée*, dont parlent avec effroi les écrivains anciens; il saupoudre en effet les maisons de neige, glace les eaux stagnantes, gèle la sève des arbres et fait grelotter sous leurs manteaux, jusqu'en mars ou en avril, les habitants de ces régions ensoleillées.

La sécheresse résulte naturellement de ces vents dominants. Le sirocco, qui souffle du désert, ne charrie point d'humidité. Quant aux vents du nord, qui descendent des montagnes d'Europe, ils s'échauffent en atteignant le niveau de la mer; dès lors ils s'éloignent de leur point de saturation et retiennent en suspension les vapeurs dont ils étaient chargés.

Les pluies sont rares dans tout le bassin méditerranéen. Elles n'arrivent généralement qu'à la suite de quelque changement brusque dans la direction des vents, et tombent alors par grandes masses. C'est le printemps, sur les côtes de France, l'hiver en Sicile et dans la Méditerranée orientale, qui voient les précipitations les plus régulières. L'été reste partout invariablement sec. Trois, quatre, cinq, six mois se passent sans amener une chute de pluie notable, si l'on excepte quelques averses torrentielles évaporées dans l'air sans avoir le temps d'exercer de l'influence. Une morne aridité pèse alors sur les champs brûlés par le soleil; tous les objets disparaissent sous les flots uniformes d'une poussière fine; la nature et les hommes languissent, au bruit strident des cigales, dans l'attente des premières gouttes de pluie automnale. « Ah! les eaux fraîches sur les montagnes », murmurent sans cesse les poètes anciens. L'été est, dans certaines régions de la Méditerranée, la saison de mort. Le poète latin Horace l'appelle « le temps des testaments ». Des marécages surchauffés se dégagent des miasmes fiévreux qui empestent l'air. Les hommes n'en souffrent pas trop; ils ont quelques accès au printemps, coupent la fièvre et l'oublient jusqu'à l'automne. Mais la malaria, dans les bas-fonds paludéens, moissonne les enfants en bas âge, et ceux qui survivent gardent, jusqu'à l'âge de treize ou de quatorze ans, les jambes maigres, le teint plombé, les yeux caves et le ventre ballonné. Les fraîcheurs des heures crépusculaires sont particulièrement perfides. On comprend que l'imagination grecque se soit figuré le brûlant soleil d'été sous les traits d'Apollon meurtrier, dont les flèches portent la mort.

Cette sécheresse de l'air fait du climat méditerranéen le plus brillant peut-être des climats de la terre. Nulle autre part, l'air n'a une transparence plus lumineuse. A Athènes, d'après vingt-quatre années d'observations, il n'y a pas en moyenne plus de trois journées par an pendant lesquelles le soleil reste entièrement voilé. La même constatation s'applique à peu près à toute la Méditerranée. Il est rare même d'y observer ces brumes légères qui, sous nos climats océaniques, noient et adoucissent les contours, en prêtant à nos régions un charme d'une suavité particulière. Le ciel méditerranéen conserve jusqu'à l'horizon cette teinte d'azur et cette limpidité étincelante qui font paraître tout proches les objets éloignés et qui vêtent toutes choses d'une impalpable lumière. Cet éclat lumineux constitue la principale beauté des paysages de la Méditerranée : c'est lui qui donne son prix à la nature. Aussi, dans le langage des Grecs, mourir c'était cesser de voir la lumière du jour.

Fleuves méditerranéens. — La Méditerranée reçoit les eaux d'un immense bassin limité par les Pyrénées, les Cévennes, les Alpes, le Jura, la Forêt-Noire, les Karpates, les Balkans, les plaines de Russie, le Caucase, les monts d'Asie Mineure et de Syrie, le massif éthiopien et la double rangée de l'Atlas. De nombreux tributaires coulent dans ce vaste espace et restituent à la Méditerranée une partie de ce que le soleil lui enlève par évaporation.

Les principaux fleuves qui se jettent dans la Méditerranée sont : en Espagne, la *Segura*, le *Jucar*, le *Guadalaviar*, l'**Èbre** ; en France, l'*Aude*, l'*Hérault*, le **Rhône**, le *Var* ; en Italie, l'*Arno*, le *Tibre*, le *Volturne*, le **Pô**, l'**Adige** ; le long de la péninsule des Balkans, l'*Achéloüs*, l'*Eurotas*, l'*Ilissus*, le *Vardar*, la *Strouma*, la *Maritza* ; dans la mer Noire, le **Danube**, le *Dniestr*, le **Dniepr** ; dans la mer d'Azov, le **Don** ; en Asie Mineure, le *Ghediz*, le *Méandre* ;

en Syrie, l'*Oronte*; sur la côte d'Afrique, le **Nil**, la *Medjerda*, la *Seybouse*, le *Chélif*, la *Moulouya*.

Venus en général de régions où soufflent les vents humides, ces fleuves pénètrent, à mesure qu'ils approchent de la mer, dans un climat plus sec. Aussi les grands tributaires ont-ils seuls un débit continu. Les torrents ou les rivières de faible longueur se ressentent de l'étroitesse de la zone littorale et de l'inégalité des chutes pluvieuses. Leur pente est rapide. Une averse abondante les enfle d'une manière démesurée et les transforme en énormes masses boueuses à qui quelques instants suffisent pour causer les plus grands dommages. Quelques semaines de sécheresse les transforment, en revanche, en amas de sable ou de gravier; en été, les lits desséchés rayent au loin d'un sillon blanchâtre les pentes grises et dénudées. Un écrivain français dépeint d'un mot pittoresque les cours d'eau méditerranéens : « Ces petites rivières, dit-il, le jour où elles ne sont pas torrents, ressemblent dans leurs larges ravins à des enfants qu'on a couchés dans le lit à colonnes de leur grand-père ». En Grèce, en Asie Mineure, en Algérie, faute d'autres routes, on est souvent réduit à cheminer dans le lit des torrents que l'été a ainsi vidés.

Les seuls fleuves vraiment importants du bassin méditerranéen sont ceux qui, nés dans l'Europe centrale ou septentrionale, n'appartiennent à la Méditerranée que par leur cours inférieur. Du moins, ils ont en toute saison des eaux abondantes. Leur utilité toutefois est moindre que leur longueur ne le laisserait supposer. Par suite de l'absence de marée dans la mer où ils se jettent, les fleuves méditerranéens ne se terminent point par des estuaires profondément ouverts à la vie maritime, mais plutôt par des deltas ramifiés autour d'îles alluviales, basses et marécageuses : ils ne peuvent servir, au même titre que les tributaires de la Manche ou de l'Océan, de voies de pénétration vers l'intérieur des continents. Rares sont les ports méditerranéens situés au débouché même des vallées fluviales. La plupart s'élèvent à proximité des fleuves, mais sur la côte, et à l'abri du cours d'eau qui ne leur apporterait que des alluvions et des nappes de vase. Barcelone est séparée de l'Ebre, Marseille du Rhône, Constantinople du Danube, Venise du Pô; Alexandrie elle-même s'isole le plus possible du Nil.

Productions et cultures. — La flore du bassin méditerranéen possède dans toute son étendue une remarquable uniformité, ce qui ne saurait surprendre, puisqu'il obéit tout entier aux mêmes influences atmosphériques. Des rives espagnoles et africaines aux contrées littorales de l'Italie, de la Grèce ou de l'Asie Mineure, les mêmes plantes croissent et la nature présente les mêmes aspects.

Le bassin méditerranéen n'a point de forêts semblables à celles de notre Europe centrale; les sécheresses persistantes de l'été y sont un obstacle absolu à leur croissance. Les fourrés restent clairsemés; le bois est remplacé par le *maquis*. Du reste, les essences ne sont plus celles des régions atlantiques. Les espèces dominantes sont des plantes épineuses, à feuilles courtes et dures, chez lesquelles l'épaisseur des tissus ralentit l'évaporation et conserve à l'individu végétal, pendant la période de sécheresse, la sève nécessaire à son entretien. Les arbres verts composent la majeure partie de la flore méditerranéenne. A l'état naturel croissent par touffes, sur les roches dénudées, des thyms, des lavandes, des cistes, des myrtes; dans les taillis s'entrelacent pêle-mêle des lentisques, des arbousiers, des chênes-verts en buissons, des oliviers sauvages au feuillage grêle, des genêts et de grandes bruyères, plantes peu touffues et peu pressées : parfois une vigne sauvage, liane flexible aux racines plongeantes, s'empare d'un arbre, l'escalade de branche en branche jusqu'au sommet et retombe à ses pieds en cascade. Tout cela médiocrement exubérant. La végétation ne prend quelque épaisseur que dans les bas-fonds humectés, où un ruisseau, plus favorisé que la plupart, conserve toute l'année un filet d'eau rafraîchissante et vivifiante.

L'établissement des cultures sur le littoral méditerranéen fait honneur à l'industrie humaine. La terre végétale faisait presque entièrement défaut sur les roches calcaires aux flancs abrupts, où elle glisse entraînée vers les fonds par les pluies diluviennes. Le premier travail fut de créer la terre végétale : où elle manquait, l'homme dut l'apporter des vallées basses sur son dos; pour la conserver où il l'avait apportée, il dut la retenir au moyen de murs en pierres sèches dont le roc fournissait les matériaux. Il fallut ensuite lutter contre la sécheresse, s'ingénier à trouver des sources au sein des montagnes, construire des réservoirs pour emmagasiner les eaux d'orage et les distribuer ensuite au fur et à mesure des besoins. Sur la côte espagnole de Malaga, de Murcie et de Valence, le long du littoral génois, en maint endroit de la Grèce et de l'Archipel, en Asie Mineure, en Algérie, tout un code de lois préside à la distribution des eaux de ces réservoirs, et des tribunaux, dits *tribunaux des eaux*, en surveillent jalousement la répartition. Il ne resta plus enfin qu'à extirper, la bêche en main, avec un labeur opiniâtre, la broussaille tenace, et à nettoyer le sol pour le mettre à l'abri de l'envahissement des herbes sauvages.

Les cultures méditerranéennes présentent donc un aspect particulièrement original; ce sont, pour la plupart, des cultures en terrasses. D'un bout à l'autre de la Méditerranée, depuis les flancs du Pélion et du Parnon jusqu'à ceux des Apennins et des Cévennes, et depuis les montagnes de la Catalogne ou du pays de Malaga jusqu'aux sommets de Kabylie qui leur font face au sud, la montagne apparaît découpée par une série superposée de gradins soutenant autant de terrasses, où le sol, soigneusement amassé, minutieusement restauré après chaque ondée violente, porte les cultures les plus variées. Rien n'est riant comme les jardins de la Rivière de Gênes, qu'on a comparés « à des corbeilles de fleurs penchées au bord des flots », ou comme les huertas d'Alicante, de Murcie, d'Elche, d'Orihuela, des Baléares, ou comme les vergers de Perpignan, d'Hyères, de Cavaillon, en France, de Sorrente, de Messine, de Palerme, en Italie, de Chio et de Lesbos dans l'Archipel. Les céréales ne s'y cultivent guère, mais les primeurs, les légumes et les fruits de toute sorte, figues, olives, cédrats, oranges, raisins, y croissent plus nombreux et plus savoureux qu'en n'importe quel autre pays. Entre toutes ces cultures, celle de l'olivier domine dans l'aspect général du paysage; aussi le don d'un rameau d'olivier était-il dans l'antiquité un signe de paix et d'amitié; il disait à l'étranger : « Tu retrouves ici ta patrie ».

La grande culture (maïs, riz, coton, tabac) est bien plus rare dans le bassin méditerranéen que la culture en terrasses. On la trouve cependant dans la plaine marécageuse du Pô, dans l'antique Grande-Grèce, inclinée au sud de l'Italie, vers la mer Ionienne, dans les plaines humides de la Béotie, et sur les bords du Nil. Là encore elle forme l'exception. Son succès est d'ailleurs contrarié par la malaria qui règne plusieurs mois d'été dans ces terres basses, alluviales, humides et mal irriguées. L'homme même peut à peine y séjourner : il établit sa maison sur le penchant d'une colline voisine, la quitte le matin pour son travail champêtre et a soin d'y rentrer le soir avant les heures funestes du crépuscule. C'est ce qui faisait dire, au commencement du siècle, à Paul-Louis Courier, parlant de la Grande-Grèce : « Le paysan loge en ville et laboure dans la banlieue; partant le matin, il rentre avant le soir ».

Populations méditerranéennes. — La population des côtes ou des îles méditerranéennes est très inégalement répartie : c'est sur la côte septentrionale et dans les îles que se sont fixées les plus grandes agglomérations; et telle est la dépendance mutuelle de l'homme et de la nature dans cet admirable bassin, que la plupart des grandes villes modernes ne sont autres que les anciennes cités renouvelées ou continuées. Marseille, Rome, Athènes, Naples, Constantinople, Alexandrie, occupent toujours leur site ancien; Carthage disparue a été remplacée par Tunis, bâtie à quelques kilomètres seulement de l'ancienne métropole punique. La vie a gardé à travers les siècles le même caractère. Chaque crique abrite comme jadis sa flottille de bateaux tirés sur le sable, les villes allongent leurs murailles ou leurs jardins jusqu'au bord des vagues, et, sauf le long des rives trop plates (golfe du Lion ou lagunes de l'Adriatique), une rangée de cités, grandes ou petites, occupe le fond de chaque golfe.

De même que la flore, les populations méditerranéennes présentent une unité remarquable. La ressemblance des conditions extérieures de la vie et la fréquence des relations ont façonné un type particulier qui, d'une extrémité à l'autre du bassin, conserve sensiblement les mêmes caractères. Exception toutefois doit être faite pour les côtes du Sud, beaucoup moins peuplées et moins civilisées; l'invasion arabe y a profondément modifié les populations, et l'islam y a transformé partiellement les coutumes de la vie.

Le type méditerranéen est le produit logique du climat. Au physique, ce climat sec a produit un type vigoureux, au corps svelte et bien proportionné, aux membres déliés, à la démarche dégagée : le regard est vif, le geste prompt, les mouvements agiles; le sang, plus pauvre en eau, agit comme un stimulant énergique sur le système nerveux, et en excite les fonctions. Au moral, la vue du soleil tient l'homme en joie, excite la légèreté et la mobilité de ses pensées. L'habitant de la Méditerranée est naturellement gai, expansif, pétulant, capable d'engoûments subits, mais rapides et passagers : les sentiments qui impliquent une suite, la constance des impressions et des idées, l'énergie soutenue, l'effort persévérant vers un but déterminé, sont des qualités relativement rares chez les populations méditerranéennes.

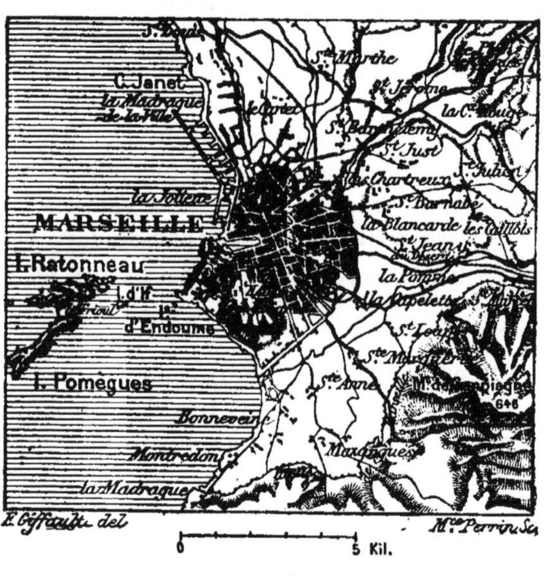

Marseille.

Les actions de la vie quotidienne, de même que les caractères, portent l'empreinte des conditions physiques qui dominent dans tout le bassin. Nulle part ailleurs la vie ne s'écoule plus au dehors. L'homme, chez lequel les impressions sont mobiles et l'expression très près de la pensée, ne se plaît pas dans l'isolement; il lui faut la ville et la société de ses semblables. Les maisons où se logent le citadin ou le villageois des bords de la Méditerranée n'ont rien pour l'aménagement intérieur, et en effet on y vit le moins possible. Le lieu de réunion, aujourd'hui aussi bien qu'autrefois, c'est la rue étroite, resserrée par de hautes maisons, aux étages surplombants qui la protègent du soleil, parfois même couverte; ou la place, entourée de portiques qui donnent de l'ombre. L'artisan dresse son établi dans la rue; le boutiquier y dispose son étalage; les femmes y causent sur leur porte en travaillant; les enfants s'y ébattent. La rue est ainsi le lieu des distractions et des affaires. Toutes les professions s'y rencontrent, toutes les conditions s'y coudoient. Rien ne pouvait contribuer davantage à développer ces habitudes de familiarité et ce levain d'égalité qui sont un des traits les plus remarquables de la vie de l'ancienne Grèce comme de la moderne. Chez Homère, il arrive qu'on jette à la tête des pauvres un pied de bœuf ou un escabeau, mais ils parlent librement aux chefs et mangent avec eux. De nos jours il n'est point rare de voir dans les rues d'Athènes des épiciers ou des barbiers accoster un ministre et lui donner familièrement des conseils, en le tutoyant.

Nulle autre part enfin la vie n'est plus frugale. L'homme de la Méditerranée a besoin de peu d'aliments pour entretenir la chaleur de son corps. Les végétaux et les fruits forment, avec les laitages, le fond de sa nourriture : pour boisson, un peu d'eau claire; aucun pays ne compte moins d'ivrognes. « A Murcie, écrit un voyageur français, on ne saurait trouver une servante pendant l'été, et beaucoup de celles qui sont placées quittent leurs conditions à l'entrée de la belle saison. Alors elles se procurent aisément de la salade, quelques fruits, des melons, surtout du piment; ces denrées suffisent à leur nourriture. » A Naples, quelques poignées de macaroni contentent le lazzarone. En Grèce, en Sardaigne, le régime ordinaire se compose de pain, de fromage de chèvre ou de brebis : de loin en loin, pour les grandes fêtes, on tue un agneau. — Le travail devient superflu quand on est à ce point affranchi du souci de la nourriture; l'économie et la prévoyance sont alors des vertus inutiles Ces conditions ont engendré cette classe de désœuvrés et de mendiants qui fourmille dans les grandes villes du sud de l'Italie, de l'Espagne et de la Grèce : dans ce dernier pays, travail se traduit par le mot δουλεία, qui veut dire servitude. Elles expliquent aussi le détachement avec lequel le Grec de jadis passait à la vie de Klephte errant dans la montagne, et avec lequel le bandit corse envisage encore la perspective de vivre, dans le maquis, du lait de ses brebis et des fruits de ses châtaigniers, pour se soustraire aux atteintes de la justice.

Les habitants des bords de la Méditerranée pratiquent presque exclusivement trois professions : ils sont marins, bergers ou laboureurs.

Marins, ils le deviennent naturellement. La Méditerranée, riche en poissons indigènes et en poissons voyageurs qui viennent y passer l'été, fournit aux riverains des ressources alimentaires que leur sol ingrat refuse parfois de leur donner. Puis la disposition des côtes, où des golfes profonds laissent arriver les navires jusqu'au milieu des terres, et les iles nombreuses qui servent de point de relâche ou de places de commerce y font naturellement naître le goût du commerce et des choses de la mer. La marine grecque est aussi ancienne que le peuple grec, témoin le héros Ulysse et l'expédition de Troie. Un peu plus tard, le poète grec Hésiode nous apprend que le commerce de cabotage y était florissant; haque paysan s'y doublait d'un marin; la récolte engrangée, le cultivateur béotien s'embarquait pour aller vendre luimême le blé de ses plaines à l'habitant des îles arides de la mer Égée, qui ne produisaient que des fruits et du vin. Aujourd'hui la Méditerranée est sillonnée d'embarcations, barques, balancelles à voiles triangulaires : elles sont montées par des marins qui vont pêcher le thon, le corail, les éponges, ou par des Catalans, des Siciliens, des Grecs, qui vont d'un port à l'autre, de rivage à rivage, faisant des échanges de marchandises.

Les bergers ne sont pas moins nombreux. On les rencontre partout poussant devant eux leurs troupeaux de moutons. Ils passent l'hiver dans les plaines, marchant à petites étapes, s'arrêtant près des puits, faisant paître à leurs troupeaux les landes odorantes, et mettant quinze jours pour faire quinze lieues. Au printemps, lorsque la chaleur devient accablante dans les plaines basses, que la terre durcit, que l'herbe se dessèche et jaunit, que l'eau baisse dans les puits, ils abandonnent la plaine pour remonter sur les hauteurs. Ce voyage annuel, c'est la *transhumance*, système primitif, funeste aux progrès de l'agriculture : toute pente broutée par le mouton est mise à vif; il extirpe l'herbe autant qu'il la coupe, et la terre nue s'éraille et s'écroule au premier orage. Quant aux bergers, couverts d'un grossier manteau de poils de chèvre, avec leur barbe inculte et leur arsenal de pistolets et de couteaux, on les prendrait pour des brigands de la montagne. Ennemis des laboureurs de la plaine, ils leur ont plus d'une fois déclaré la guerre : tels les Samnites aux Campaniens. Aujourd'hui encore, en Grèce, les bergers n'hésitent pas à brûler un bois pour avoir, l'année suivante, de beaux pâturages : ainsi furent détruites naguère les forêts qui décoraient, près d'Athènes, les pentes du Pentélique.

Le laboureur est un type plus rare sur les bords méditerranéens; il existe cependant; on le trouve dans les huertas de Valence et de Murcie, en Catalogne, où, suivant un dicton, « il a su extraire le pain de la pierre », en Ligurie, ailleurs encore. Il y vit courbé sur la terre, qui exige de lui des soins plus assidus et plus minutieux qu'en toute autre région, et qui ne produit qu'à la condition d'y être longuement contrainte. Les peuples agriculteurs de la Méditerranée sont des populations âpres et dures, qui peinent pour gagner leur subsistance. Mais cette lutte contre le roc et la sécheresse les a contraints à déployer plus d'ingéniosité et d'initiative. Aussi le laboureur méditerranéen échappe-t-il, mieux que le laboureur de la plaine, à l'esprit de routine qui a nui usqu'à ce jour au progrès agricole de tant de pays.

RÉSUMÉ

I. **Climat.** — Réglé par le voisinage du Sahara, il est caractérisé par la prédominance des vents du nord, par la sécheresse persistante des étés, et par la transparence de l'atmosphère. Les étés y sont chauds, les hivers tièdes. En résumé, le climat méditerranéen est un des plus agréables de la terre.

II. **Fleuves.** — Les fleuves méditerranéens sont nombreux, mais la plupart, trop rapides et trop irréguliers, n'offrent qu'une médiocre importance; en été, ils n'ont presque tous qu'un filet d'eau perdu dans un vaste lit de pierres ou de sable. Les grands fleuves (Èbre, Rhône, Pô, Adige, Danube, Nil) ne rentrent point dans cette catégorie; toutefois l'absence de cours maritime qui les caractérise les empêche d'être très utiles aux communications. Les principaux ports en fuient les embouchures, autant qu'ils recherchent l'ouverture de leurs vallées.

III. **Productions et cultures.** — Point de forêt, mais le maquis; comme essences, des arbres verts, à tissus épais, ne redoutant point les sécheresses prolongées : myrtes, lentisques, chênes-verts, orangers, citronniers, oliviers, vignes. Les cultures n'ont pu s'y établir qu'à force d'industrie : il a fallu créer la terre végétale, puis la retenir, la nettoyer, enfin l'irriguer. La culture dominante est la petite culture, à la bêche, et en terrasses : les légumes et les fruits, la vigne, l'olivier, plutôt que les céréales, en sont les produits. La grande culture (maïs, riz, coton, tabac), bien plus rare, n'existe que dans quelques plaines alluviales et humides, partant malsaines.

IV. **Populations.** — Les populations méditerranéennes, plus denses sur la côte septentrionale que sur la côte méridionale, sont caractérisées, au physique comme au moral, par la mobilité. Leur vie s'écoule, plus que dans les pays du Nord, au dehors de la maison de famille dans la rue ou sur la place publique. Les mœurs sont d'une frugalité remarquable qui engendre trop facilement le désœuvrement et la nonchalance. Les trois professions les plus répandues sont celles de marins, de bergers et de laboureurs.

§ 3. — LA MÉDITERRANÉE DANS L'HISTOIRE

Située au centre de la zone tempérée et au point de contact des trois parties de l'Ancien Monde, la Méditerranée devait nécessairement tenir une place considérable dans le déroulement de l'histoire humaine. Nulle partie du globe n'a exercé une influence plus puissante sur les destinées de la civilisation. Toutefois cette importance a présenté, suivant les époques, des variations notables, et la prépondérance dans le bassin n'a cessé de s'y déplacer de l'est vers l'ouest.

Dans l'antiquité. — La Méditerranée est, dans l'antiquité, le centre du monde : c'est la mer par excellence. Toute l'histoire ancienne de la fraction de l'humanité à laquelle nous appartenons s'est passée sur ses bords.

La civilisation égyptienne, qui a précédé et peut-être suggéré toutes les autres, n'est pourtant pas méditerranéenne; elle appartient en propre au Nil, et ne pénètre dans les régions maritimes qu'après avoir d'abord passé en Asie. Mais, dès que l'esprit humain a commencé à se développer sur les rives ou dans les îles de la mer historique, une lumière nouvelle se répand sur le monde. Les peuples se mêlent, la vue de l'humanité s'élargit, les idées se mélangent et se fécondent par un incessant contact.

L'antiquité est l'âge de la Méditerranée orientale. Au temps d'Homère, l'horizon humain est restreint aux rives de l'Archipel, à la Syrie et à l'Égypte. Au delà, à l'ouest comme à l'est, commence l'inconnu, le pays mystérieux que l'imagination inquiète des masses peuple d'hommes étranges et de monstres, Amazones, Cyclopes, Lestrygons, Sirènes; c'est à peine si une ou deux données exactes sur ces régions percent le tissu des légendes et des fables.

Quelques siècles plus tard, c'est encore de la Méditerranée orientale, des côtes de Phénicie, de l'Asie Mineure, des îles de l'Archipel, de la Grèce, que partent les explorations commerciales qui amènent la découverte du bassin méditerranéen tout entier. Enserrés sur un littoral étroit, poussés par un tempérament audacieux ou chassés par des révolutions politiques, des hommes de Tyr et de Sidon d'abord, puis d'Halicarnasse, d'Éphèse, de Milet, de Phocée, d'Athènes, de Messène, s'en vont à la conquête de pays florissants. De port en port, d'île en île, de continent en continent, sans presque jamais perdre de vue la terre ferme, ils s'avancent jusqu'aux Colonnes d'Hercule, issue occidentale de la mer intérieure. Les rivages propices se couvrent d'établissements prospères. Chaque pays possède les siens : la Sicile à Syracuse, Agrigente, Messine; l'Italie méridionale ou Grande-Grèce, Sybaris, Tarente, Locres Epizéphyrine, Parthénope, devenue Neapolis, puis Naples; la Gaule, Agde la phénicienne, et la phocéenne Marseille; l'Espagne, Carthagène; l'Afrique, Carthage la Grande, colonie de Tyr, qui bientôt surpasse sa métropole en richesse et dispute à Rome l'empire du monde. La Cyrénaïque voit se fonder Leptis la Grande,

Colonies grecques et phéniciennes.

Bérénice, Ptolémaïs, Cyrène; l'Égypte a plus tard Alexandrie, la création d'Alexandre. « Nous nous sommes assis autour de la mer, disait le philosophe grec Platon, comme des grenouilles autour d'un marais. »

La Méditerranée orientale reste ainsi longtemps le centre du monde. Enrichie par son commerce, elle s'adonne au loisir intellectuel et esthétique, trouve les formes les plus parfaites de l'art, s'élève aux sommets de la pensée. Les colonies de l'ouest, tout en répandant et en mélangeant insensiblement les denrées, les coutumes et les peuples, font dominer dans l'ensemble du bassin méditerranéen les idées de la Grèce. Plus tard, Rome supplante Athènes, mais elle en est l'héritière; c'est la civilisation grecque, transformée par son génie plus robuste et plus organisateur, qu'elle répand par la force de ses armes sur la presque totalité du monde connu.

Le monde connu ne dépasse guère, d'ailleurs, jusqu'à la fin des temps anciens, le pourtour du bassin méditerranéen. La navigation de l'Océan emplissait les âmes d'une superstitieuse terreur, et ceux qui osaient l'affronter jusqu'aux îles Cassitérides (probablement la Cornouailles anglaise) ou jusqu'à la côte de Germanie, ceux qui longeaient une partie des côtes africaines de l'Atlantique ou qui s'avançaient, d'un autre côté, jusqu'à la mer Hyrcanienne (mer Caspienne), croyaient avoir atteint les limites extrêmes du monde.

Dans les temps modernes. — Une révolution change, au moyen âge, l'équilibre de la Méditerranée. La rive nord est graduellement envahie par les barbares, bientôt gagnés au christianisme, tandis que la rive sud est conquise par les Arabes musulmans. Pour un temps la culture antique semble avoir disparu. Mais ces deux mondes nouveaux, chrétien et musulman, se lancent l'un contre l'autre dans les croisades; en deux siècles de luttes ils apprennent à se connaître, se pénètrent. Du contact répété de ces deux mondes naît une nouvelle civilisation. Les Arabes ont retrouvé la science, qu'ils nous communiquent en même temps que les principes d'un art entièrement différent de l'art ancien; à leur tour, les Européens retrouvent la pensée. Le monde s'éveille de nouveau sur les bords de la mer intérieure. Mais le centre de ce mouvement de renaissance n'est plus la Grèce, figée dans un système défectueux de gouvernement : c'est l'Italie. Venise et Gênes surtout couvrent alors de colonies la mer Noire et l'Archipel; ce sont elles qui envoient les flottes qui incessamment circulent d'Europe en Asie et d'Asie en Europe; ce sont elles, et les autres villes italiennes, Florence, Naples, Rome, qui enfantent l'admirable mouvement de *Renaissance* qui, au XVe et au XVIe siècle, régénère la pensée et l'art dans toute l'Europe occidentale.

Toutefois cette période n'a ni l'éclat ni la durée de la période ancienne. Au moment même où se produit cette Renaissance, des événements considérables viennent réduire l'importance de la Méditerranée. La prise de Constantinople par les Turcs ruine la civilisation dans la Méditerranée orientale; l'Asie Mineure et la Grèce, opprimées par des peuples non civilisés, retournent à la barbarie pour plusieurs siècles. Puis la découverte de la route maritime des Indes par Vasco de Gama, et du Nouveau Monde par Christophe Colomb, déplace l'axe du monde. La marine perfectionnée délaisse la Méditerranée, cul-de-sac sans issue vers l'est, pour se lancer sur l'Atlantique, chemin des Indes occidentales et orientales.

La Méditerranée actuelle. — De nos jours, la Méditerranée a reconquis une partie de son importance ancienne. Le percement de l'isthme de Suez (1859-1869) lui a rendu les trafics avec l'Afrique orientale et l'Extrême-Orient. D'autres canaux, qu'on a parlé d'ouvrir de la mer Noire à la mer Caspienne, accroîtraient encore ce mouvement de progrès. La Méditerranée possède actuellement le quart des navires à flot; la flotte méditerranéenne, composée en majorité d'embarcations de dimensions médiocres, jauge le dixième de la flotte universelle.

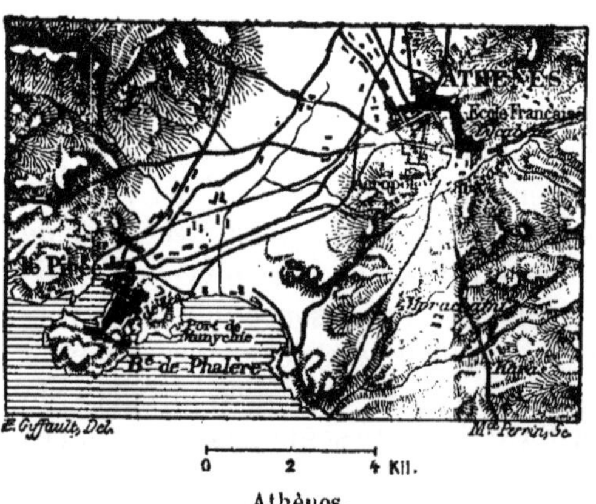

Athènes.

Aucun pays ne dirige exclusivement ce mouvement général d'affaires. Chacun des États européens y prend part suivant ses forces : l'Espagne par Barcelone, la France par Cette et Marseille, l'Italie par Gênes et Brindisi, l'Autriche par Trieste, la Grèce, régénérée depuis son affranchissement (1829), par Athènes, la Turquie par Salonique, Constantinople et Smyrne, la Russie par Odessa, l'Égypte par Alexandrie, enfin, la Tunisie et l'Algérie commencent à renaître sous la domination française, qui y a mis fin à un régime de brigandage et de piraterie. — Tous ces États, et en outre l'Angleterre qui cherche à s'établir dans toute région où s'agitent d'importants intérêts commerciaux, s'y surveillent avec un soin jaloux. Tous cherchent à y conquérir la place la plus avantageuse. L'Espagne s'est établie sur les côtes du Maroc, l'Italie convoite la Tripolitaine; l'Angleterre, qui détient les issues de la Méditerranée, Gibraltar, Malte, Chypre, et qui s'est implantée en Égypte, médite de s'y fixer à jamais en dépit des plus équitables réclamations. Malgré tant d'intérêts contraires, il semble juste pourtant d'accorder à la France la première place dans la Méditerranée actuelle : elle la mérite par sa côte méridionale, par son île de Corse, par ses colonies d'Algérie et de Tunisie. Elle possède le premier port méditerranéen, Marseille. Son commerce est le plus actif; sur une valeur d'environ 12 milliards à laquelle on estimait, en 1885, le total des transactions du bassin méditerranéen, le commerce français représentait plus du quart, environ 3 milliards.

Dans cette longue série de vicissitudes, ce qui frappe le plus c'est l'importance que n'ont cessé de garder les mêmes points du pourtour méditerranéen. Quelques-uns des anciens ports ont disparu ou décliné : Tyr et Sidon, autrefois les premiers entrepôts du monde, ne sont plus que de misérables bourgades; c'est le port plus septentrional de Beirout, l'ancienne Béryte, qui a hérité du commerce de la Syrie. Carthage a disparu et Tunis ne l'a pas encore fait revivre. Venise languit, et c'est Trieste qui l'a supplantée comme débouché principal de l'Europe centrale. En revanche, l'Archipel a vu se fonder, sur un emplacement inoccupé des Anciens, le port de Salonique, réservé, semble-t-il, à un avenir magnifique.

A ces quelques exceptions près, les grands entrepôts d'aujourd'hui sont les mêmes qu'autrefois. Leur emplacement était en harmonie si parfaite avec la nature, qu'ils n'ont point cessé, pendant le cours des siècles, de conserver une influence prépondérante. Marseille, Gênes, Messine, Athènes, Constantinople, Smyrne, Alexandrie sont, aujourd'hui comme dans l'antiquité ou au moyen âge, des entrepôts actifs et florissants. Ils ont l'avantage permanent, en effet, de se trouver sur des détroits, ou au fond de baies qui mordent profondément le continent, ou au débouché de vallées fluviales qui ouvrent des voies de pénétration vers l'intérieur des terres : ce sont des points que la nature avait fixés pour l'établissement des principaux ports méditerranéens.

Les rivalités des puissances européennes pour prendre la première place dans la Méditerranée prouvent assez l'importance que cette mer possède actuellement dans l'économie générale du globe. Des événements, qu'on ne saurait dès maintenant prévoir, pourront diminuer quelque jour cette part d'importance sans jamais l'annihiler. Les admirables conditions physiques du bassin méditerranéen en feront toujours le centre et comme le cœur de l'Ancien Monde.

RÉSUMÉ

I. **Dans l'antiquité.** — La Méditerranée est tout le monde connu. L'influence prépondérante appartient à la Méditerranée orientale, d'où les Phéniciens et les Grecs essaiment dans le bassin occidental et font rayonner leurs mœurs et leurs idées. Dès ce premier âge, la prépondérance se déplace vers l'ouest : de la Phénicie et de la Grèce, elle passe à Carthage et à Rome.

II. **Dans les temps modernes.** — La Méditerranée redevient barbare à la suite des invasions septentrionales et musulmanes, et le reste jusqu'à l'élan de la Renaissance. La Grèce, occupée par les Turcs, perd définitivement la prépondérance, qui est exercée par les républiques italiennes. Du reste, la découverte de pays nouveaux et de routes nouvelles détrône la Méditerranée au profit de l'océan extérieur, de l'Atlantique.

III. **La Méditerranée actuelle.** — De nos jours, la Méditerranée a recouvré, par le percement de l'isthme de Suez, le trafic de l'Extrême Orient. Aucun pays ne domine plus exclusivement dans la Méditerranée ; presque tous les pays du pourtour (même la Grèce affranchie et l'Algérie-Tunisie colonisée par la France) et, en outre, l'Angleterre s'y disputent âprement les ports les plus actifs et les meilleurs postes. Il semble juste d'accorder à la France le premier rang parmi toutes les puissances méditerranéennes.

ABRÉVIATIONS EMPLOYÉES DANS L'INDEX

Arch.	Archipel.
B^{e}	Baie.
C^{l}.	Canal.
C.	Cap
Cat^{te}	Cataracte.
Cer.	Cerro.
Ch^{ne}.	Chaîne.
Dés^{t}	Désert.
Détr., D^{t} . . .	Détroit.
Fl.	Fleuve.
G.	Golfe.
G^{d}	Grand.
I.	Ile
L.	Lac.
Lag.	Lagune.
M^{t}	Mont.
M^{gnes}	Montagnes.
N^{d}	Nord.
N^{lle}.	Nouvelle
O^{is}	Oasis.
Pén.	Péninsule.
P^{t}.	Petit.
Pl.	Plaine.
Plat.	Plateau.
P^{te}	Pointe.
Presq.	Presqu'île.
Prom.	Promontoire.
R.	Rivière, Rio.
S.	Sud.
V^{n}.	Volcan.

INDEX ALPHABÉTIQUE

LES NOMS EN *italique* INDIQUENT DES NOMS DE PEUPLES, PEUPLADES, DE RACES; OU DE FLEUVES, VILLES DISPARUS

TABLE DES CARTES ET FIGURES

TABLE DES MATIÈRES

PREMIÈRE PARTIE. — GÉOGRAPHIE GÉNÉRALE

DEUXIÈME PARTIE. — LES DIFFÉRENTS ÉTATS.

LIVRE I : L'EUROPE

LIVRE II : L'ASIE

LIVRE III : L'AFRIQUE

LIVRE IV : L'AMÉRIQUE

LIVRE V : L'OCÉANIE

TROISIÈME PARTIE. — LE MONDE MÉDITERRANÉEN

34009. — Imprimerie Lahure, 9, rue de Fleurus, à Paris.

www.ingramcontent.com/pod-product-compliance
Ingram Content Group UK Ltd.
Pitfield, Milton Keynes, MK11 3LW, UK
UKHW020544180726
13838UKWH00001B/36